Rudolf Vrba

Die Palacky-Feier und ihre Widersacher

Ein Mahnruf an die armen christlichen Völker Österreichs

Rudolf Vrba

Die Palacky-Feier und ihre Widersacher
Ein Mahnruf an die armen christlichen Völker Österreichs

ISBN/EAN: 9783743656581

Hergestellt in Europa, USA, Kanada, Australien, Japan

Cover: Foto ©ninafisch / pixelio.de

Weitere Bücher finden Sie auf www.hansebooks.com

Die Palacký-Feier

und ihre Widersacher.

Ein Mahnruf an die armen christlichen Völker Oesterreichs.

Von

RUDOLF VRBA.

VORWORT.

Das alternde westliche Europa geht einer schweren Zukunft entgegen. Ueberall schwere Gewitterwolken, überall Zündstoff zur Explosion bis zur Fülle vorhanden. Es braucht nur ein verhängnissvoller Funke zu fallen, und eine Revolution wird entstehen, wie sie Europa noch nicht erlebt hat. Alles eilt dem Auflösungsprocesse entgegen. Spanien ist vernichtet, Italien durch privilegierte allmächtige Diebe ausgeraubt, Frankreich durch Panamisten und Juden ausgeplündert, Deutschland vom Militarismus ausgesaugt, und das arme Oesterreich hat den Nationalitätenhader, welcher dieses arme Reich von Ost nach West, von Süd nach Nord bis in die innersten und letzten Fugen erzittern macht. Abgesehen von den schrecklichen Klassenkämpfen und socialen Gegensätzen, welche sich jetzt überall geltend machen, auch unser Nachbar, Deutschland, ist davon nicht frei, denn das deutsche Reichsparlament hat jetzt 56 socialdemokratische Abgeordnete, das ist für den preussischen Magen ein schwer zu verdauender Stein, abgesehen von dem Massenelende, welches die Völker West-Europas bedrückt, dessen Ausbruch wir in dem Verzweiflungskampfe des ausgebeuteten galizischen Chlop sehen, leidet die habsburgische Monarchie noch dazu an dem Nationalitätenhader, von dem einsprachige Staatsgebilde verschont sind. Preussen macht allerdings eine rühmliche Ausnahme, denn es hat das feste Programm, die Polen in Posen-Gnesen vollends zu vernichten. Also da gibt es natürlich keine Sprachenfrage mehr, wer auf dem Aussterbeetat steht, hat nichts mehr zu reden.

Wer ist nun in Oesterreich-Ungarn der hauptsächlichste Träger des unseligen Nationalitätenstreites, welcher das ehrwürdige alte Habsburgreich zu vernichten droht, falls nicht eine Ernüchterung eintritt? Ja, die Frage wäre bald gelöst. Wollten die Czechoslaven sich fügen, auf ihre Sprache verzichten, die deutsche Staatssprache annehmen, wollte man in Oesterreich so vorgehen, wie die Preussen mit den Polen, die Magyaren mit den Slovaken, Rumänen, die Engländer mit den Iren, die Italiener mit den Serbokroaten und Slovenen, dann wäre der Streit bald geschlichtet, Gewalt geht vor Recht.

Der Nationalitätenhader würde unmöglich solche Ausdehnung angenommen haben, wäre Oesterreich nicht so reich gesegnet mit der Judenpresse, dem Fluche Oesterreichs. Diese elende Presse ist das grösste Unglück Oesterreichs. Den Beweis liefert die Palacký-Feier vom 19. Juni 1898, abgehalten in Prag.

Rudolf Vrba.

I.

Die Festreden der Palacký-Feier.

Die Judenpresse gibt ihren Lesern zum Besten, dass in Prag anlässlich der Palacký-Feier Brandreden gehalten wurden, deren Spitze gerichtet sei gegen die Dynastie, das Reich, gegen die Deutschen. Wir lassen nun die drei Hauptreden folgen, welche bei der Legung des Grundsteines abgehalten worden sind.

Tags zuvor hat der Bürgermeister von Prag Dr. Podlipný an die Bewohner der böhm. Hauptstadt Prag folgenden Aufruf erlassen:

An die geliebte Einwohnerschaft der Hauptstadt Prag! Von Nah und aus entfernten Gauen des Slavenlandes haben geliebte Gäste und Freunde unseres Volkes die Pforten unseres goldenen, böhmischen, slavischen Prag betreten, um mit uns das Andenken des grossen Böhmen, Franz Palacký, zu feiern. Gehobenen Herzens sind wir uns der Bedeutung der grossen Momente bewusst, welche sich thatsächlich zu einem Feste des gesammten čechoslavischen Volkes gestalten werden, falls kein störender Ton in die Stimmung hineindringt, die dermalen unser Herz und unser Gemüth beseelt. Nicht selten hat die treue und geliebte Einwohnerschaft unserer Grosstadt bewiesen, dass sie nicht nur die Grösse und Bedeutung des

Augenblickes zu würdigen vermag, sondern auch für eine würdige und mächtige Bethätigung der nationalen Disciplin und der wirklichen Kulturreife einzustehen weiss. Ich wende mich demnach mit voller Zuversicht an die Gesammtbevölkerung der königlichen Hauptstadt Prag mit dem Ersuchen, des slavischen Sprichwortes eingedenk zu sein: „Gast im Hause, Gott im Hause." Nur durch ein edles und würdiges Benehmen, unbeschadet der Kundgebungen, der Freude, der Begeisterung und der Liebe, werden wir beweisen, dass wir die Ideen unseres Gefeierten begriffen haben; wir beweisen dadurch vor der übrigen slavischen Welt, dass wir des Rufes würdig sind, den wir bei den anderen slavischen Brüdern geniessen; wir werden auch der übrigen Welt, auch unseren Gegnern gegenüber beweisen, dass die Fabel von irgend einer Inferiorität oder einheimischem Argwohne unbegründet ist. Es sei somit für einen jeden Einwohner des königlichen Prag ein Gebot, dahinzuwirken, dass die Festtage würdig ihren Verlauf nehmen und keine Störung erfahren. Was wir zu Ehren unseres Gefeierten thun, wird auch uns zu Ehren gereichen.

Prag, am 17. Juni 1898.

Der Bürgermeister JUDr. J. Podlipný.

* * *

Bei der Grundsteinlegung selbst sprach Dr. Podlipný folgendermassen:

Hochansehnliche Versammlung! Hochgeehrte slavische Gäste! Liebes čechoslavisches Volk!

Empfangen sie Alle den aufrichtigsten aus dem tiefsten Herzen kommenden Gruss und Dank dafür, dass sie sich hier in einer so imposanten Anzahl eingefunden haben. Es fällt mir schwer, den richtigen Ausdruck zu finden für jene Gefühle, von denen unser Herz bei einem so herrlichen, grossartigen Anblicke, wie er sich uns in diesem Augenblicke darbietet, überströmt. Ein dankbares Volk gedenkt freudig der ersprieslichen Dienste seiner treuen Söhne und bewahrt das Andenken seiner hochverdienten Männer für die Nachkommenschaft, für die künftigen Geschlechter. Ein Werk von unvergänglichem Werthe hat Franz Palacký für sein Volk vollbracht, Palacký war es, der uns wieder zum Leben erweckte, er war unser Rathgeber, unser Freund, er erhielt mit Fug und Recht den Namen „Vater des böhmischen Volkes".

Die königl Hauptstadt Prag und die čechoslavischen Gemeinden bezeugten, dass ihre Verehrung zu Palacký, welcher das Selbstbewusstsein im böhmischen Volke erweckte, indem er seine Vergangenheit aufdeckte und zeigte, wie unsere Vorfahren waren, was sie geworden sind, wie sie zur Macht gelangten und warum sie wieder sanken. Er zeigte uns, was die Söhne Böhmens werden können und sollen. Prag hat den besten Sohn des Vaterlandes bei Lebzeiten zum Ehrenbürger ernannt und bereitete ihm nach seinem Tode ein Leichenbegängniss, welches laut den geschichtlichen Annalen seit der Zeit Karl IV., des Vaters des Vaterlandes, nicht gesehen wurde.

Palacký gehört jedoch nicht uns allein, er gehört dem Slaventhum; darum wünschte die Stadt Prag, dass sein patriotischer Geist, sein Ruhm, solange Prag bestehen wird, fortwirke, darum wünschte die Stadt Prag, dass das ehrfurchtgebietende Standbild Palacky's auf einem öffentlichen Platze die grossen in seinem Werke enthaltenen Wahrheiten zum Ausdrucke bringe und einen Beweis dafür erbringe, was ein fester, aufrichtiger und ausdauernder Wille, gepaart mit unerschütterlicher Ausdauer und nationaler Begeisterung, zu leisten vermag. Zu diesem Zwecke wählte man diese Stelle, welche einestheils unter dem heiligen Vyšehrad, dem Wahrzeichen der grossartigen Vergangenheit unserer Nation, anderentheils vor dem majestätischen königlichen Hradčin gelegen ist, auf dass Palacký von dieser Stelle aus auf die glorreiche Vergangenheit unseres Volkes, auf seine grosse Macht und sittliche Stärke weise, zugleich aber auch uns an Herz lege, dass es unablässiger Arbeit bedürfe, um sich eine bessere und nicht minder ehrenvolle Zukunft zu sichern.

Hundert Jahre sind verflossen, da Palacký in dem entfernten Osten des schwesterlichen Mähren am Abhange des Radhošť das Licht der Welt erblickte. Da wir heute noch nicht das fertige Standbild enthüllen können, legen wir zunächst nur den Grundstein, um diesen für unser Volk so unendlich bedeutungsvollen Tag zu feiern.

So möge denn dieser Stein in diesen für unser Volk so schweren Zeiten die Einheit aller aufrichtigen Böhmen bedeuten, ein Symbol der ehrlichen Arbeit zum Wohle des Volkes, welches Palacký so unendlich liebte. So möge denn dieser Stein ein Sinnbild des vereinten čechoslavischen Volkes und unseres einzigen und untheilbaren Vaterlandes sein. Freunde, ich meine darunter nicht nur die Angehörigen dieses Königreiches, sondern auch diejenigen sämmtlicher hiezu gehörigen Länder, in welchen, sei es im Königreiche, Markgrafschaft oder Herzogthum, keine Unterschiede sein mögen zwischen der herrschenden und beherrschten Klasse, sondern nur ein Volk von Gleichberechtigten, welches das Gesetz befolgt, sich gegenseitig unterstützt, Recht und Gerechtigkeit liebt, ein freies Volk, seinem König ergeben, zum Guten geneigt, ein Volk, welches die Arbeit, die Gerechtigkeit, den Fortschritt und die Freiheit liebt. Ich heisse Sie nochmals aufs herzlichste willkommen im Namen des Stadtrathes der königlichen Hauptstadt Prag.

Der zweite Festredner Dr. Herold sagte folgendes:

Hochgeschätzte Gäste! Theuere Freunde! Böhmisches Volk!

Ihr Alle kamet heute hierher, euere Huldigung darzubringen nicht der Majestät der Macht und des Ruhmes, sondern der Majestät des Geistes und der Arbeit, der heissen Liebe zum Vaterlande und zum Volke. Tausende und aber Tausende treuer böhmischer Herzen kamen heute hier zusammen in unserem theueren goldenen, slavischen Mütterchen Prag, und mit ihnen auch die Vetreter aller verbrüderten slavischen Nationen selbst aus den entferntesten Orten der über die ganze Welt reichenden, uns allen so theueren slavischen Gemeinde. Und warum? Wir kamen, Franz Palacký zu feiern, das Andenken an seinen hundertjährigen Geburtstag. Diese hundert Jahre, dieses ganze Jahrhundert im Leben unserer Nation, welch' ein Bild voll Elend und Leiden, von Kämpfen und Ringen, welch' ein Bild voll Hoffnungen und Enttäuschungen und wiederum welch' ein majestätisches, freudiges Bild jener wundervollen, in der Welt bisher noch nie dagewesenen Auferstehung unseres Volkes, der Neuentfaltung seiner Kräfte.

In einer traurigen Periode ward Franz Palacký geboren. Mit den Füssen getreten, zu Tode gehetzt, fast in den letzten Zuckungen befand sich unser Volk. Man beraubte es um seine Selbstständigkeit, nahm ihm die Freiheit, verunglimpfte seine Sprache, rottete seine edelsten Geschlechter aus, trübte und verdunkelte seine schöne, glorreiche Geschichte, und es erschien sein Untergang unzweifelhaft. Palacký selbst sagt von dieser Periode: Die böhmische Sprache war vernachlässigt, geächtet, aus dem Umgange der Gebildeten, aus den Schulen und Kanzleien verbannt. Zur Vermittlung der gesammten Bildung, jedweden Gedankenaustausches, jeder bürgerlichen Verwaltung diente ausschliesslich eine fremde Sprache. Die kleine Schaar jener, welche dem Volke noch treu blieben, sagt Palacký, war ein Gegenstand des Hasses, der Verachtung, der Missgunst. Aber das Mass der Leiden war noch nicht voll, es sollte noch der letzte Schlag diesem sterbenden Körper versetzt werden, der letzte und der sicherste. Die böhmische Sprache, welche ohnedies aus der Oeffentlichkeit verbannt war, sollte aus ihrer letzten Zufluchtstätte, aus den Dorfschulen verbannt werden; aber dieser Schlag, obwohl sicher geführt, hatte nicht die gewünschte Wirkung. Der scheintodte böhmische Organismus erzitterte bis in die letzten Fibern. Die bisher gefesselten Kräfte des Geistes und Körpers des böhmischen Volkes weckten das böhmische Volk, wie wir heute sehen, zu einem besseren, freudigeren Leben. Der Genius des böhmischen Volkes schenkte ihm in dem kritischesten Momente Männer, welche wir die Erwecker unseres Volkes nennen und unter denen die erste Stelle jener Mann einnimmt, zu dessen Denkmal wir heute den Grundstein legen: Franz Palacký, ein Mann der göttlichen Vorsehung, jener höheren Providenz, welche seinem ganzen Leben und all seinem Streben den Charakter aufprägte.

Frühzeitig der Philosophie obliegend, trachtete er mit seinem Geiste deren tiefste Wahrheiten zu ergründen, insbesondere aber die Entstehung des Menschen, der Natur und des menschlichen Geistes, ja der Gottheit selbst. Er suchte die Grundelemente dieser Gottheit und des Weltalles zu ergründen und glaubte den Funken der Gottheit in jenen zwei leitenden Ideen der Moral: der Wahrheit und der Gerechtigkeit zu erblicken. Von diesem Trachten nach Wahrheit und Gerechtigkeit, nach der Annäherung zur Gottheit, war seine ganze Thätigkeit geleitet. Darum war Palacký ein Humanist im eigensten Sinne des Wortes, er war ein Humanist, weil er Liebe zur Menschheit empfand; darum war er ein wirklicher, aufrichtiger Patriot, weil er die Vaterlandsliebe als eine Zwischenstufe zwischen der Eigenliebe des Thieres und der allmenschlichen Liebe betrachtete.

Aber diese humanen Grundsätze Palacký's, diese seine Liebe zur Menschheit war bei ihm nicht, wie bei jedem anderen, ein bloses Ideal, welches zwar jeder zu erreichen sucht, welches aber von Niemand erreicht wird. Palacký war sich dessen wohl bewusst, dass es für einen einzigen Menschen und ein einziges Volk nicht möglich sei, der ganzen Menschheit Gutes zu erweisen, dass sich diese Humanität nothwendigerweise vor allem auf jene erstrecken müsse, welche ihm am nächsten stehen, und dies war für Palacký das verlassene, unterjochte und gedemüthigte böhmische Volk.

Gerade von diesem menschenfreundlichen Standpunkte aus gewann Palacký die Ueberzeugung, dass es Pflicht eines jeden Böhmen und eines Jeden, der aus diesem verlassenen Volke stammt, sei, nicht nur Böhme zu sein, sondern auch für seine Hebung und sein Erwachen, für seine Kultur und für sein Wohl zu arbeiten.

Denkwürdig sind die Worte Palacký's, die er sich schon in seiner Jugend als Programm seines ganzen Lebens aufstellte: „Mein Leben und mein Geist sei dem Vaterlande und nur dem Vaterlande und dem Volke geweiht; ihm gelte jeder meiner Athemzüge. Ich habe meine Seele geopfert und geweiht und kein eitler Vorsatz und nichts kann mehr meine Seele überraschen."

Welch eine Entschlossenheit, welche Kraft, zum Wohle seines Volkes zu leben und zu arbeiten! Palacký hat sich bald sein Ziel, sein höchstes Lebensziel, welchem er nachstrebte, gesteckt. nämlich das Wiederaufleben der böhmischen Sprache und die Hebung der böhmischen Kultur, die Erhaltung der Geschichte des böhmischen Volkes und seiner politischen und nationalen Selbstständigkeit.

Die Ausbildung der böhmischen Sprache war seine allererste Aufgabe, denn er war sich dessen sehr gut bewusst, dass die Veredelung der Sprache die erste Bedingung zur Veredelung des Seelenlebens im Allgemeinen sei. Die Erhaltung der böhmischen Sprache war für ihn keine Spielerei, sondern ein Gebot Gottes, welches tiefere Gründe hat, als alle positiven Weltgesetze. Palacký bedrückte es schwer, dass bei der Intelligenz besonders das nationale Bewusstsein des böhmischen Volkes und der nationale Stolz vollständig darniederlag. Denn gerade in der Zeit, wo Palacký zum erstenmale nach Prag kam, zweifelten die hervorragendsten Vertreter der böhmischen Literatur, zum Beispiel Dobrovský, dass es noch möglich sei, die böhmische Sprache als eine Sprache der gebildeten Welt und als Sprache eines selbstbewussten und eigenberechtigten Volkes zu einem neuen Leben zu erwecken und zu erhalten.

Damals sprach er mit jener, man könnte sagen göttlichen Divination die Worte: „Wenn ich aus einem Zigeunerstamme entsprossen und auch sein letzter Abkömmling wäre, ich hielte es doch für meine Pflicht, auf alle mögliche Art und Weise dafür zu arbeiten, dass wenigstens ein ehrenvolles Gedenken an ihn in der Geschichte der Menschheit übrig bleibe.

Palacký schämte sich nicht für das niedergetretene böhmische Volk, er schämte sich nicht für seine böhmische Nationalität, in der Zeit, als die gesammte Intelligenz entnationalisirt war und als das der Muttersprache treugebliebene Landvolk kein nationales Bewusstsein und keinen nationalen Stolz besass und sich duckte vor fremder Uebermacht. Seine Verdienste, geehrte Freunde, die er sich um die böhmische Literatur und um die Hebung der böhmischen Sprache erwarb, zu schildern, dazu genügt die knapp bemessene Zeit dieser Ansprache nicht.

Sie kennen ja Alle seine Verdienste um das Museum des Königreiches Böhmen, um die Herausgabe der Zeitschrift des böhmischen Museums, um die Gründung der „Matice Česká", seine Sorge um die Encyklopädie der Kunst und Wissenschaft, sein geradezu organisatorisches Talent, mit dem er neue wissenschaftliche und literarische Kräfte sozusagen aus dem Boden stampfte, wie er um sich all das geistige Leben in unserem Volke zu gruppiren wusste. Alle seine Arbeiten zur Hebung der Literatur sind so grossartig, dass anderswo ganze Akademien nicht genügen würden, um das zustande zu bringen, was Palacký allein geleistet hat.

Da aber Palacký sah, dass es nicht hinreiche, dass das böhmische Volk seine Sprache entwickele, sondern dass die in dem Volke unthätig ruhenden Naturkräfte mit jenen Mitteln ins Leben gerufen werden müssen, welche sich hiezu am besten eignen würden, warf er sich selbst die Frage auf, was das böhmische Volk war, was es im gegebenen Augenblicke sei und was es in der Zukunft sein könnte. Da wurde er gewahr, dass das böhmische Volk seine ruhmreiche Vergangenheit nicht mehr kenne. Palacký, der seit seiner frühen Jugend sein Augenmerk der Geschichte zugewendet hatte, kam zur Erkenntniss, dass das böhmische Volk in dem von ihm bewohnten Lande kein fremder Eindringling sei, dass es eine ruhmvolle, tausendjährige Vergangenheit hinter sich habe, dass dieses Land dem böhmischen Volke seine Kultur verdanke, dass von diesem Volke hier ein selbständiger Nationalstaat errichtet worden war.

Von dieser Erkenntniss beseelt, unternahm er es, dem böhmischen Volke seine ruhmreiche Geschichte. um welche es beraubt worden war, zurückzugeben, Palacký widmete sich mit der ihm eigenen Energie, mit unverdrossenem Fleiss und Ausdauer dieser grossen Aufgabe, der Abfassung einer Geschichte des böhmischen Volkes, welche auf Wahrheit beruhend, unserem Volke ein solches Bild seiner Vergangenheit aufrollen würde, dass es sich darin wie in einem Spiegel besehen und daraus jene Lehren schöpfen könnte, deren es bedurfte, um zu einem neuen Leben zu erwachen. Jeder andere würde vor der Grösse dieser Aufgabe scheu zurückgewichen sein, und es dürfte kaum ein Volk geben, welches einen Mann aufweisen könnte, der bei einer so traurigen Lage der heimischen Geschichtsschreibung ein so monumentales Werk hervorgebracht hätte, wie Franz Palacký. Franz Palacký gedachte jedoch nicht blos ein geschichtliches Werk zu verfassen, er erzählte nicht blos die historischen Begebenheiten nach den Quellen, sondern er durchlebte das ganze Jahrtausend der böhmischen Geschichte in seinem Innern.

Palacký unterwarf die Ursachen aller dieser Erscheinungen einer eingehenden Prüfung und schuf in seiner Geschichte eine wahre Bibel unseres Volkes. Seine gründliche Gelehrsamkeit gab ihm Aufklärung darüber, was die Ursachen unseres Ruhmes und unseres Niederganges waren. Darum ist seine Geschichte nicht blos ein Bild der Vergangenheit unseres Volkes, sie ist ein Werk, welches Klarheit in die von Feindeshand verunstaltete Geschichte unseres Volkes brachte, ein Werk, welches die Umbildung und Organisation der Massen des böhmischen Volkes in ein starkes Kulturvolk bezweckte.

Er schildert wahrheitsgetreu alle Heldengestalten unserer Geschichte und erwarb sich insbesondere dadurch ein grosses Verdienst, dass er als Erster die weittragende Bedeutung der husitischen Bewegung für unser Volk darlegte und dieselbe der staunenden Welt zuerst im wahren Lichte schilderte. Er bewies, dass es kein aus niederen Motiven geführter Kampf war, sondern dass es ein herrlicher, im Mittelalter nie vorher dagewesener Kampf der Wahrheit gegen die Lüge, der Freiheitsliebe und Humanität gegen Gewalt und Brutalität, ein Kampf um den Fortschritt, die Bildung und Freiheit der Gesinnung gegen die Finsterniss des Mittelalters war.

Palacký sah klar, dass unsere ganze Geschichte unser ganzes Ringen seit den ältesten Zeiten bis zur Neuzeit nichts anderes war und ist, als der weltgeschichtliche Kampf zwischen der slavischen und germanischen Race. Auf unserer Seite der Kampf für Freiheit und Humanität, für Recht, auf der anderen Seite für die Herrschaft, ein Kampf behufs Erniedrigung und Niederhaltung unseres Volkes. In diesen grundsätzlichen historischen Gegensätzen, deren Wirkung sich noch an der Neige unseres Jahrhundertes zeigt, liegt die Bedeutung unseres Kampfes für die ganze gebildete Manschheit.

Palacký, der die schwachen Seiten des Slaventhums einerseits und die Stärke des Deutschthums andererseits gut kannte, war sich dessen wohl bewusst, dass das böhmische Volk, welches doch nur klein und stark in den Vordergrund geschoben ist, nur dann aus diesem Kampfe siegreich vorgehen könne, wenn es sich auf die grosse slavische Völkerfamilie stützen werde. Er war ein grosser Slave in des Wortes vollster Bedeutung und verfocht stets die Idee der Annäherung der slavischen Völker.

Würde er wohl nicht heute mit uns ausrufen: Dasjenige, was wir lange ersehnt haben, woran zu denken wir nicht wagten, es ist vollbracht, die slavischen Völker sind alle hier vertreten, um dem ersten Slavenkongress ihre Huldigung darzubringen?

Nachdem er dergestalt dem Volke seine Geschichte zurückgegeben hatte, hatte Palacký noch eine Aufgabe, welche aus seinem geschichtlichen Studium geradezu resultirte. Er gelangte zur Erkenntniss, dass das böhmische Volk nicht unter deutscher Oberherrschaft stehen könne, sondern dass in diesem von beiden Nationen bewohnten Lande das böhmische Volk zumindest dieselben Rechte haben müsse, wie das deutsche. Schon im Jahre 1848 sprach er anlässlich der Aufforderung zur Beschickung des Frankfurter Parlaments die berühmten Worte: „Ich bin ein Böhme, bin slavischer Nation und mit dem Wenigen was ich habe, bekenne ich mich treu und ehrlich zu meinem Volke, einem kleinen Volke, welches aber seit jeher eine eigene selbständige Existenz führte und dem gegenüber dem deutschen Kaiserreiche nicht das mindeste Recht gebührte." Hiedurch ist der weiteren Politik der böhmischen Nation eine Richtungslinie gegeben worden, und noch heute müssen wir rufen: Wir Böhmen slavischer Nation sind mit dem Geringen, was wir haben, unserer Nation treu ergeben und dem deutschen Reiche in keiner Hinsicht unterthan.

Im Jahre 1848 hegte wohl Palacký noch die Hoffnung, dass Oesterreich auf föderativer Grundlage allen Nationen gerecht werden könne, und erblickte in der politischen Struktur dieses Kaiserstates einen sicheren Rückhalt gegen die Wellen der deutschnationalen Propaganda.

Palacký stellte die Idee der Gleichberechtigung als Grundsatz der böhmischen Politik auf, welche ebenso alt ist wie das Recht überhaupt. Was du nicht willst, dass dir geschehe, das thue du auch anderen nicht. Er rief deshalb den kurzsichtigen oesterreichischen Staatsmännern zu: „Unsere nationale Gleichberechtigung, dies ist die Gerechtigkeit vor Gott und den Menschen; wollet oder könnet ihr uns dieselbe nicht geben, dann haben wir kein Interesse an der Erhaltung dieses Staates."

Obwohl ein Feind der physischen Gewalt, war er nicht furchtsam. Mit dem Selbstbewusstsein eines Böhmen, der weiss, was er verlangt, sagte er: „Um mein Volk habe ich keine Angst, wenn es noch weitere Prüfungen zu bestehen hätte, denn es besitzt genug Lebensfähigkeit, um siegreich aus ihnen hervorzugehen und zu einem neuen Leben zu erwachen, sei es unter welchen Bedingungen immer."

Heute kann unser Volk den Wettkampf mit allen Kulturnationen aufnehmen und wenn es in einer Richtung — der politischen nämlich — nicht eine solche Stelle einnimmt, wie es Palacký gewünscht hat, so haben wir dennoch ein Unterpfand, dass wir auch in diesem Kampfe endlich obsiegen werden.

Der Kampf, den wir führen, ist ein Glied jener grossen Kämpfe zwischen zwei Welten, und hier auf diesem vom böhmischen Blute reichlich gedüngten Boden scheint er zur endlichen Entscheidung herangereift zu sein. Wir wissen, worum wir kämpfen — für Recht und Wahrheit, und dieser Kampf muss siegreich sein, denn die Wahrheit ist ewig, und die Lüge muss weichen, sobald sie erkannt wird.

Aber in diesem Kampfe müssen wir Alle das Vermächtniss Palacký's durchführen, erst dann wird sich der Sieg zu den rothweissen Fahnen neigen. Bis die Glocken des hundertthürmigen königlichen Prags ertönen werden im Siegeschoral, bis der Hradčin in neuem Glanze erstrahlen wird, bis die Sct. Wenzelskrone in neuer Macht und neuem Glanz schimmern wird, bis von Tausender Munde erklingen wird: Der Kampf, den Palacký kämpfte, ist siegreich beendet! dann wird aus den überirdischen Regionen das ehrwürdige Antlitz des Vaters der Nation freudig herniederblicken und sein Geist wird sein Volk segnen.

Nun aber wollen wir uns Alle erheben und ein feierliches Gelübde leisten, dass wir im Geiste Palacký's jenen grossen Kampf für seine Ideen, für das Recht und die Gerechtigkeit so lange führen wollen, bis wir ihn siegreich ausgefochten haben werden. Auf diese Art und Weise wollen wir das Andenken des Vaters der Nation ehren, das Andenken des Geistesheroen Palacký, dem ein unvergänglicher Ruhm beschieden sein möge.

(Nach dem Berichte der „Politik" vom 20. Juni 1898.)

Der am meisten von der Judenpresse angegriffene russische Oberst Komarov sprach folgendermassen: „Die ganze Slavenwelt horcht zu, was heute in Prag gesprochen wird und verfolgt aufmerksam die hiesigen Vorgänge. Als wir hierher nach Böhmen fuhren, wussten wir, dass wir in ein Land fahren, wo ein Kampf wüthet, und als wir herkamen und mit eigenen Augen sahen, wie glänzend die Sachen der böhmischen Nation stehen, aber auf der anderen Seite den schleichenden Wolfsschritt des Feindes bemerkten, wie seine Augen blitzen, da ergoss sich in meinem Herzen die Sehnsucht, und ich wünschte, diese Gefahr möge vorübergehen. Die Czechoslaven haben in der Slavenwelt eine hervorragende und gefährliche Stelle eingenommen. Tausend Jahre stehn die Czechen hier und kämpfen. Es sind gerade 1000 Jahre, da das deutsche Element unter Karl dem Grossen einen derartigen Einfluss in Europa gewonnen hat, dass es schien, als ob es die ganze Welt verschlingen würde. Damals wurden von Byzanz die hl. Cyrill und Method hierher gesendet, welche die erste Stelle im Vorkampfe gegen die Deutschen einnahmen. Sie hauchten dem czechischen Widerstande Geist ein, auch den Polen und Russen, vereinten uns geistig, und gaben uns Kraft gegen den Mörder. Später machte die deutsche Eroberungslust einen neuen starken Angriff auf slavische Stämme, sie nahm die Ufer des baltischen Meeres ein und der deutsche Ritterorden wollte bis in das nördliche Russland vordringen. Damals haben russische Truppen, polnische Heere und Žižka's Scharen eine gemeinsame Schlacht geschlagen bei Grunwald mit den Deutschen. In dieser Schlacht wurde der deutsche Ritterorden geschlagen. Das wird von der deutschen Geschichte verschwiegen. Dort in Grunwald floss russisches, polnisches und czechisches Blut, es ergoss und vereinte sich in einen Strom, es vereinte uns auf immer, dort, wo gemeinsames Blut vergossen wird, dort blühen Blüthen auf, welche niemals Feindschaft, wohl aber Freundschaft bedeuten. Jetzt ist Deutschland nach der Niederlage der Franzosen stark geworden, unternimmt neuen Angriff auf uns Slaven, will uns überall entzweien, breitet aus seine Netze in Russland, Polen, Böhmen, am Balkan, will uns vernichten. Das erste Opfer sollen die Czechoslaven sein. Wer ein Herz hat, wer ein Gewissen hat, wer wallendes Blut hat und verfolgt diese Pläne, fühlt, wie ich glaube, die Nothwendigkeit dessen, dass dort, wo die Czechoslaven vor 1000 Jahren standen, dass sie nach weiteren 1000 Jahren weiter dort stehen mögen. Ich wünsche, dass in dieser Richtung die slavische Presse einmüthig wirken möge. Ihr Journalisten haltet in eueren Händen Feuer und kühle Luft. Ihr haltet in eueren Händen flammende Begeisterung und kühle Berechnung. Merket auf, dass es sich um eine grosse slavische Sache handelt, wo wir ein grosses gemeinsames Werk vor Augen haben müssen. Es ist nothwendig, dass wir in den Kampf gemeinschaftlich ausrücken wie ein Mann und dass wir eingedenk sind, dass wir nur einen Feind haben und nicht zwei. Wir wissen, wie wir den Czechen verbunden sein sollen, wir haben das Bewusstsein, dass die slavische Bewegung ganz Russland durchziehe von der ärmlichsten Hütte bis zum Carenpalast. Diese Bewegung hat ihren Anfang genommen von den Czechen. Euer Dobrovský, Šafařík, Hanka, Palacký erweckten in Böhmen einen Geist, der auch nach Moskau kam und die ganze Slavenwelt ergriff. Das ist die Arbeit des czechischen Volkes. Jetzt, da wir unsere Aufgabe kennen und hier uns verbrüdert haben, bis wir nach Hause zurückkehren, dürfen wir nie vergessen, dass wir Kinder eines Vaters, einer Mutter sind. Wir schauen auf euere Angelegenheiten so, als wären es die unsrigen. Wir dulden keine Ungerechtigkeit, und wenn wir sehen, dass hier Lebensfreude herrscht und dass die deutsche Welle weit zurückgeschlagen ist, dorthin, woher sie kam, nur dann werden auch wir ruhigen Gemüthes sein." So sprach Komarov, dessen Rede „Pester Lloyd" eine Unverschämtheit nannte. Nun wir gestehen, dass diese Rede allerdings im Palaste an der Spree keinen absonderlichen Beifall finden wird, aber warum sie nicht in Wien gefallen sollte, dafür sehen wir keinen Grund ein. Uebrigens nimmt doch Niemand derartige Festreden so genau auf die Waage. Wie reden erst Schönerer, Wolf, Iro, Hofer, wie spricht man da drüben jenseits der Leitha!

Derartige Festreden verhallen, die momentane Begeisterung legt sich, das Bier wird ausgetrunken, die Fahnen werden eingezogen und das kühle, schwere Alltagsleben geht seinen schweren Schritt weiter. Kummer und Sorge nehmen wieder ihre alten Plätze ein. Die Judenblätter hatten auf ein paar Tage fette Bissen, um das „dumme" Christenvolk wieder ein wenig aufzuhetzen, damit das Raubthier aus Tarnopol ruhig seine Schätze vermehren könne.

Nun wollen wir uns erlauben der Oeffentlichkeit die Leistungen der Judenzeitungen vorzuführen.

II.

Die „Neue Freie Presse" und die Palacký-Feier.

Motto: De mortuis nil nisi bene.

Die alten Römer kannten den Satz de mortuis nil nisi bene, über die Todten nur Gutes; es ist das ein primitives Motiv der Nächstenliebe, das nicht einmal die alten Heiden zu brechen wagten. Heute, wo unsere nationalen Gegner so viel von Humanität und geistiger Ueberlegenheit über uns Böhmen schreiben und reden, können wir den Beweis führen, dass sie nicht einmal das niedrige Niveau der heidnischen Humanität beobachten, wo es gilt unsere Nation zu erniedrigen und unsere Bestrebungen in den Koth zu zerren. Ein Beweis davon ist das hundertjährige Palacký-Jubilaeum. Wir halten uns nur an die „Neue Freie Presse", als Führerin der Wiener uns feindlichen Presse. Das Blatt begrüsst die Palacký-Feier wie folgt: „In Prag hat die Palacký-Feier begonnen. Sie trägt von vorneherein den Charakter einer panslavistischen Veranstaltung und panslav. Verbrüderung." (Abendblatt 18. Juni.) In der folgenden Nummer widmet das ehrenwerthe Organ der Palacký-Feier einen ganzen Leitartikel, aus welchem wir zum Andenken folgendes reproduciren: „Palacký wird am hundertjährigen Gedenktage seiner Geburt keineswegs als Historiker gefeiert, und einer der streitbarsten Führer des slavischen Wohlthätigkeits-Vereins, der russische General Komarov ist nicht nach Prag gekommen, um einen czech'schen Geschichtsschreiber zu ehren. Dieser Gast erscheint wie ein Sturmvogel überall, wo die Slaven sich vorbereiten, alle Formen zu zerbrechen und die Gewalt an sich zu reissen.

Er ist ein alter zäher Feind unserer Monarchie und nichts liegt seinem Gedankenkreise ferner als die rein wissenschaftliche Huldigung vor Palacký, dem Gelehrten und Forscher. Dazu eignet sich auch die Persönlichkeit des Verstorbenen wenig. Palacký war eine Kampfnatur, so heftig und leidenschaftlich, dass selbst die Dokumente aus den vatikanischen Archiven durch sein Temperament in Streitschriften verwandelt wurden. Klio war für ihn nicht die ernste und milde Richterin über die Vergangenheit, sondern eine taboritische Parteiführerin. In seiner Jugend hatte er das Glück von Goethe gelobt zu werden, und später hasste er die Deutschen so zügellos, dass er sie ein Räubervolk nannte, tiefer stehend als Mongolen und Russen. Palacký heisst der Vater der Nation und durch ihn ist die wilde Feindseligkeit gegen das deutsche Volk in ihr Blut gedrungen. Die Feier ist eine politische Demonstration für die Solidarität aller Slaven, begleitet von lauten Kriegsrufen gegen alle Deutschen!" Der famose Artikel schliesst mit den Worten: „Die Feier war wirklich von den Traditionen Palacký's beherrscht, von den Ueberlieferungen des grimmigsten, unauslöschlichen Hasses gegen die Deutschen." (Sonntag 19. Juni.) Wenn ein Wanderer von Räubern rücklings angefallen wird und er sich nicht wehren kann, unterliegt er, denn er konnte seine Waffen nicht anwenden. Wenn eine Hyäne auf ein Grab kommt, scharrt sie und verwüstet das Grab, der Todte kann sich nicht wehren. Die „Neue Freie" hat die Palacký-Feier in dieser Weise behandelt. Zuerst werden die Gäste, die da herkamen aus fernen Landen, in schurkenhafter Weise als Feinde der Monarchie charakterisirt. Der Zweck ist doch in die Augen schlagend. Dann wird der Mann, dessen Andenken gefeiert wird, in den Koth gezerrt, und das alles, ohne auch nur einen Buchstaben von einem Beweis zu bringen. Natürlich, denn das Redaktionspersonal der „Neuen Freien" wird wohl kaum einen Buchstaben aus Palacký's Werken gelesen haben. Nun werden wir uns die Freiheit nehmen und den Herren ein wenig helfen. War Palacký eine Kampfnatur und ein grimmiger Hasser der Deutschen? Dies können wir am leichtesten demonstriren an Palacký's Artikeln, welche in den Monaten April-Mai 1865 im „Národ" erschienen sind, in welchen sich Palacký über die Idee des oesterreichischen Staates ausführlicher, als in seinem bekannten Frankfurter Schreiben, verbreitete.

III.

Die oesterreichische Staatsidee nach Palacký.

Wie ist die heutige habsburgische Monarchie entstanden? Palacký's Erklärung ist folgende: Nach dem Fall Konstantinopels 1453 entstand für das westliche Europa die Nothwendigkeit, einen Damm aufzurichten gegen das Vordringen türkischer Barbaren, denn das byzantinische Reich, in seinem Inneren durch und durch morsch geworden, ist unter dem Anpralle der Türken-Horden zusammengebrochen. Das war der erste und hauptsächlichste Grund, warum die habsburgische Monarchie entstand. Wenn es den Griechen oder dem damaligen jungen Duschan, dem Serbencaren, oder dem Mathias Corvinus gelungen wäre die Türken aus Europa zu vertreiben, sagt Palacký, bin ich überzeugt, dass Nationen, die damals unter dreifacher Dynastie lebten, die magyarische, czechische und oesterreichische Nation (die Deutschen der oesterreichischen Erblande) entweder sich niemals freiwillig verbündet hätten, oder aber, dass wenigstens ihre Verbindung kaum ein Jahrhundert überdauert hätte. Also der Schutz vor den Türken, die gemeinsame Türkengefahr war der Kitt, das Band, welches die Nationen und Herrscher der habsburgischen Monarchie einander näherte und vereinte. Das war die erste Idee der habsburgischen Monarchie. Dieser wurde dann die innere Ausgestaltung des Gesammtstaates angepasst.

Nach einer mehr als 200jährigen Dauer dieser Vereinigung für den Schutz in der Türkennoth, fasste die habsburgische Dynastie in den Herzen der vereinten 20 verschiedenartigen Nationen so tiefe Wurzeln, dass der oesterreichische Staat trotzen konnte allen Unbilden der Zeit, und dass er fortbestehen konnte, nachdem die erste Staatsidee an Zweck und Macht allmälig zu verlieren begann und nachdem die neuere Zeit andere Interessen und Bedürfnisse brachte.

Nun fragt Palacký, wenn die erste Staatsidee der habsburgischen Monarchie im Laufe der Zeit gegenstandslos geworden ist, hat darum diese Monarchie überhaupt ihren Staatszweck verloren, hat der oesterr. Staat keinen Beruf mehr, keine Staatsidee mehr? Oder ist die Zeit gekommen, wo die verschiedenen Nationen der habsb. Monarchie kein gemeinsames Interesse, kein gemeinsames Ziel haben, sollen sie jede für sich sorgen, und nur solange beisammen bleiben, solange sie mit Pulver und Blei zusammengehalten werden können? Palacký sagt auf diese Fragen, dass Manche jeden Staatszweck der oesterr. Monarchie leugnen, Andere wieder messen ihr die Aufgabe zu die „deutsche" Kultur nach Osten zu verbreiten, die Dritten endlich legen Oesterreich die Aufgabe auf, in seinem Staatsgebilde die Gleichberechtigung der verschiedenen Nationen zu verwirklichen. Welcher dieser drei wird wohl der wahre Zweck der habsburgischen Monarchie sein? Palacký filosofirt weiter. Allgemein ist jetzt die Wahrheit anerkannt, dass in dem ganzen Menschengeschlechte keine Unterschiede aufzufinden sind, denn nirgends kann der Mensch als ein bloses Geräth, oder als Vieh oder als bloses Eigenthum eines Anderen behandelt werden. Ueberall gilt der Mensch für eine von Gott mit Verstand und Willen begabte Persönlichkeit. Dass diese Wahrheit auch im Osten Europas herrschend geworden, beweist die Befreiung des Mužik in Russland.

Durch diese Befreiung der russischen Bauern wird Russland in kurzer Zeit auf die Bühne der Weltgeschichte treten und das im Sinne der altslavischen Demokratie.

Ist nun das Princip von der Gleichwerthigkeit aller Menschen anerkannt, wo kann es in Oesterreich gelingen, dass die Idee derjenigen siegen soll, die dem oesterr. Staate zur Aufgabe stellen, dass eine Nation, eine Partei herrschen soll über die andere? Wo kein Diener, dort kein Herr; so könnte die Herrschaft des Einen nur fussen auf der Sklaverei des Anderen. Wenn aber die gewaltsame Unterdrückung einer einzelnen physischen Person dem Gerechtigkeitsgefühl widerstreitet, welches doch jetzt die öffentliche Meinung beherrscht, müsste eine ähnliche Behandlung moralischer Personen, also ganzer Nationen, umsomehr den Geist der Humanität und des wahren Christenthums verletzen, und es liesse sich nur dort durchführen, wo eben eine solche Person oder Nation ein völlig geistig stupides Dasein führen würde, so dass sie zum Bewusstsein ihres Naturrechtes sich emporzuschwingen nicht im Stande wäre. Im zweiten Artikel geht nun Palacký auf die Frage der Gleichberechtigung der Nationen über. Er sagt: Der Grundsatz der Gleichberechtigung der Nationen ist so alt, wie das Naturrecht überhaupt. Die Quelle beider ist jener Born, woraus sowohl Sitte als auch das Recht fliessen, nämlich das ins Herz eingeschriebene Gebot: Was Du nicht willst, dass dir die Menschen thun, das thue auch Du nicht einem Andern. Allerdings hat es viele Kämpfe gekostet, bis die Völker diesen göttlichen Funken in ihr Herz aufnahmen, bis in den Menschen die von Natur aus vorhandene Neigung zur Bestialität, zum rohen Egoismus vertilgt worden ist. Darum ist das Privatrecht früher zur Geltung gebracht worden als das Völkerrecht, wo noch lange Zeit der Grundsatz galt: Gewalt geht vor Recht, und der leider bis heute noch bei Vielen gilt. Palacký sagt weiter: In der Periode Bach's ist die Gleichberechtigung der Nationen von Oben zwar nie direkt geleugnet worden, aber in dieser Periode wurde in Praxis das Tragen der „deutschen" Kultur nach Osten als Staatszweck gahandhabt. Wenn doch nur, meint Palacký, die Apostel dieser Lehre geähnelt hätten den Aposteln Christi, die da das Evangelium allen Völkern verkündeten, jedem in seiner Sprache, dann hätte ja Niemand gegen das Vorhaben dieser Regierungsapostel etwas einwenden können. Aber schon politische Kinder haben das Ziel dieser Bach'schen Apostel durchschaut, dass die deutsche Nation herrschen solle über die anderen in Oesterreich, denn nach dem Willen dieser Apostel sollte alle Kultur, alles geistige Leben der anderssprachigen Nationen an die deutsche Sprache gebunden werden, woraus früher oder später doch nothwendig der nationale Tod dieser gefolgt wäre. Palacký fragt nun, ob denn eine Nation verpflichtet sei aus Liebe zu der andern freiwillig in den Tod zu gehen? Wir legen also folgende Prämissen für die oesterr. Staatsidee. 1. In der oesterr. Monarchie sollen herrschen Recht und Gesetz. 2. Die oesterr. Monarchie ist zusammengesetzt aus verschiedenartigen Nationen. 3. Keine Nation hat ein Recht über die andere. Aus diesen Prämissen folgt doch nothwendig die Gleichberechtigung aller Nationen. Wer also die Freiheit beansprucht für seine Nation, darf nicht den anderen Nationen Recht und Gerechtigkeit versagen. Also ist das die jetzige Staatsidee der oesterr. Monarchie. Dass sich vor dreihundert Jahren Oesterreichs Nationen durch freiwillige Vereinbarungen vereint haben zu einem Staatsganzen, das erachte ich, sagt Palacký, für keine geringe Wohlthat von der göttlichen Vorsehung für alle Nationen. Gesetzt, es wäre diese Vereinigung nicht zu Stande gekommen und jedes Volk hätte seine Souverenität behalten, wie viele Kämpfe, Kriege wären seitdem um dieser Souverenität willen geschlagen worden? Wäre nicht schon etwa manche Nation in diesen Kämpfen vom Erdboden verschwunden? Darum habe ich am 11. April 1848 nach Frankfurt geschrieben, wenn es kein Oesterreich gebe, dann müssten wir uns im Interesse Europas, ja im Interesse der Humanität beeilen ein Oesterreich baldigst zu errichten. Diesen meinen Ausspruch hat der Ban Jelačić auf seine Fahnen geschrieben und mit diesen Worten habe ich — ohne mich zu prahlen — nicht wenig zur Erhaltung der Einheit der oest. Monarchie beigetragen. Wenn ich demnach die Existenz des oesterreichen Staates verlangt habe, so schwebte mir immer in meinem Geist ein Oesterreich vor, welches zu allen Nationen gerecht wäre, und eine Regierung, welche keiner Nation eine Stiefmutter wäre. Mit anderen Worten ist diese Forderung aufgestellt worden, dass die oesterreichische Regierung weder deutsch, noch magyarisch, noch slavisch, noch romanisch, sondern oesterreichisch im allgemeinen und höheren Sinn, das heisst zu Allen gerecht sein müsse.

Diese Worte hat Palacký vor 33 Jahren geschrieben. Wenn Er heute leben möchte, würde Er mit grosser Genugthuung den Bericht von der sogenannten

„klerikalen" Bauernversammlung in Bozen, die am 29. Juni stattfand, lesen.

In dieser grossartigen Versammlung der Tiroler Bauern, welche in der Fichtegasse in Wien schreckliche Magenschmerzen erzeugt hat, sprach vor mehr als zehntausend Zuhörern Baron di Pauli die Worte aus: Oesterreich kann nicht deutsch, nicht slavisch sein. Oesterreich ist Oesterreich und muss Oesterreich bleiben. Sieh da, der angebliche Hasser der Deutschen, Palacký, hat vor mehr als einem Vierteljahrhundert dieselben Worte geschrieben, wie sie heute in einer grossartigen Volksversammlung deutscher Tiroler öffentlich unter brausendem Jubel verkündigt werden. Ja vielleicht sind die Tiroler keine Deutschen? O ja, Deutsche sind sie, aber nicht nach dem Recept aus der Fichtegasse, auch nicht nach dem Recept des Wolf und Schönerer. Ja die Tiroler sind furchtbar störrisch. Sie wollen keine „Kultur" annehmen, so jammert über sie die „Neue Freie". Tirol — so schreibt sie — hat wesentliche, leider noch immer ungenügende Fortschritte gemacht. Die Hoteliers von Bozen, Meran Campiglio, San Martino, Gossensass, der Mendel, Trafoi, Sulden, Carersee haben beim Innsbrucker Statthalter gegen die schädlichen Folgen der klerikalen, die Bauern zu Ausbrüchen der Wildheit stachelnden Agitation protestirt. Wir haben die Liste abgeschrieben, weil diese Hotels für Tirol wahre Kulturstationen sind. Nun wird ein Massenzug der Bauern veranstaltet, die Kirchen wiederhallen von heftigen Predigten, die Thäler werden in Aufruhr gebracht, die Landbewohner in leidenschaftliche Stimmung versetzt, in Südtirol wird befürchtet, das Petersfest könnte arge Zusammenstösse bringen und traurig durch Blut entweiht werden. (25. Juni.) Wenn man diese paar Zeilen liest, so könnte man meinen, die Tiroler rüsten sich zur Abwehr der Franzosen, wie vor etwa 100 Jahren. Aber nein, sie wollen nur einen öffentlichen Protest veranstalten gegen die Schönererianische Partei, sie wollen nur öffentlich sagen, dass sie sich nichts von der Fichtegasse, nichts von Schönerer und Wolf vorschreiben lassen wollen, sie wollen nur sagen, dass sie freie Bergessöhne sind.

Und das haben sie denn auch in grossartiger Weise gethan. Denn selbst die „Neue Freie" muss ihnen das glänzende Zeugniss ausstellen, da sie schreibt: Die klerikale Protestversammlung verlief trotz des ausserordentlichen Zuzuges des Landvolkes in vollster Ruhe und Ordnung. (30. Juni.) Also kein Blut geflossen, wie man vor 5 Tagen in der Fichtegasse fürchtete. Hoffentlich können sich die Nachkommen derer, welche in den Befreiungskriegen gegen Napoleon den Stutzen so trefflich handhabten, dass in den Tiroler Thälern den Eindringlingen Hören und Sehen verging, hoffentlich werden sich die in Bozen versammelten Tiroler als Deutsche mit denen messen können, die da in der Fichtegasse sitzen, deren Vorfahren schwerlich gegen die Römer im Teutoburger Walde gekämpft haben, höchstens dass sie schon damals Getreidelieferanten des römischen Heeres gewesen sind. Palacký schliesst diesen Artikel mit den fulminanten Worten: Mit Frasen des modernen Liberalismus herumzuwerfen, sich mit einer höheren Kultur prahlen, schön reden von konstitutioneller Freiheit, Gerechtigkeit und Humanität, dabei mit Füssen und Zähnen zäh sich klammern und halten an die Vorrechte und materielle Vortheile, die man im Laufe der Zeit durch Willkür erworben und sich angeeignet, sich dabei stolz überheben über die, denen Unrecht geschieht, fürwahr ein derartig politisches Pharisäerthum ist eine der unerfreulichsten Erscheinungen des jetzigen öffentlichen Lebens in Oesterreich.

IV.

Die Sprachenfrage nach Palacký.

Nun wendet sich Palacký im Artikel IV. zur Besprechung der schwierigen Sprachenfrage. Es lässt sich nicht leugnen, sagt Palacký, dass die grosse Verschiedenheit der Völker Oesterreichs, insofern sie sich in der Abstammung, Sprache, historischen Ueberlieferung, Konfession, Bildung, Sitten und Gebräuchen, natürlichen Neigungen und Berufsbeschäftigung von einander unterscheiden, dass dies alles vorzüglich geeignet ist zur Durchführung des berüchtigten Satzes: divide et impera, mache Zwietracht und herrsche. Aber auch jeder aufrichtig und ehrlich konstitutionell zu regieren wollenden Regierung werden diese Verschiedenheiten grosse Hindernisse bereiten. Die grösste Schwierigkeit im Regieren bietet die Verschiedenheit der Sprache, so dass die Sprachenfrage für Oesterreich — wie in keinem Staate der Welt — das wichtigste und brennendste politische Moment bildet. Wie sollen sich, fragt Palacký, die Abgeordneten der verschiedenen Völker in den gesetzgebenden Körperschaften verständigen? Dass die Abgeordneten aller oesterreichischen Nationen, wenn sie zusammenkommen, gebrauchen möchten in den Berathungen jeder seine Muttersprache, dass also im oesterr. Abgeordnetenhause Reden abgehalten würden in deutscher, böhmischer, polnischer, ruthenischer, magyarischer, rumänischer, serbo-kroatischer, slovenischer und italienischer Sprache, wäre dies, wie jeder verständige Mensch zugibt, ein fertiges Babel, eine Unmöglichkeit. Es lässt sich wohl parlamentiren in zwei oder drei Sprachen, aber höher zu gehen, ist unmöglich. Aber dies berechtigt nicht, dass einer Sprache das Privilegium ertheilt werde, dass in ihr alle geistigen und materiellen Bedürfnisse der Nationen verhandelt werden sollten.

Ich muss bemerken, argumentirt Palacký, dass die Konstitution in Oesterreich nicht so entstanden ist wie in England und Frankreich, in Ländern also von gleichartiger Bevölkerung, sie ist als fertiger, fremder Reis auf den Staatskörper Oesterreichs aufgepfropft worden aus der Fremde. Es fragt sich nun, ob ein fremder Setzling in unserem heimischen Boden gedeihen wird, wie in seiner fremden Heimat? Ob eine Uniform, die sich bei Staaten mit einsprachiger Bevölkerung bewährt, ob die auch passen wird einem Staate von verschieden sprechenden Nationen? Ist es nicht möglich darum, fragt Palacký, dass die Völker Oesterreichs, da ihre Vertreter an einem Orte unmöglich in ihrer eigenen Sprache verhandeln können, ist es nicht möglich, dass die Abgeordneten oesterreichischer Völker in homogene gesetzgebende Körperschaften zertheilt werden, so dass der siebenbürgische Landtag parlamentiren würde magyarisch, deutsch, ruthenisch, der südslavische Genrallandtag slovenisch, deutsch und italienisch, der Generallandtag der böhmischen Länder böhmisch und deutsch, der galizische polnisch und ruthenisch? So werden diese gesetzgebenden Körperschaften ihren eigenen verschiedenen Bedürfnissen besser entsprechen, als wenn alle Abgeordneten in einer Versammlung in ein Joch eingespannt wären. So schrieb Palacký vor 33 Jahren. Würde Er heute leben und die furchtbaren Scenen im oesterr. Abgeordnetenhause erlebt und mitangesehen haben, dann wäre es wohl am Platze, dass Er der Wiener Hochbyrokratie seine Worte in flammender Schrift vorzeigen würde, damit sie doch einmal ihre totale Blindheit einsehe. Was ist in Folge des Wiener Centralismus aus den Landtagen geworden, die doch ursprünglich nach dem Oktoberdiplom über den Wiener Reichsrath stehen sollten, was ist aus ihnen geworden? Das, was Palacký vor 33 Jahren aufgeschrieben hat. Er sagte am 26. April 1865 im „Národ" über die Zukunft der Landtage folgendes: Wer kann zweifeln, dass das parlamentarische Leben, ohne welches doch keine Nation prosperiren und sich erhalten kann, dass dies in kurzer Zeit verschwinden muss aus dem böhmischen Landtag, da hier nur über Ortsbedürfnisse, über Krankenhäuser und Spitäler, über die Vorspänne und Militäreinquartierung wird verhandelt werden und alles übrige wird nach Wien gezogen?

Die Nationen verlangen, dass jede nach ihren Bedürfnissen behandelt und regiert werde, aber nicht dass sie behandelt werde nach einer und derselben Schablone und Beamtenuniform. Sollen sich die Staatsämter den Nationen anpassen oder umgekehrt? Oder glaubt jemand, wenn die Hochbyrokratie die Luft nicht in Wien athmet, dass sie da nicht mehr oesterreichisch ist?

Wenn Palacký heute leben würde, möchte Er mit grosser Befriedigung den Artikel „Paragraph 14" im „Pester Lloyd" vom 30. Juni 1898 aus Wien geschrieben, lesen. Wie Palacký vor 33 Jahren in den von uns citirten Artikeln vorausbewies, dass der Staatskarren Oesterreichs ohne Handhabung gleichen Rechtes für alle Nationen nothwendig in den Sand sich einbohren müsse und nicht weiter gebracht werden könne, dasselbe schreiben jetzt Blätter, welche über die Palacký-Feier mit Hohn, Verleumdung und feindlichem Geifer schreiben. Die Armen, sie wissen nicht, dass sie die Worte des Mannes bestätigen, der sie vor 33 Jahren schrieb und den sie heute als Feind der Monarchie darstellen und die Theilnehmer der Palacký-Feier als Reichsverräther proskribiren. Das Organ der Budapester Regierung und des auswärtigen oesterreichischen Ministeriums schreibt in Nro. 158 l. J. über den besagten Paragraphen 14 der Monarchieverfassung folgendes: „Als der derzeitige Finanzminister die Bewilligung des Budget-Provisoriums für das erste Semester vom Parlament erbat, machte er ganz besonders darauf aufmerksam, dass die Regierung, falls die Volksvertretung nicht willig sei, wohl die Forterhebung der Steuern sowie die Deckung der eigentlichen budgetären Ausgaben aus jenen Eingängen auf Grund des § 14 verfügen könne, nicht aber zugleich die Beschaffung der zu den Investitionen erforderlichen Mittel durch Rentenbegebung. Damit sollte auf das Parlament eine Pression geübt werden, dass es das Budget-Provisorium in seiner Gänze bewillige, damit auch die von der Bevölkerung der einzelnen Kronländer sehnlichst erwarteten Strassen-, Brücken- und sonstigen aerarischen Bauten, allerlei Subventionen und staatliche Zuwendungen verwirklicht werden." Aber die deutschen Abgeordneten, die Obstruktion machte sich nichts aus dieser Drohung. Es wurde weiter Spektakel gemacht und das Parlament geschlossen. Und so schreibt der „Lloyd" zum Schluss besagten Artikels: „Das Schlimme an der reichhaltigen Anwendung des § 14 besteht nämlich darin, dass dadurch der Konstitutionelle Sinn der Bevölkerung getrübt wird durch Aufrechterhaltung einer Fiktion des Parlamentarismus, der thatsächlich ausser Uebung gesetzt ist. Von grosser

Bedeutung für den öffentlichen Geist in Oesterreich bleibt für alle Fälle die Degenerirung und Depravirung der konstitutionellen Gesinnung, welche durch die oftmalige Anwendung des § 14 in vielen Kreisen der Bevölkerung erzeugt wird. Der § 14 ist doch nur der Absolutismus mit dem Feigenblatt, und da ist uns der nackte Absolutismus schier lieber, denn er ist wenigstens ehrlicher und wahrhaftiger."

Dieses köstliche Geständniss der Verleumder und Spötter Palacký's bedarf keiner weiteren Beleuchtung.

Das Organ der oesterreichisch-ungarischen Bank, der „Tresor" schreibt in der Nummer vom 30. Juni 1898: „Heute ist endlich die kaiserliche Verordnung erschienen, womit die Regierung zur Forterhebung der Steuern und Abgaben und zur Bestreitung des Staatsaufwandes im II. Semester 1898 ermächtigt wird. Mit ein wenig mehr Klugheit seitens der Regierenden wie der Regierten hätte der Sprachen-, aber nicht der Verfassungskonflikt beigelegt werden können. Allein er hat sich so verschärft, dass ein Ausweg aus der Sackgasse kaum auffindbar ist. Denn dass heute auch die Aufhebung der Sprachenverordnungen als dieser Ausweg angesehen werden darf, wird nur auf deutscher Seite behauptet werden; die Obstruktionisten, die man auf der einen Seite los wäre, erstünden nun auf der anderen Seite. Aber das Budget!" Also verzweifelt philosophirt das ehrenwerthe Organ des Herrn Mecenseffy, des Generalsekretärs der oesterreichisch-ungarischen Bank.

V.

Der Foederalismus nach Palacký.

Im Artikel VII. vom 15. Mai 1865 verbreitet sich Palacký über die foederative Konstituirung der oesterreichischen Monarchie.

Palacký sagt: Das hauptsächlichste Merkmal und zugleich das Wesen einer foederativen Verfassung ist der Unterschied, welcher gezogen wird zwischen den Angelegenheiten des Reiches und der Länder und demnach zwischen der Reichsregierung und den Landesregierungen.

Zu den Geschäften der Centralregierung des Reiches würden zweifellos gezählt werden Angelegenheiten betreffs 1. des allerhöchsten Herrscherhauses, 2. auswärtige Angelegenheiten des Reiches, 3. Kriegsführung, also Heer, Marine, 4. Reichsfinanzen und die gemeinsame Staatsschuld, 5. Handelsverträge, Zollbündnisse, Eisenbahn- und Kommunikationswesen. Für alle diese Angelegenheiten wären in Wien Reichsministerien zu errichten. Andere Angelegenheiten, so die politische Verwaltung der Königreiche und Länder, das ganze Schulwesen, das ganze Gerichts- und Rechtswesen und alles ähnliche würde unter das Recht und die Gewalt der Landtage und der Landesregierungen fallen. Palacký ruft da mit Recht der Byrokratie in Wien zu: „Was ihr den Magyaren zugestanden habet, warum wird dasselbe hartnäckig den anderen Nationen verweigert?" Es ist demnach nothwendig, fährt Palacký fort, dass die Länder der oesterreichischen Monarchie nach foederativen Grundsätzen in einige Gruppen eingetheilt werden, deren Elemente gleichartig sind nach geschichtlicher Ueberlieferung, geographischer Lage und ethnographischen Verhältnissen. Die Zusammenstellung derartiger Gruppen nach den Ländern der böhmischen Krone, der polnischen, deutsch-oesterreichischen, südslavisch-italienischen Gruppe wäre doch nicht so schwierig.

Jede dieser Ländergruppen sollte nach Palacký einen Kanzler haben oder Landsmannminister, welcher diese Gruppe bei der Centralreichsregierung zu vertreten hätte. Dann schildert Palacký den Unterschied des Reichsrathes und der Landtage. Wichtig ist hervorzuheben, dass Palacký verlangt, die indirekten Steuern sollen nach Wien abgeführt, die direkten Steuern sollen aber für das Land verwendet und der Landesregierung abgeführt werden. Auch hier sehen wir, wie scharf Palacký in die Zukunft geblickt hat und wie richtig dieser Grundsatz bewiesen wird durch die schreckliche Zunahme der Landesdeficite trotz der furchtbaren Höhe der Steuern. Das Hauptverdienst und Hauptmerkmal des Foederalismus ist aber, dass er allein im Stande ist den Grundsatz der vollen Gleichberechtigung der Nationen durchzuführen. Das gleiche Recht für Alle ist doch die edelste Frucht der neuen Wissenschaft und zugleich der christlichen Religion und bricht sich siegend die Bahn bei allen gebildeten Völkern. Die Staatsmänner, welche Oesterreich auf centralistischer und dualistischer Basis durchaus aufbauen zu müssen glauben, arbeiten an einem Werk, das den Zerfall in sich selbst birgt, indem dieses Werk auf einem Grunde ruhen soll, welcher aus ganz entgegengesetzten und einander bekämpfenden Elementen zusammengesetzt ist.

Nach dem Rechte des Konstitutionalismus sind die Nationen dazu berufen ihren Willen bei der Gesetzgebung kundzugeben und zu verwirklichen; daran aber hindert der Centralismus und Dualismus und gestattet den Nationen nur bürgerliche und politische, aber nicht nationale Rechte. Die Slaven in Cis sollen sich unterwerfen den Deutschen und die Slaven und Rumänen in Trans sollen sich unterwerfen den Magyaren. Als Bürger dürfen sie zwar ihren Willen bethätigen am Zustandekommen von Gesetzen, aber als Nationen dürfen sie keinen freien Willen haben.

Verträgt sich dies mit der Idee des Konstitutionalismus?

Die Deutschen Cis sagen den Slaven, ihr sollt frei sein, aber die Freiheit schneiden wir euch zu nach unserem Geschmack, dasselbe sagen die Magyaren Trans den Slovaken, Rumänen und Deutschen. Soll es denn wirklich wahr sein, fragt Palacký, dass, wie ich von einer hohen politischen Persönlichkeit im Jahre 1861 in Wien die Worte sagen hörte, dass in Oesterreich allen Nationen willfahrt werden wird, aber nur nicht den Slaven, allen Slaven, aber nur nicht den Czechen? Die Deutschen sagen und schreiben von sich, fährt Palacký fort, dass sie mehr Intelligenz, mehr Kultur haben, als die Slaven. Ich leugne nicht, dass die Deutschen in unseren Tagen (Palacký schreibt im Jahre 1865) im Ganzen auf einer höheren Stufe der Bildung und geistigen Lebens sind, als wir Czechoslaven.

Haben doch im Laufe der letzten 2 Jahrhunderte die Deutschen sowohl ausserhalb Oesterreichs ungestört in Kultur und Wissenschaft fortarbeiten können als auch in Oesterreich selbst, denn alles, was von Oben zur Hebung des menschlichen Wissens gethan wurde, geschah alles ausschliesslich im Interesse und zum Nutzen der Deutschen.

Palacký beruft sich auf das Zeugniss Jakob Grimm's, welcher erklärte, das Resultat seiner Forschungen sei, dass die germanische Race unter dem ganzen Menschengeschlechte nirgends so viel ihrer Nahes und Verwandtes finden kann als in der slavischen Race.

Die alte „Presse" hat am 20. April 1865 den Ausspruch gethan, es könne der czechoslavischen Nation nicht die Gleichberechtigung zuerkannt werden, weil Oesterreich aus dem Bunde mit Deutschland nicht ausgetreten sei, und weil Oesterreich ohne Anlehnung an Deutschland aufhören würde eine Grossmacht zu sein. Dagegen sagt Palacký: Ein wunderlicheres Kompliment hätte man der habsburgischen Monarchie wohl nicht machen können, wenn da behauptet wird, dass die Existenzbedingungen der Monarchie nicht in ihr selbst liegen, sondern ausserhalb derselben gesucht werden müssen. Und so eine Sprache führt das erste fast amtliche Organ der öffentlichen Meinung mitten im Herzen von Oesterreich in Wien! Ich würde diese Worte für die grösste Schmähung der Monarchie ansehen, und ich vermag diese Worte nicht anders zu kommentiren, als dass es sich dieser Art Menschen, die so sprechen, nicht so sehr um die Erhaltung Oesterreichs als um die Herrschaft der deutschen Race handelt.

Wir Slaven streben durchaus nicht darnach, ob Oesterreich in Deutschland oder Italien eine Macht geniesse, uns liegt nur daran, dass Oesterreich durch weise und gerechte Institutionen die Liebe und Zufriedenheit aller Nationen begründe, und wenn Oesterreich darnach streben möchte, dass wir alle auf den Namen Oesterreich stolz sein könnten. Da würde in uns sicher jede Furcht vor einer anderen Grossmacht verschwinden. Wem übrigens die Verbindung Oesterreichs mit Deutschland mehr Nutzen gebracht hat, davon gibt ja die Geschichte untrügliche Beweise. Heute noch sieht jedes Kind ein, welche materielle Opfer wir dieser Alliirung bringen müssen, während der Nutzen, den wir aus der Verbindung mit den deutschen Bundesstaaten haben (Palacký schreibt im Jahre 1865), gewöhnlich ein tiefes diplomatisches Geheimniss bleibt. Uebrigens, wenn der Pangermanismus ein heiliges und unbeschränktes Recht haben soll, mit welchem Rechte und aus welchem Grunde wagt dann jemand den Panslavismus und Panitalismus zu verdammen? Wenn die Deutschen Oesterreichs sich an die Deutschen in Deutschland anschliessen und anschmiegen dürfen trotz verschiedener Staatskonventionen, wie dürfte man dasselbe den Slaven und Italienern als ein Verbrechen anrechnen?

Palacký schliesst nun diese Reihe von Artikeln mit den lapidaren Worten: Wenn die oesterreichische Staatsidee durchgeführt wird im entgegengesetzten Sinne, als wir da auseinandergesetzt haben, wenn dieser heterogene Staat den Nationen ein ungleiches Mass von Rechten zuerkennen wird, wenn dem Einen die Herrschaft über die Anderen eingeräumt wird, wenn die slavischen Nationen als eine unterwerthige Race proklamirt werden, gleichsam als das Rohmaterial der Herrscherlüste anderer zwei Nationen, nun, da tritt die Natur in ihre Rechte, ihr unausbleiblicher Widerstand wird sich verwandeln in einen dauernden häuslichen Zwist, verwandelt die Hoffnung in Verzweiflung, ruft Reibungen und Kämpfe hervor, deren Umfang und Richtung man nicht voraussehen kann. Wir Slaven sehen allen diesen Dingen mit aufrichtigem Schmerz entgegen, aber ohne Furcht. Wir waren vor Oesterreich, wir werden nach Oesterreich sein.

So schrieb im Jahre 1865 der angebliche Deutschenhasser Palacký. Seine Worte sind heute eine traurige und furchtbare Thatsache geworden, jeder Buchstabe davon dröhnt und brüllt von schrecklicher Wahrheit. Die „Neue Freie" hat nun die freche Stirn zu sagen, die Palackýfeier sei getragen gewesen von Traditionen Palacký's, von ungezügeltem Deutschenhass. Palacký's Werke sind Jedermann zugänglich. Niemand wird darin auch nur einen Buchstaben von Racenhass, von Ungerechtigkeit gegen Andere finden, einer solch schlechten That war Palacký's edle und religiös gesinnte Natur nicht fähig. Darum ist der Geifer der „Neuen Freien", den sie gegen Palacký speit, ein Produkt niedrigster und gemeinster Verleumdung, es ist ein Hyänenwerk. Wie geradezu blöd die Behauptungen der „N. Fr." sind, kann sich ja jeder selbst überzeugen und den Inhalt der Reden, die da gehalten wurden, prüfen. So schreibt das Organ der czechischen Agrarier „Selské Noviny" in der Nummer vom 1. Juli 1898: „So viel müssen wir gestehen, dass die Rede des Festredners Dr. Herold Niemanden ins Feuer bringen würde, weder zum Kampfe fürs Vaterland, noch für die Nation. Kein k. und k. oesterreichischer Bureaukrat in der Staatsuniform hätte weniger von Palacký gesagt. Das nennt man bei uns Mässigung und Noblesse: Niemand anzurühren. Das ist allerdings czechische Mässigung und Noblesse in Rücksicht auf die Deutschen. Dr. Herold hat in seiner Rede das Nationalgefühl unterdrückt, als dass er es hätte angefacht. Wie anders sprach der Slovene Dr. Hribar! Er sagte: Die Vertreter aller slavischen Länder, aller slavischen Nationen sind hergekommen, damit unter den Slaven die gegenseitige Erkenntniss sich verbreite und dadurch die gegenseitige Liebe und Interessengemeinschaft. Und wenn das geschieht, dann wird dieser Tag nicht ohne Wirkung bleiben auf unsere Herzen. Die slavischen Völker haben sich heute in freundschaftlicher Umarmung gefunden. Es ist sicher in der Weltgeschichte von grösster Bedeutung, wenn die zwei grössten slavischen Nationen, die russische und polnische sich verständigen." Dr. Hribar sprach dann den Wunsch aus, Prag möge bald im neuen Glanze erstehen als Residenzstadt des Königs von Böhmen, der da baldigst herkommen und auf Sein Haupt die Krone des hl. Wenzeslaus aufsetzen möge.

Wir fragen da, wo ist nur eine Spur von wildem Deutschenhass zu erkennen? Dürfen sich Zweie nicht lieben, bedeutet das einen Dritten zu hassen? Wenn uns die „Neue Freie" in der Palackýfeier abermals den Panslavismus vorhält, was ist denn da mit der von ihr fortwährend vorgebrachten und propagirten deutschen Gemeinbürgschaft? Fragen wir nun, woher der wilde Hass und Uebermass der Verunglimpfung der Palackýfeier in der Fichtegasse? Ja hier ist es eben, diese Art Menschen können die Eintracht der Völker nicht brauchen, diese Menschen, welche da bedienen das berüchtigte Organ in der Fichtegasse, können nicht den Frieden der oesterreichischen Völker dulden, sie können nicht zulassen die Verständigung der Nachbaren, der Polen und Russen, denn diese Menschen leben nur von Zwietracht und Hader Anderer, geradeso wie der Wucherer von Zwietracht, Hader und Leichtsinn seiner armen Beute sich bereichert.

Für die czechoslavische Nation ist Herr Komarov aus Petersburg so viel, wie Herr Schönerer aus Schwarzenau, der Erste wird ihr so viel nützen, wie der Zweite ihr schaden. Damit will nur gesagt werden, dass die Reden derartiger extremen Menschen verpuffen wie Rauch, wenn die Festversammlung vorüber ist, kommt der gewöhnliche Ernst des Lebens.

Aber ein verhängnissvoller Fehler der Regierung ist es, wenn sie die Rede- und Versammlungsfreiheit von solchen Menschen ausbeuten lässt. Das wird sich einmal furchtbar rächen.

Die Judenpresse schreit also Mord und Zeter über die angeblich hochverrätherischen Reden der Palackýfeier, aber welche Leistungen der Herr Wolf zu Stande bringt, da wird tief geschwiegen. So schreibt das Münchener Blatt: „Das bayerische Vaterland" über die Leistungen Wolfs in Graz:

„Bei der in Graz abgehaltenen Märzfeier hielt der deutsch-nationale Pultdeckelheld Abgeordneter Wolf eine Rede, in der er unter anderem sich äusserte, dass, wenn man die Sprachenverordnungen nicht zurücknehme, man von Opposition und Obstruktion einen Schritt weiter gehen werde, was er nicht aussprechen wolle. Oesterreich sei nach 50 Jahren wieder auf dem Punkt angelangt, wie vor dem März 1848. — Also, wenn Obstruktion nichts hilft, dann macht man Revolution! Das randalirende Wölflein darf froh sein, dass Graz nicht in seinem heissgeliebten Preussenlande liegt, denn da hätte ihn der Staatsanwalt ob seiner revolutionären Drohung sofort beim Wickel genommen."

Das bayerische Blatt hat vollkommen recht. Man muss der preussischen Regierung das glänzende Zeugniss geben, das sie energisch ist. Denn als die polnischen Aerzte im Juli 1898 einen Aerztetag nach Posen einberufen wollten, sagte der Regierungspraesident den Vorsitzenden des Kongresses am 4. Juli, dass die Anwesenheit von Ausländern auf dem Kongresse aus allgemein polizeilichen Gründen nicht gestattet sei, dass jeder Ausländer, welcher dennoch zur Theilnahme an dem Kongresse hierherkommen würde, als lästig angesehn und mittels polizeilicher Zwangsmassregeln des Landes verwiesen werden soll. Darüber macht sich nun ein offenbar Berliner Jud im „Pester Lloyd" vom 8. Juli 1898 folgendermassen lustig: „Der Korybantenlärm, mit welchem einige Gernegrosse in Prag den Palacký-Tag zu einem internationalen Ereignisse aufbauschen wollten, hat nachträglich noch eine den Betheiligten nicht erwünschte Wirkung in der Ferne gehabt. Der Posener Polizeipraesident hat die Theilnahme von Ausländern an dem in Posen für den 1. bis 4. August beabsichtigt gewesenen Kongresse polnischer Aerzte und Naturforscher verboten und ungebetene Gäste mit Landesverweisung bedroht. Dieses energische Einschreiten ist jedenfalls auf den Reichskanzler selbst, der sicher nur im Einverständnisse mit der höchsten Stelle vorgegangen ist, zurückzuführen." So schreibt mit kannibalischem Behagen der Berliner Jud im „Lloyd".

Warum hat man denn in Berlin kein so wachsames Auge für die Ausflüge der Herren Funke, Schönerer, Hofer?

Ja, Bauer, das ist ganz was anderes. Es ist merkwürdig, wie man sich in Berlin vor russischen Aerzten fürchtet, dagegen vor russischen Rubeln nicht, im Gegentheil, man ist im deutschen Reich sehr erbost, wenn Russland seine Grenzen zuschliessen will.

So schreibt die „Frankfurter Börsenzeitung" in der Nummer vom 7. Juli 1898 folgendes: „Eisenbahnmaterial für Russland. Die Nachricht klingt etwas unwahrscheinlich, dass der Warschau-Wiener Bahn vom Finanzminister geboten sein soll, ihre gesammten Neuanschaffungen nur heimischen Fabriken in Bestellung zu geben. Ob dies bezüglich der Reservegeleise angängig wäre, ist ungewiss. Desto fragloser bleibt aber, dass die 1000 Kohlenwaggons, wenn sie binnen nicht zu langer Zeit gebraucht werden, ganz ausserhalb der russischen Lieferungsfähigkeit stehen. Sind doch die dortigen Waggonfabriken keineswegs erst seit kurzem so angespannt, dass sie neue Aufträge abweisen müssen. Für Deutschland kommt aber noch in Betracht, und unsere Presse sollte nicht müde werden dies zu betonen, dass die Warschau-Wiener Bahn mit unserem Gelde gebaut ist, wie denn auch deren Aktien sowie Prioritäten in Berlin gehandelt werden, und andererseits die Prioritäten auch in Frankfurt. Ein Staat wie Russland nun, der alle seine Bahnen auch heute noch fast durchaus mit fremden Kapitalien ins Leben rufen muss, befindet sich zum mindesten in — moralischem Unrecht, wenn er unbeschadet des Schutzes seiner eigenen doch noch ungenügenden Industrie, das Ausland geradezu boykottirt. Also Geld zum Eisenbahnbau und auch zu den Neuanschaffungen dürfen wir hergeben, Arbeit dagegen sollen wir nicht erhalten."

Wir sind der Meinung, wenn man eine zu grosse Liebe im deutschen Reiche zu ausländischem Gelde hat, sollte man auch bischen mehr Liebe haben zu ausländischen Menschen. Wie dem auch sei, wir loben die Energie der preussischen Regierung und wünschen nur, dass die Hochbureaukratie in Wien ebenso energisch wäre **nach allen Seiten**, wie man energisch ist in Berlin.

Denn Regieren heisst Vorausblicken, Voraussorgen und nicht Nachherhinken und Nachflicken, wie es gegen die Schönerianer und Deutschnationalen von Wien aus prakticirt wird.

Dank dem Wirken der Schönerer- und Funkepartei ist das Parlament zum Stillstand gebracht und die Bedürfnisse des Staates müssen nun auf einem anderen Wege befriedigt werden.

Und siehe da, welch ein bitterer Hohn des Schicksals liegt nicht in der Thatsache, dass gerade aus diesem Umstande die Bankgewölbe des Rothschild gefüllt werden? Denn es brachte der „Pester Lloyd" folgende Nachricht: „Oesterreichische Vorschussoperationen. Aus Wien wird uns gemeldet: Der oesterreichische Finanzminister wird noch in der ersten Hälfte dieses Monates mit den Finanzmächten wegen der im Nothbudget vorgesehnen Vorschussoperationen in Verhandlung treten. Von dem Verlauf dieser Verhandlung wird es abhängen, ob gleich der ganze Vorschussbetrag von 20 Millionen Gulden zum Gegenstande von Vereinbarungen gemacht, oder ob dieser Betrag in Raten successive beschafft werden soll. Zu den Konferenzen im Finanzministerium werden das Postsparkassenamt, die Mitglieder des Rothschild-Konsortiums und die erste oesterreichische Sparkassa eingeladen werden." (Lloyd 3. Juli.)

Schönerer, der wilde Judenfresser, er arbeitet für die Wertheimer-Kassen des Rothschild! Ob er denn in sich gehen und seine Fehler wird einsehen und ob er Busse thun wird?

Wie dem auch sei, Palacký ist durch die Macht der Thatsachen gerechtfertigt. Seine foederativen Grundsätze hat man vor 50 Jahren verachtet und die Folgen haben sich eingestellt. Der Deutsche, Czeche, Pole, Slovene, der Italiener, sie alle zusammen können im Wiener Parlamente kein Koncert zu Stande bringen. Da nun die Christen sich miteinander absolut nicht vertragen, also muss nachher der Jude kommen mit der allmächtigen Salbe, er muss borgen, damit die Staatsmaschine nicht zu Grunde gehe. Die Christen würgen sich gegenseitig, raufen sich um die Zunge, während der Jude den Deutschen und Czechen den Magen zuschnürt, die Tasche ausleert und dabei sich eins über die „dummen" Christen ins Fäustchen lacht. Wo zwei sich streiten, freut sich der dritte.

VI.

Die Folgen des Doppelcentralismus in Wien und Budapest. Das Anwachsen der Steuern in Oesterreich-Ungarn.

Wie Palacký richtig urtheilte, dass der Dualismus den Völkern Oesterreichs theuer zu stehen kommen wird, beweist mit allzutrauriger Gewissheit die Statistik mit ihren eisernen Zahlen, gegen deren Sprache es keine Berufung mehr gibt.

Das Staatsbudget der gesammten Monarchie vor dem Dualismus war folgendes:

Staatshaushalt im Jahre 1867. Ausgaben:

Allerhöchster Hofstaat	fl. 6,952.505
Kabinetskanzlei	69.565
Reichsrath	468.544
Staatsrath	144.950
Ministerrath	15.243
Ministerium des Äussern	2,384.967
Politische Verwaltung	19,713.615
Cultus und Unterricht	4,308.215
Unterrichtsrath	22.973
Ministerium der Polizei	2,231.777
Ungarische Hofkanzlei	12,116.125
Siebenbürgische Hofkanzlei	2,851.379
Kroat.-slavonische Hofkanzlei	1,785.705
Minist. der Finanzen	222,838.757
Minist. für Handel	3,251.401
Minist. für Justiz	8,472.376
Centralbehörden	1,556.890
Kriegsministerium:	
Landarmee	98,474.833
Kriegs-Marine	9,869.141
Summe	fl. 397,528.961

Aus dieser Summe vertilgte die damals gesammte und noch nicht getheilte Staatsschuld an Zinsenerforderniss fl. 13,333.154.

Zudem wurden in diesem Jahre an Kriegsentschädigungs-Vergütung gezahlt fl. 19,085.495 und Eisenbahnnothstandsbauten fl. 14,820.512, so dass im Jahre 1867 die Staatsausgaben der Gesammtmonarchie die Summe von fl. 423,434.968 betrugen. Nun wollen wir analysiren die Einnahmen der Staatskassa vor dem Dualismus.

Nettoertrag der direkten Steuern im Jahre 1867:

Böhmen	fl. 20,123.590
Mähren	„ 8,117.623
Schlesien	„ 1,429.528
die übrigen cisleithanischen Länder	„ 38,140.157
Summe	fl. 67,810.898
Direkte Steuern der Gesammtmonarchie	fl. 112,460.600

Indirekte Steuern:

Böhmen	fl. 34,345.485
Mähren	„ 12,169.506
Schlesien	„ 3,036.465
die übrigen Länder	„ 77,400.613
Summe	fl. 126,952.069
Gesammtmonarchie	fl. 169,312.073

Der Stand der gesammten Staatsschuld Ende Dezember 1868, also im ersten Jahre des Dualismus war:

Allgemeine Staatsschuld	fl. 2.558,229.378
Schwebende Staatsschuld Oesterreichs	„ 118,711.221
Hauptsumme der gesammten Staatsschuld	„ 2.692,067.316

Die ungarische Hälfte hatte in diesem Jahre noch keine eigene Schuld zu verzeichnen.[1]

Nun werden wir das Staatsbudget beider Hälften verfolgen.

---

[1] Statistisches Handbüchlein für das Jahr 1868. Seite 55 bis 62. Wien, Staatsdruckerei 1870.

— 42 —

Wirkliche Staatsausgaben

Im Jahre:	Oesterreichs innerhalb des Etats:	Ungarns effektive Staatsausgaben:
1868	fl. 320,636.095	fl. 147,500.000
1869	„ 300,418.001	„ 162,000.000
1870	„ 340,439.234	„ 199,900.000
1871	„ 349,319.734	„ 215,100.000
1872	„ 356,623.505	„ 237,400.000
1873	„ 394,129.651	„ 251,000.000[1]
1874	„ 384,860.168	„ 250,000.000
1875	„ 384,494.571	„ 233,000.000
1876	„ 405,245.059[1]	„ 246,000.000
1877	„ 409,952.556	„ 245,000.000
1878	„ 503,512.000	„ 250,000.000
1879	„ 454,921.000	„ 290,000.000
1880	„ 432,075.000	„ 289,000.000
1881	„ 479,644.000	„ 329,000.000
1882	„ 507,288.000	„ 337,000.000
1883	„ 514,867.000	„ 340,000.000
1884	„ 542,956.000	„ 343,000.000
1885	„ 529,459.000	„ 358,000.000
1886	„ 521,931.000	„ 348,000.000
1887	„ 566,864.000[2]	„ 368,000.000
1888	„ 567,302.000	„ 362,000.000
1889	„ 551,253.000	„ 348,000.000
1890	„ 559,597.000	„ 356,000.000
1891	„ 587,692.000	„ 405,000.000
1892	„ 610,666.000	„ 412,000.000
1893	„ 629,812.000	„ 494,000.000
1894	„ 640,243.000	„ 487,000.000[1]
1895	„ 664,763.000[3]	„ 468,528.061
1896	„ 662,691.582[*]	„ 472,987.244[*]
1897	„ 692,161.183	„ 475,238.670

[1] Nach: „Der oesterr. und ungarische Staatshaushalt" von Ludvig Láng. Seite 10. Budapest 1881.

[2] Nach: „Statistisches Handbuch". Seite 166—169. Wien, Staatsdruckerei 1884.

[3] „Statist. Handbuch". Seite 292. Wien 1897.

[¹] „Der tausendjährige ungarische Staat." Dr. Jekelfalussy. Seite 751. Pest, 1896. „Kozmos".

[*] Praeliminare.

Wenn wir das Jahr 1867 mit dem Jahre 1897 vergleichen, so ergeben sich folgende Zahlen: Vor 30 Jahren hatte die Gesammtmonarchie eine Staatsausgabe von 423·4 Millionen Gulden und nach dreissig Jahren hatten die beiden Reichshälften zusammen eine Ausgabe von 1167 Millionen Gulden, welche Ausgabe von beiden gesetzgebenden Körperschaften bewilligt worden ist. In 30 Jahren sind also die Bedürfnisse des Staates verdreifacht worden, die Steuern demnach auf mehr als zweifache vermehrt worden. Wien und Pest wetteifern im Schuldenmachen und im Aufsetzen der Steuerschraube, am lustigsten geht es natürlich zu jenseits der Leitha, da werden flott und fidel Schulden gemacht.

Wenden wir uns zu dem 2. Theil der Statistik zu. In welcher Weise und welchem Masse wurde seit Einführung des Doppelcentralismus in Wien und Pest die Steuerkraft der Steuerzahler in Anspruch genommen?

Gehen wir zuerst durch die direkten Steuern. Der Netto-Ertrag der direkten Steuern war folgender:

a) Grundsteuer.

Jahr:	1867	1868	1895
		Gulden	
Böhmen	13,091.360	13,400.060	11,125.368
Mähren	5,397.459	5,218.328	5,372.086
Schlesien	927.903	968.014	807.365
Sämmtl. übrigen Reichsrathsländer	34,985.828	35,952.728	36,242.099

b) Gebäudesteuer.

Jahr:	1867	1868	1895
		Gulden	
Böhmen	3,430.962	3,677.028	6,725.166
Mähren	1,354.551	1,279.519	2,273.418
Schlesien	240.438	257.493	469.855
Sämmtl. übrigen cisleithan. Länder	17,380.108	17,968.246	33,112.596

c) Erwerbsteuer.

	Jahr:	1867	1868	1895
			Gulden	
Böhmen		1,762.314	2,399.203	3,389.699
Mähren		813.187	1,020.016	1,359.954
Schlesien		147.121	194.539	317.047
Sämmtl. übrigen cisleithan. Länder		6,239.135	8,071.454	12,881.078

d) Einkommensteuer.

	Jahr:	1867	1868	1895
			Gulden	
Böhmen		1,827.342	2,100.327	7,938.180
Mähren		550.204	841.790	2,691.194
Schlesien		113.712	178.940	927.132
Sämmtl. übrigen cisleithan. Länder		9,125.672	12,511.238	33,492.023

Rechnen wir hinzu die anderen Abgaben, wie Exekutionsgebühren und Verzugszinsen, erhalten wir folgendes Bild:

Summe sämmtlicher direkten Steuern:

	Jahr:	1867	1868	1895
			Gulden	
Oesterreich u./Enns		17,274.466	20,260.352	37,826.350
Oesterreich ob/E.		3,225.067	3,546.737	4,849.706
Salzburg		574.219	640.255	1,011.897
Steiermark		3,311.843	3,713.035	6,426.913
Kärnten		1,018.914	1,114.261	1,618.688
Krain		1,113.135	1,298.361	1,515.219
Triest, Görz und Gradiska		1,764.966	1,939.856	3,716.685
Tirol u. Vorarlberg		1,287.753	1,433.834	3,302.208
Böhmen		20,123.590	21,586.972	29,756.035
Mähren		8,117.623	8,360.213	11,851.345
Schlesien		1,429.528	1,599.226	2,551.966
Galizien		7,444.149	7,685.837	13,025.326
Bukovina		614.686	816.091	1,323.716
Dalmatien		510.959	593.652	724.474
Summe		67,810.898	74,588.682	119,500.528

Sämmtliche direkten Steuern, welche die ungar. Hälfte im J. 1867 zahlte, betrugen die Summe von 33,633.926 fl.

Man sieht an diesen Zahlen, wie der Segen des Dualismus im Laufe von 30 Jahren gewirkt hat. Im Staatsvoranschlage pro 1897 sind die Nettoerträge der directen Steuern auf 113,421.200 fl. festgesetzt worden.[1]

Wenden wir uns nun den indirekten Steuern zu. Hier wird das Bild noch greller. Was man an direkten Steuern nachgelassen, das treibt man in doppelter Weise an den indirekten Steuern ein.

a) Verzehrungssteuer.

	Jahr: 1867	1868	1895
		Gulden	
Oesterreich unt. E.	9,636.150	12,552.445	23,783.633
Oesterreich ob. E.	1,318.477	1,251.324	2,710.353
Salzburg	400.711	395.174	817.518
Steiermark	1,726.835	2,123.115	3.427.344
Kärnten	337.011	360.919	876.772
Krain	483.263	524.747	623.250
Triest, Görz, Gradiska	477.599	1,031.937	2,431.593
Tirol u. Vorarlberg	686.238	628.027	1,292.441
Böhmen	10,451.979	14,685.519	45,038.928
Mähren	3,783.103	7,335.755	22,043.098
Schlesien	937.270	2,026.395	6,480.750
Galizien	4,210.484	4,177.856	16,991.513
Bukovina	230.439	408.803	1,307.941
Dalmatien	—	—	213.159
Summe	94,729.064	47,546.016	128,805.990

Das statistische Handbüchlein führt leider keine Specifikation der Verzehrungssteuer, sonst könnten wir auch die Colonnen des statistischen Handbuches vom Jahre 1896 durchgehen, damit wir die Zunahme der Branntwein-, Wein-, Bier-, Fleisch- und Zuckersteuer verfolgen könnten. Doch genügt uns dieses Bild vollkommen. Wir sehen, dass der grösste Theil der Riesensumme der indirekten Steuern mit eiserner Schwere gerade auf den Schultern der Länder der böhmischen

---

[1] Mittheilungen des k. k. Finanzministeriums, III. Jahrg., 1. Heft. Seite 25. Wien, Staatsdruckerei 1897.

Krone ruht. Das arme Königreich Böhmen allein führt nach Wien für Branntwein, Bier, Fleisch, Zucker über 45 Millionen fl ab. Ich glaube, dass angesichts dieser Zahlen selbst einem Iro und Wolf das Herz erstarren sollte. Gehen wir nun die weiteren Colonnen der indirekten Steuern durch.

b) Tabakmonopol.

Jahr:	1867	1868	1895
	Gulden		
Oesterreich unt. E.	6,334.540	6,517.668	24.743.237
Oesterreich ob. E. . .	1,139.368	1,110.904	3,258.130
Salzburg	286.204	170.394	920.174
Steiermark	1,385.685	1.352.977	4,863.062
Kärnten	445.789	436.997	1,282.028
Krain	408.475	384.824	1,309.188
Triest, Görz, Gradiska	1,250.807	1,139.878	3.200.205
Tirol u. Vorarlberg	1,128.648	1,015.986	3,126.715
Böhmen	6,610.917	6,358.610	24,827.546
Mähren . .	2,374.632	2,386.498	7.445.661
Schlesien .	598.190	610,180	2,866.400
Galizien	3,089.793	2,920.659	11,699.427
Bukovina	172.254	164.827	1,269.117
Dalmatien	276.671	244.687	624.397
Summe . .	25,951.948	24,914.589	91,435.087

Das geradezu furchtbare Anwachsen der Einnahmen aus dem Tabakmonopol gibt das traurige Zeugniss von der schrecklichen Zunahme der Genusssucht im Volke. Die Staatskassen haben zwar einen momentanen Gewinn, aber die Zukunft wird ein allgemeiner materieller und moralischer Bankerott sein.

c) Salzmonopol.

Diese indirekte Steuer trug im Jahre 1868 in sämmtlichen Reichsrathsländern die Summe von fl. 16,677.045 ein.

Im Jahre 1895 trug das Salzmonopol eine Bruttoeinnahme von 21,780.139 fl. ein.

d) Die Stempel.

	Jahr:	1868		1895
Oesterreich u. E.	fl.	3,533.234	fl.	7,995.376
Oesterreich o. E.	„	473.441	„	612.854
Salzburg	„	95.539	„	168.813
Steiermark	„	720.457	„	1,021.548
Kärnten	„	164.801	„	275.459
Krain	„	210.174	„	305.245
Triest, Görz, Gradiska	„	431.685	„	714.578
Tirol und Vorarlberg	„	459.259	„	718.496
Böhmen	„	2,996.035	„	5,109.234
Mähren	„	1,121.102	„	1,650.215
Schlesien	„	258.520	„	488.589
Galizien	„	959.384	„	2,796.450
Bukovina	„	105.229	„	400.821
Dalmatien	„	122.953	„	216.069
Summe	fl.	11,653.813	fl.	22,473.747

Im Jahre 1867 betrug die summarische Einnahme aus den Stempeln in den oesterreichischen Ländern die Summe von fl. 11,220.927.

e) Taxen und unmittelbare Gebühren aus Rechtsgeschäften.

	Jahr:	1868		1895
Oesterreich u. E.	fl.	7,189.132	fl.	16,727.792
Oesterreich o. E.	„	882.721	„	1,550.783
Salzburg	„	187.982	„	433.475
Steiermark	„	1,154.760	„	1,706.043
Kärnten	„	306.093	„	484.632
Krain	„	261.534	„	395.990
Triest, Görz, Gradiska	„	824.733	„	1,241.959
Tirol und Vorarlberg	„	865.723	„	1,384.161
Böhmen	„	5,621.413	„	9,757.764
Mähren	„	2,376.617	„	3,293.441
Schlesien	„	450.592	„	710.614
Galizien	„	1,528.763	„	4,618.984
Bukovina	„	192.592	„	380.055
Dalmatien	„	112.870	„	233.500
Summe	fl.	21,955.525	fl.	43,419.398

Vor der Einführung des Dualismus im J. 1867 hat diese Einnahmsquelle dem Staate eingebracht aus den Reichsrathsländern fl. 20,678.177. Warum in dieser Rubrik Niederoesterreich vor Böhmen steht, lässt sich daraus erklären, dass alle Processe, Berufungen in den Centralämtern in Wien aus allen Ländern zusammenströmen und so die grosse Einnahme hier erklärlich machen. Ansonst figurirt, wie gewöhnlich, das arme Böhmen an der Spitze.

In diese Rubrik fallen auch natürlich alle Ausgaben der Steuerzahler für Vermögensveränderungen und Kaufverträge. Es hätten nur noch an die Reihe zu kommen kleinere Posten, wie die Einnahmen aus der Mauth, Punzirung, Aichung, Staatsdomainen, die jedoch von untergeordneter Bedeutung sind.

Zum Schlusse wollen wir noch angeben die Staatseinnahmen aus der Post und dem Telegraphen.

Jahr:	1868	1895
Oesterreich u. E. . . fl.	1,218.000	fl. 13,730.199
Oesterreich o. E. . . . „	94.943	„ 1,152.986
Salzburg . . . . . „	20.650	„ 414.304
Steiermark . . . . „	170.163	„ 1,864.253
Kärnten . . . . . . „	14.129	„ 468.675
Krain . . . . „	21.708	„ 393.226
Triest, Görz, Gradiska „	185.433	„ 1,649.055
Tirol und Vorarlberg „	11.635	„ 1,693.290
Böhmen . . . . . . „	867.667	„ 9,883.715
Mähren . . . . . . „	372.542	„ 3,078.314
Schlesien . . . . . „	91.123	„ 821.935
Galizien . . . . . . „	82.638	„ 3,580.758
Bukovina . . . . . . „	23.774	„ 424.971
Dalmatien . . . . . „	12.935	„ 413.615
Summe fl.	2,841.560	fl. 45,484.751

Bei dieser Schlusssumme sind auch die Einnahmen der Centralleitung in Wien miteingezählt.

Hiemit hätten wir die Reihe der indirekten Steuern nach den beiden statistischen Handbüchern aus den Jahren 1867, 1868 und 1895 beleuchtet. Machen wir nur noch die Schlussbetrachtung. Die

Einnahmen aus den Zöllen lassen wir uns in das Kapitel der Quotenverhandlungen.

Summe sämmtlicher indirekten Steuern:

Jahr:	1867	1868	1895
	Gulden:		
Oesterreich u. E.	34.974.545	39,101.209	112,521.000
Oesterreich o. E.	5,130.208	5,455.444	18,224.000
Salzburg	1.262.695	1,357.467	5,608.000
Steiermark	6,359.023	6.852.668	17,018.000
Kärnten	1,637.093	1,728.852	3,748.000
Krain	1,801.772	1,975.615	3,592.000
Triest, Görz u. Gradiska	4,294.650	5,108.514	65,104.000
Tirol u. Vorarlberg	4.452.590	4,442.886	11.608.000
Böhmen	34,845.485	40,345.138	118.763.000
Mähren	12,169.506	15,596.152	40,406.000
Schlesien	3,086.465	4,568.046	13,664.000
Galizien	15,024.782	15,907.785	53,740.000
Bukovina	1,331.115	1,784.241	5,436.000
Dalmatien	1,002.140	1,125.778	2,514.000
Summe	126,952.069	145,299.745	472,041.000

Es sind also die indirekten Abgaben im Laufe von 30 Jahren ins Vierfache gestiegen. Von der Summe 472 Mill. Gulden sind ausgeschlossen die Einnahmen aus den Staatsbahnen. Wir sehen also, dass wiederum die Länder der böhmischen Krone an der Spitze stehen.

Wenn wir die sämmtlichen Staatseinnahmen seit dem Dualismus für beide Reichshälften nebeneinanderstellen, und uns derselben statistischen Quellen bedienen, erhalten wir folgendes Bild:

Jahr:	Oesterreich	Ungarn
1868	fl. 239,252.997	fl. 154,000.000
1869	„ 286,823.505	„ 152,200.000
1870	„ 303,049.555	„ 171,500.000
1871	„ 333,949.907	„ 179,600.000
1872	„ 353,776.901	„ 186,600.000
1873	„ 393,677.697	„ 181,700.000
1874	„ 383,298.975	„ 190,300.000
1875	„ 373,089.899	„ 192,800.000
1876	„ 372,702.342	„ 214,900.000

Jahr:	Oesterreich	Ungarn
1877	fl. 376,637.817	fl. 218,700.000
1878	„ 399,795.163	„ 227,100.000
1879	„ 392,565.144	„ 252,200.000
1880	„ 398,277.756	„ 247,400.000
1881	„ 409,645.904	„ 281,100.000
1882	„ 448,155.793	„ 290,800.000
1883	„ 463,765.371	„ 301,900.000
1884	„ 474,555.699	„ 302,400.000
1885	„ 504,961.495	„ 318,100.000
1886	„ 507,833.841	„ 305,300.000
1887	„ 509,546.594	„ 318,700.000
1888	„ 517,295.568	„ 337,900.000
1889	„ 542,815.944	„ 344,700.000
1890	„ 548,820.006	„ 385,000.000
1891	„ 568,375.521	„ 433,000.000
1892	„ 585,954.126	„ 428,900.000
1893	„ 612,511.620	„ 550,000.000
1894	„ 623,157.030	„ 481,600.000
1895	„ 644,518.696	„ 468,500.000
1896	„ 666,006.190	„ 473,060.000
1897	„ 689,081.170[1])	„ 475,326.305

Wenn wir aufmerksam die Budgetreihe beider Reichshälften betrachten, so erkennen wir gleich den grossen Unterschied, wie die Steuerträger Cis und Trans behandelt werden. Während die Nettoeinnahmen des Staates in Oesterreich mit grossen Sprüngen anwachsen, so dass man genau sieht, wann der Finanzminister eine neue Steuer eingeführt, wann die Steuerschraube mehr angespannt wurde, zeigt uns die ungarische Budgetleiter, dass sie nur allmälig in die Höhe geht, dass hier die Steuerträger sanfter behandelt werden.

Nun sehen wir uns um, wie die Länder der böhmischen Krone von dem Finanzministerium in Wien behandelt werden.

Nach den Berechnungen des Laibacher slovenischen Blattes „Slovenec" zahlen die Slaven in den im Reichsrathe vertretenen Königreichen und Ländern

---

[1] Nach Mittheilungen des Finanzministeriums Jahrg. III., Heft 1. Seite 26. Wien 1897

261 Millionen Gulden Steuern. Davon fallen auf die Czechoslaven 156·47 Millionen, auf die Polen 44·87, auf die Ruthenen 31·4, auf die Slovenen 20, Kroaten und Serben 8·2, Italiener 17, Rumänen 2 und auf die Deutschen 226·69 Mill. Gulden jährlicher Steuer.

Es zahlten an direkter Steuer im Jahre 1895:

Böhmen	fl.	29,756.035
Mähren	„	11,851.345
Schlesien	„	2,551.966

an indirekter:

Böhmen	fl.	118,768.000
Mähren	„	40,406.000
Schlesien	„	13,669.000
Summe	fl.	217,002.346

Nach der Volkszählung vom J. 1890 bildet die deutsche Umgangssprache in Böhmen 37·2, in Mähren 29·4, in Schlesien 47·8 Percent, welche Zählung allerdings bei weitem nicht der Wirklichkeit entspricht, denn wäre Wahrheit in diesen Zahlen, müsste der Percentsatz zu Ungunsten des deutschen Elementes ausfallen. Nehmen wir nun das Drittel als geltend an, so würden die Deutschen in Böhmen, Mähren und Schlesien 71·9 Millionen, die Czechoslaven 145 Millionen Gulden Steuern zahlen. Wir sehen also, dass die Berechnungen des „Slovenec" im Ganzen und Grossen richtig sind.

Trotzdem, dass das czechische Volk so viel Geld und Blutsteuer entrichtet, wird es in den Vorstadttheatern in Wien, in der Wiener Judenpresse verhöhnt, von der Wiener Hochbureaukratie verächtlich behandelt.

Gehen wir nun über zur Analyse des ungarischen Budgets.

Nettoertrag direkter Steuern in der ganzen ungarischen Reichshälfte:

	Jahr: 1867	1893
Grundsteuer	fl. 24,380.431	fl. 34,360.000
Gebäudesteuer	„ 3,341.414	„ 11,435.000
Erwerbsteuer	„ 5,043.281	„ 22,098.000
Einkommensteuer	„ 3,037.042	„ 16,666.000
Summe direkter Steuern	fl. 35,832.915	fl. 104,583.000

Zu den direkten Steuern in Ungarn werden nebst den genannten noch die Steuern aus den Sparkassen und Aktiengesellschaften, Bergwerksteuer, Kapital- und Rentensteuer, Transportsteuer, Gewinn-, Jagd-, Militärbefreiungssteuer gerechnet.

Nettoertrag indirekter Steuern in der ganzen ungarischen Reichshälfte:

Jahr:	1867		1893
Verzehrungssteuer	fl. 9,563.055	fl.	65,412.000
Tabakmonopol	„ 8,918.184	„	53,138.000
Lotto	„ 984.546	„	2,866.000
Stempel	„ 3,275.512	„	12,980.000
Rechtsgebühren	„ 6,097.518	„	21,491.000
Post und Telegr.	„ 329.000	„	15,202.000
Summe sämmtl. indirekten Staatseinnahmen	„ 42,360.004	„	379,282.000

In den Einnahmen aus den indirekten Abgaben von 1893 sind nicht einberechnet die Einnahmen aus den ung. Staatsbahnen im Betrage von 81,369.000 fl. [1]

Wenn wir die einzelnen Steuerposten von Cis und Trans, wie sie sich im Zeitraume von mehr als 25 Jahren entwickelt haben, betrachten, so gelangen wir zu der Erfahrung, dass die Steuerzahler Oesterreichs verhältnissmässig mehr in Anspruch genommen werden als die Steuerzahler Ungarns. Vergleichen wir nun die percentuale Steuerlast, wie sie sich in beiden Reichshälften entwickelt hat seit dem Dualismus. Die effektive Bevölkerung von Oesterreich Ende 1867 war 19,838.970 Personen, die der ungarischen Reichshälfte 15,425.279 Personen. Nimmt man noch dazu das Grenzgebiet, zählte die Gesammtmonarchie Ende 1869 im Ganzen 35,642.840 Personen.[2] Im selben Jahre betrugen die Einnahmen der Gesammtmonarchie nach den früher angeführten Zahlen 286 und 152 Millionen fl., zusammen also 438 Milionen fl. Darnach fiel auf jeden Einwohner der oesterreichisch-ungarischen Monarchie im Jahre 1869 eine Steuerlast von 12·3 fl.

---

[1] Nach: Ungarisches statistisches Jahrbuch. Seite 407. Budapest, Athenaeum, 1895.

[2] Satistisches Handbuch für 1867—1876. Seite 44. Wien. Staatsdruckerei, 1878.

— 53 —

Gehen wir die Zahlen von 1897 durch. Ende 1895 zählte Oesterreich 24,789.932 Personen ohne Militär.[1]) Es dürfte also approximativ der Wahrheit nahe kommen, wenn wir Ende 1897 die Gesammtbevölkerung auf 25·3 Millionen ansetzen. Die Staatseinnahmen wurden für das Jahr 1897 präliminirt auf 692·7 Millionen.[2]) Rechnen wir davon ab die Einnahmen aus den Staatsbahnen per 118 Millionen, haben wir eine Summe von direkten und indirekten Steuern von rund 574 Millionen fl. Darnach kam in diesem Jahre in der oesterreichischen Reichshälfte auf einen jeden Bewohner eine Steuer von rund 23 fl. zu entrichten. Also hat sich die Steuerlast in der oesterreichischen Reichshälfte seit dem Dualismus verdoppelt, aber die Bevölkerung hat nur um rund 5 Millionen Personen zugenommen, nach dem Steuermass vom Jahre 1869 sollte sie 40 Millionen Personen betragen. In der ungarischen Reichshälfte waren nach der Zählung vom J. 1890 im Ganzen 17,614.308 Einwohner.[3]) Wir dürften der Wahrheit nahekommen, wenn wir für Ende 1897 eine Einwohnerzahl für die ung. Reichshälfte von rund 18·7 Millionen ansetzen. Die sämmtlichen pro 1897 präliminirten Staatseinnahmen Ungarns betrugen die Summe von 475·3 Millionen fl. Ziehen wir davon ab die Einnahmen der ung. Staatsbahnen pro 1897 im Betrage von 94 Millionen fl., erhalten wir die Summe sämmtlicher direkten und indirekten Steuern von 381·3 Millionen fl. Vertheilen wir diese Summe auf 18·7 Millionen Einwohner, erhalten wir eine jährliche Steuerlast auf einen Einwohner in Ungarn von 20·44 fl. Man sieht an dieser Berechnung, dass die Steuerträger Oesterreichs bedeutend mehr belastet sind.

Sehen wir noch auf einen anderen „Segen" des Dualismus. Wie wir schon erwähnt haben, betrug im Jahre 1867 die Staatsschuld der Gesammtmonarchie einen Betrag von 2692 Millionen fl., für welche Schuld im selben Jahre die Steuerträger 131 Millionen fl.

---

[1]) Oesterr. statistisches Handbuch, XV. Jahrgang. Seite 3. Wien 1897.
[2]) „Compass," finanzielles Jahrbuch für 1897. Seite 1141.
[3]) Ungar. stat. Handbuch. Seite 23.

Zinsen aufbringen mussten. Nach dreissig Jahren ist das Bild anders geworden. Ende 1896 betrugen:

a) allgemeine Staatsschuld . . . 2.766,182.874 fl.
b) Schulden der Reichsrathsländer 1.435,337.590 „ [1]
c) Staatsschuld Ungarns Ende 1896 2.177,685.324 „ [2]

Summe . . . 6.379,205.788 fl.

Zu Ende des Jahres 1897 war der Stand unserer Staatsschulden folgender:

Allgemeine Staatsschuld . . . . . 2.763,120.277 fl.
Rein oesterreichische Schuld . . . 1.472,746.638 „

Totalsumme . . . 4.235,866.916 fl.[3]

Welches Geschlecht wird diese Summe wohl abtragen?

Im Zeitraume von dreissig Jahren ist also die Schuld der Gesammtmonarchie auf die horrende Summe von 6379 Millionen fl. angewachsen. Man sieht, dass man jenseits der Leitha viel flotter Schulden zu machen versteht.

Die Zinsen der allgem. Staatsschuld im Jahre 1896 betrugen die Summe von 116,594.831 fl., davon hat Ungarn 30,161.075 fl. bezahlt und die Steuerzahler in Oesterreich 86,433.746 fl. Die Staatsschuld der Reichsrathsländer erforderte im J. 1896 einen Zins von 66,233.583 fl. So haben die Steuerzahler Oesterreichs in diesem Jahre für ihre ganze Staatsschuld an Zinsen gezahlt den Betrag von 152,667.339 fl.

Im Jahre 1868 haben die Steuerzahler Oesterreichs auf die gesammte Staatsschuld 92.665.763 fl. gezahlt.[4] Im Verlaufe von 30 Jahren müssen die Steuerzahler Oesterreichs auf ihre ganze Staatsschuld ein Mehr von 60 Millionen fl. jährlich an Zinsen aufbringen.

Jenseits der Leitha haben die Steuerzahler für die gesammte ungarische Staatsschuld im Jahre 1893

---

[1] „Compass", Jahrgang 1897, Seite 1166.
[2] „Tresor", 14. Oktober 1897, Nr. 1327.
[3] „Tresor", 8. Juni 1897.
[4] Statist. Handbuch, Seite 68, Jahrg. 1868.

an Zinsen entrichtet den Betrag von fl. 129,836,000.[1]
Hierin ist miteinbegriffen der Beitrag auf die gemeinsame Staatschuld.

Sehen wir nur noch nach, ob unsere Berechnung der Steuerbelastung der ungarischen Steuerzahler für das Jahr 1896 stimmt. Nach dem Rechnungsabschluss des ungarischen Finanzministeriums waren die faktischen Einnahmen der ungarischen Staatskassen Ende 1896 folgende:

Grundsteuer . . . . fl.	34,357.598
Haussteuer . . . . „	12,317.491
Erwerbsteuer . . . . „	23,173.703
Steuer der öffentlichen Unternehmungen . . . . „	4,358.994
Rentensteuer . . . . . . „	5,008.465
Transportsteuer . . . . . . „	9,276.347
Einkommensteuer . . . . „	17,085.860
Sämmtliche direkte Steuern . „	109,836.597
Spiritussteuer . . . . „	31,049.445
Biersteuer . . . . „	3,643.188
Zuckersteuer . . . . „	5,332 206
Petroleumsteuer . . . . . „	5,625.106
Fleischkonsumsteuer . . . . „	4,062.125
Zuckerkonsumsteuer . . . . „	3,364.534
Weinsteuer . . . . „	7,842.539
Bierschanksteuer . . . . . . „	6,052.168
Spiritusschanksteuer . . . . „	12,151.235
Sämmtl. Verzehrungssteuer . „	83,272 006
Stempel . . . . „	15,053.075
Rechtsgebühren . . . . . „	22,614.107
Tabak . . . . „	54,852.777
Lotto . . . . „	3,313.274
Salz . . . . „	15,761.206

Faktische Einnahmen des Finanzministeriums, also sämmtliche direkten und indirekten Steuern trugen ein im Jahre 1896 fl. 336,562.735.[2]

---

[1] Ungarisches statistisches Jahrbuch für 1894. Seite 406.
[2] „Tresor" vom 14. Oktober 1897.

Die Einnahmen des Handelsministeriums waren:

Post und Telegraf . . . . fl. 17,993.739
Staatsbahnen . . . . „ 98,234.497

Sämmtliche faktischen Staatseinnahmen Ungarns beliefen sich pro 1896 auf fl. 518,450.000.

In der oesterreichischen Reichshälfte waren präliminirt für das Jahr 1896:

direkte Steuern auf . . . fl. 114,300.000
indirekte Steuern auf . . . „ 325,700.000

Summe . . fl. 440,000.000

Vertheilen wir dies auf die Einwohnerzahl, käme in Ungarn auf einen Kopf pro 1896 eine Steuerleistung von direkten und undirekten Steuern im Betrage von fl. 18·40. In der oesterreichischen Reichshälfte käme auf einen Einwohner im selben Jahre von direkten und undirekten Steuern ein Betrag von fl. 18·30.

Nach dieser Rechnung wäre die Steuerlast, so weit es sich um direkte und indirekte Steuern handelt, in beiden Reichshälften gleich. Aber wir dürfen nicht ausser Acht lassen, dass wir bei uns auf den Staatsbahnen theurer fahren, als drüben in Ungarn. Unsere Staatskassen belasten auf diese Weise das Publikum viel mehr, als drüben in Ungarn. Zu dem beutet man drüben in Ungarn die Staatsdomainen derartig aus, wie es bei uns unmöglich wäre.

Wir kommen nun zum Schluss. Palacký wollte, die direkten Steuern sollen nach Wien, die indirekten Steuern sollen den Landesregierungen abgeführt werden. Wie wir hier gesehen haben, geschieht dieses nicht. Der dornenvolle Weg der Steuerträger ist hiemit noch nicht erschöpft.

Nebst den Steuern, welche nach Wien fliessen, müssen die Steuerzahler Oesterreichs auch für die Bedürfnisse der Länder aufkommen. Wir können uns nicht, um nicht zu ermüden und weitschweifig zu werden, mit dem Anwachsen der Zuschläge für die Bedürfnisse der Länder beschäftigen. Wir konstatiren nur die Statistik nach dem Stande des Jahres 1895.

Darnach mussten die Steuerzahler an Landeszuschlägen noch entrichten:

Niederösterreich	fl.	21,681.715
Oberösterreich	„	3,850.975
Salzburg	„	1,052.739
Steiermark	„	5,491.477
Kärnten	„	1,504.955
Krain	„	1,125.771
Küstenland	„	2,921.591
Tirol und Vorarlberg	„	3,498.462
Böhmen	„	27,752.206
Mähren	„	11,627.141
Schlesien	„	3,078.595
Galizien	„	12,570.686
Bukovina	„	1,151.513
Dalmatien	„	926.543

Diese Summen steigen von Jahr zu Jahr, denn die Länder müssen aufkommen für die Bedürfnisse der Volksschule, der Landesanstalten, wie Irrenhäuser, Gebäranstalten, Korrektionshäuser und ähnliche humanitäre Landesanstalten. Wir konstatiren, dass im Jahre 1868 der Landesvoranschlag des Königreiches Böhmen nicht einmal 3 Millionen Gulden betragen hat. Zu den Landesauslagen kommen noch die Bezirks- und Gemeindeauslagen, welche oft noch grösser sind, als die Landesausgaben.

Wir glauben, dass angesichts dieser Zahlen auch die wüthendsten Deutschnationalen in Böhmen, Mähren, kurz wo immer, doch ein wenig ernüchtern sollten. Sind doch diese Zahlen kein Geheimniss, sind allgemein zugänglich. Aber die Leidenschaft macht blind, und wäre die Länderautonomie noch so gut, noch so gerechtfertigt, sie darf nicht zu Stande kommen, denn der Wolf und Iro schreien, dass da die Deutschen unter die Herrschaft der Czechen kämen, und das darf bekanntlich absolut nicht geschehen. Eher müssen wir alle zu Grunde gehen. Hiemit haben wir zur Genüge bewiesen, wie Palacký vor 50 Jahren die richtigste Idee vom Oesterreichischen Staate hatte. Die Weisheit der Wiener Bureaukratie wurde aber höher gehalten und ihre Folgen müssen die armen

Steuerzahler tragen. Wie lange sie es noch aushalten werden, wer kann das wissen?

Ist doch der Staatsvoranschlag für das Jahr 1898 bis zu der schwindelnden Höhe angelangt:

Erforderniss . . . . . 745,100.607 fl.
Bedeckung . . . . . 721,424.332 fl.

Wie lange wird noch das Räderwerk der Staatsmaschine gehen? So lange, bis der Staatsbankerott kommt, und dass er kommt, dafür sorgt der Staat selbst.

VII.

Die Palacký-Feier und der „Pester Lloyd".

Die „Neue Freie" brachte wegen des Begrüssungstelegrammes des Grossfürsten Konstantin einen Leitartikel (21. Juni), welcher folgende famose Sätze enthält: „Die Selbständigkeit des czechischen Volkes ist ein Parteiprogramm, ein Schlachtruf der inneren Kämpfe. Die Selbständigkeit ist ein Parteibegriff, aus dem gefolgert wird, das czechische Volk habe den Anspruch, die Beziehungen einiger Kronländer zur Monarchie mit freiem Entschlusse vertragsmässig zu regeln. Was sich in Prag zugetragen hat, muss das Ansehen der Monarchie herabsetzen. Polen, Czechen und Feudale sind Träger der Majorität im Reichsrathe. Von ihnen werden nicht blos die Deutschen in Oesterreich, nein, alle Deutschen der Welt, also das verbündete Deutschland beschimpft."

In diesem frechen Tone, ohne auch einen Buchstaben vom Beleg zu bringen, wird fortgeschrieben. Die Selbständigkeit des czechischen Volkes ist ein Schlachtruf der inneren Kämpfe nach der „Neuen Freien", aber die Provinz Böhmen mit der Abhängigkeit von der Reichshauptstadt Berlin, das Ideal der „Neuen Freien" und der Deutschnationalen in Oesterreich ist kein Schlachtruf, das ist etwas ganz Selbstverständliches. Die Palacký-Feier muss das Ansehen der Monarchie schädigen, aber die wüsten Scenen im Parlament, hervorgerufen von den Pflegekindern der „Neuen Freien", von Wolf, Schönerer, Pfersche, die sind eine Stütze und Stärke Oesterreichs. Die Brandreden des Hofer, Wolf, Schönerer, die ins Nachbarreich, also zu dem Verbündeten, fahren und dort ihr Herz ausschütten, sind eine Stütze und Befestigung Oesterreichs.

Wir glauben genug aus dem Führerorgan der Obstruktionspartei gebracht zu haben, damit sich die Leser ein Bild davon machen können, in welch' skandalöser Weise die gewisse Wiener Presse über die ihr nicht genehmen Nationen Oesterreichs schreibt, wie sie mit frivoler und frecher Hand den nationalen Hader in Oesterreich entfacht. Nun gehen wir zu dem ebenbürtigen Bruder der „Neuen Freien", dem „Pester Lloyd" über, um auch da einige Blüthenlese zu halten, wie über die czechische Nation jenseits der Leitha geschrieben wird. Zuerst wollen wir uns die Frage erlauben, zu welchem Zwecke die Steuerträger im Jahre 1894 auf die Staatspolizei in Prag fl. 627.911 Steuern gezahlt haben? Wir bemerken dazu, dass seitdem die Staatspolizei in Prag beträchtlich um mehr als 200 Mann vermehrt worden ist. Nach den Berichten, die man in den deutschnationalen und Obstruktionsblättern über Prag liest, namentlich in manchen deutschen Lokalblättern Nordböhmens, sollte man glauben, Prag sei bewohnt von Kannibalen, die es vornehmlich auf die Menschenfresserei der Deutschen abgesehen haben. In Wahrheit und Wirklichkeit wird vor jedem Krämerladen eines Zugewanderten aus Tarnopol ein Wachmann mit bebuschtem Hut aufgestellt, sobald sich ein Schusterjunge einen Spass aus dem Personal macht, das er vor der Krämerbude stehen sieht, und das seine Lachmuskeln unwillkürlich reizt. Aber schon da ist „Deutschland" in Gefahr. Nun sehen wir, was der ehrenwerthe „Lloyd" schreibt. „Dass in Oesterreich mit wenig Weisheit regiert wird, ist eine ziemlich alte Geschichte; neuestens aber drängt sich sehr hartnäckig die Frage auf, ob in Oesterreich überhaupt regiert wird. Die mancherlei örtlichen Ausbrüche nationalen, gesellschaftlichen und kannibalischen Behagens scheinen ein ganz bestimmtes

Nein zu demonstriren. Im goldenen Prag werden Deutsche und Juden ohne Wahl von den Czechen erschlagen, oder wenigstens misshandelt und beraubt." („Pester Lloyd", 19. Juni. Nr. 147.)

Nun wir sind dem „Lloyd" sehr dankbar für die Kritik der oesterr. Regierung, sie weiss nun, was sie zu thun hat. Und wir glauben nicht Unrecht zu thun, wenn wir nach dem Geiste des „Lloyd" die oesterr. Regierung zum Herrn Bánffy in die Lehre zu schicken uns erlauben. Wie man in Ungarn zu regieren versteht, das haben die Wahlen in Ungarn im Oktober 1896 glänzend bewiesen. In Zips zahlte Kandidat Viczmandy den Wählern 10 fl. für eine Stimme. In Waag-Bystritz ging der Stuhlrichter mit Gensdarmen in die Privatwohnungen der Wähler, und das zur Nachtzeit, um dieselben in ganz unschuldiger Weise mit Bajonnetspitzen ein wenig zu kitzeln und sie zu „ganz freiwilliger" Abgabe der Stimmzettel zu vermögen. Im selben Waag-Bystritz wurde renitenten Wählern, nachdem alles nichts half, für eine Stimme 50 fl. gezahlt. Die armen Slovaken wurden in Gefängnisse geworfen, sobald sie ihre Stimme dem Bánffyschen Kandidaten nicht geben wollten, die Armee und Gensdarmerie dringt während der Nacht gewaltsam in die Wohnungen, sperrt die Gassen ab. Ganze Kordons von blitzenden Bajonneten umgeben den Stuhlrichter und den Wahlkommissär bei dem Zettelskrutinium und bei der Abgabe der Stimmzettel. In Szillein drohte der Handelsgehilfe Grün dem Kaplan Schmied mit dem Revolver. In Czacza wurden die Slovaken wie das Vieh mit Bajonneten von der Wahlurne weggetrieben, so dass sie ihre Stimmzettel gar nicht abgeben konnten. In Varin waren bei der Wahl 430 Wähler, 725 Mann von Militär zu Fuss, 240 Dragoner zu Pferd und 114 Gensdarmen. Die Oktoberwahlen in Ungarn im Jahre 1896 haben 53 armen Slovaken das Leben gekostet, die von Gensdarmen erschossen wurden, und 120 Wähler wurden verwundet.

Sollte nun das Bánffy'sche Regierungsrecept in Wien Gefallen finden, warum nicht? Wozu zahlen die Steuerträger Oesterreichs jährlich 140 Millionen Gulden auf das Militär?

Warum sollte man nicht zum Danke für die abgeführten Steuern die Bürger bei der Ausübung ihrer Rechte, falls sie nicht der Regierung pariren' niederschiessen lassen? Sollen denn die Mannlichergewehre gar verrosten?

Nach dem „Lloyd" werden im goldenen Prag Deutsche und Juden ohne Unterschied erschlagen. Nun sollte man doch meinen, dass der „Lloyd" doch die Namen der Erschlagenen nennen würde, dann den Mörder, die Ursachen des Mordes, ob aus Nationalhass, kurz die ganze Gerichtsverhandlung, aber weder die Erschlagenen werden genannt, noch die Mörder. Macht nichts. „Lloyd" hat es geschrieben, gedruckt, seine Leser haben es gelesen — geglaubt, darum ist es auch geschehen, und damit basta.

Diese blöde Behauptung war aber doch dem „Lloyd" zu dick und darum gab er gleich hinzu: oder wenigstens beraubt und misshandelt. Wir haben leider keinen Raum hier, um uns mit den Decemberkravallen im Jahre 1897, die in Prag stattfanden, ausführlich zu befassen. — Wir konstatiren nur soviel, dass die Prager Polizei und Gerichte mit geradezu drakonischer Härte gegen die Excedenten, meist arme, verführte junge Burschen, vorgegangen sind, und konstatiren weiter, dass die Krämer, meist aus Tarnopol stammend, die da Schaden gelitten haben, diesen Schaden mehrfach heimbekamen und einen ganz guten Profit aus den Kravallen einheimsten. Der „Lloyd" widmete der Palacký-Feier keinen Artikel, brachte nur Telegramme. So sagte er in einem solchen (datirt aus Prag 20. Juni): Komarov's russische kurze Rede, so wie die der anderen slavischen Vertreter in deren Idiomen wurden nicht verstanden. Die beiden Festredner Podlipný und Herold sprachen nicht versöhnlich. Sie betonten das Vermächtniss Palacký's, welcher erkannt habe, dass die Czechen, um im Kampfe gegen das Germanenthum zu bestehen, der Unterstützung seitens des gesammten Slaventhums bedürfen. Herold forderte auf, im Kampfe nicht zu ruhen, bis Palacký's Ideen verwirklicht seien.

Der „Lloyd" gibt naiver Weise zu, dass die Reden Komarov's, Hribar's u. s. w. nicht verstanden, weil die Versammelten ja nicht russisch, polnisch, ruthenisch, slovenisch, serbisch verstehen.

Wie können also diese Reden auf die Massen verhetzend wirken, da sie nicht verstanden wurden, wie die Zeitungsberichte lauten?

Wie wir gesehen haben, hat sich der „P. Ll." mit der Palackýfeier nicht derart befasst, wie die „Neue Freie", aber er hat eine andere Leistung zu Stande gebracht, um die czechoslavische Nation öffentlich zu verhöhnen und zu verdächtigen. Er brachte in drei Nummern drei Artikel über den Slavenkongress aus dem Jahre 1848. Warum das der „Lloyd" gebracht hat, gesteht er selbst in naiver Weise zu.

Er schreibt: „Nichts Neues unter der Sonne. Die Stichhältigkeit derartiger Sprichwörter wird doch manchmal hinfällig. Dies war der Fall, als am 1. Juni d. J. in Prag der erste Slavenkongress sich konstituirte. Das war nun in der That etwas Neues unter der Sonne, eine derartige Versammlung von Vertretern aller Slavenstämme hatte es noch niemals gegeben."

Und nun gibt der „Lloyd" den Zweck seiner Artikel an mit folgenden Worten: „Die heutigen Vorgänge in der goldenen hundertthürmigen Hauptstadt Böhmens mahnen in ihrem Wesen und in ihren Zielen lebhaft an diese Versammlung vor 50 Jahren und es kann nur lehrreich sein, wenn man auch hier die Fingerzeige der Vergangenheit näher beachtet; sie erklären uns den Sinn und die Bedeutung der Ereignisse in der Gegenwart." Alsdann wollen wir einige Illustrationen aus den Artikeln des grossen Pester Judenblattes den Lesern zeigen. Dabei wollen wir beweisen, wie in echt jüdischer Manier Frechheit und Unwissenheit Hand in Hand gehen, sich verlassend auf die Gedankenlosigkeit des „dummen" und nichtsdenkenden Lesepublikums, das leider meist aus Christen sich rekrutirt.

Der „Lloyd" fährt weiter: „Die Einberufer des Slavenkongresses bekundeten wohl ganz eigenthümliche Tendenzen. In der dem Aufrufe folgenden Erklärung über die Bedeutung und Ziele des Slavenkongresses wurden vorzüglich drei Punkte betont: 1. Unverbrüchliche Treue dem Hause Habsburg-Lothringen;

2. keinerlei Unterdrückung oder Benachtheiligung der nichtslavischen Nationen; 3. entschiedener Wille der oesterreichischen Slaven, das, was sie als ihr gutes Recht anerkennen, in vollem Umfang in Anspruch zu nehmen und gegen jeden Angriff zu schützen."

Der „Lloyd" führt die Rede des Anarchisten Bakunin an: „Wir müssen das Gegentheil wollen von dem, was die Konspiration der Despoten will, die vollständige Auflösung des Kaiserthums Oesterreichs." Dann sagt der „Lloyd": „Die Brandrede Komarov's auf dem jüngst zu Prag abgehaltenen slavischen Journalistenbanket hat, wie man sieht, ihr Vorbild an der Proklamation des russischen Anarchisten Bakunin, und es wird sich zeigen, dass zwischen jenem ersten Slavenkongress vor 50 Jahren und den Vorgängen bei der neulichen Palacký-Feier eine innige Verwandtschaft besteht." („Lloyd" vom 25. Juni Nr. 152.)

Hier sieht man so recht das freche jüdische Denunciantenthum, welches verunglimpft, ohne auch nur einen Buchstaben zu beweisen. Nun citiren wir weiter. Der „Lloyd" schreibt: „Die Eröffnungsrede des Obmannes Palacký (Palacký wurde zum Obmann des Kongresses gewählt) beobachtete strenge Mässigung und Zurückhaltung, dagegen brach schon in der Ansprache des Fürsten Lubomirski (Pole) der panslavistische Gedanke hervor. Die Slaven als die dritte der europäischen Hauptnationen müssen jetzt hervortreten und mehr für das wahre Menschenthum leisten, als dies bisher die romanische und germanische Race gethan haben. Die Slaven wollen keineswegs erobernd auftreten, Gleichberechtigung der Nationalitäten und ein umfassender Völkerbund seien ihr Ziel."

Den Šafařík führt der „Lloyd" folgendermassen auf: „Der sonst so besonnene Mann erging sich in folgender Tirade: Wenn wir uns nicht nach dem Sinne unserer Gegner bilden, das heisst, wenn wir uns nicht germanisiren, magyarisiren, italianisiren wollen, nennen sie uns Barbaren." Am 3. Juni begannen die Verhandlungen über den ersten Programmpunkt: Seid ihr dafür, einen slavischen Bund zu schliessen zu gegenseitigem Schutz. Palacký war der Referent. Er stellte an die Spitze seiner Ausführungen die Erhaltung der oesterreichischen Monarchie gemäss seiner früheren Aeusserung: Wenn es kein Oesterreich gebe, müsste man eines schaffen. Sein Referat erregte Unwillen und Murren, so dass Palacký sein Manuskript zusammenpackte und erregt den Saal verliess. Am meisten opponirte der Slovake Ludevit Stúr, der sagte: Die oesterreichische Regierung befindet sich bis zur Stunde auf deutschem Boden, wir müssen sie nöthigen auf slavisches Gebiet zu übersiedeln. Zuerst müsste das ungarische System gestürzt, müsste vorgesehen werden, dass sich die oesterreichische Regierung nicht den Magyaren in die Arme werfe. Endlich wurde der Beschlussantrag angenommen: Die versammelten Abgeordneten der slavischen Gemeinden und Völker des oesterr. Gesammtstaates, die Länder der ung. Krone mit inbegriffen, treten auf Grundlage verfassungsmässiger Freiheit in einen Bund zusammen, um ihre Nationalität zu wahren Zu diesem Zwecke wollen sie sich aller Mittel bedienen, die einer rechtlich konstituirten Gesellschaft zum Schutze der angeborenen Rechte gegen Unterdrücker möglich und dienlich sind."

Mit diesem waren die an dem Kongress theilnehmenden radikalen Elemente nicht zufrieden und überraschten denselben mit einem Antrage Bakunin's und des Polen Liebelt, der da verlangte: „Behebung des an den verschiedenen Slavenstämmen der oest. Monarchie begangenen Unrechtes, der von den Magyaren an den Kroaten, Serben, Ruthenen geübten Bedrückungen und Befreiung der unter türkischem Joche seufzenden Slaven. Liebelt's Entwurf verlangte: Wiederherstellung des Polenreiches, Selbstständigkeit des polnischen Reiches. Der Kongress nahm die beiden Entwürfe nicht an und Palacký wurde mit einer Umarbeitung derselben betraut. Dieselben sollten in einer Adresse dem Monarchen vorgelegt werden. („Lloyd" Nro. 153.) Nun wurden die Verhandlungen des Kongresses plötzlich gestört durch den Ausbruch von Excessen in Prag am Pfingstsonntag 1848.

Der „Lloyd" muss von dieser sogenannten Revolution selbst gestehen:

„Gleichwohl wäre es unrichtig den Slavenkongress als solchen der Theilnahme an den blutigen Pfingstereignissen in Prag zu beschuldigen oder ihn für die Greuelvorgänge jener Tage auch nur moralisch verantworlich zu machen. Trotzdem aber," meint der „Lloyd", „nahmen einzelne Mitglieder des Kongresses an dem Volksaufstande mit vollem Bewusstsein Antheil und arbeiteten am Untergang Oesterreichs. So der exaltirte Pater Karl Havliček, der im Kongresse die extremsten Anträge und Bestrebungen unterstützt und gefördert hatte, nährte in seinem Hetzblatte, die „Národni Noviny" die revolutionöre Stimmung schon seit geraumer Zeit." An dieser köstlichen Stelle des „P. Lloyd" können wir nicht vorüber gehen, ohne sie gleich zu schlagen und die blöde jüdische Ignoranz aufzudecken. Havliček war bekanntlich kein Priester, er war nur einige Zeit im Seminar, trat aus, und wurde der Vater der czechoslavischen Journalistik.

Wenn jemals auf der Welt ein kühler, kalt und eisen besonnener, mathematisch in die Zukunft rechnender Mann gelebt hat, so war es Havliček. Gerade er im Verein mit Palacký warnte die Jugend, die Studenten vor jedem Excess. Gerade er und Palacký waren während der Excesse fortwährend draussen an den Barrikaden, mahnten zur Ruhe und Besonnenheit. Havliček und Palacký haben den von den Studenten gefangen gehaltenen Grafen Leo Thun durch ihre Zureden befreit.[1])

Der „Lloyd" schreibt weiter: „Dass unter den Kämpfen auf den Barrikaden und in den Strassen bei Kanonendonner und Gewehrsalven, unter Brand, Raub und Mord von einer Fortsetzung der Berathungen des Slavenkongresses keine Rede sein konnte, erscheint wohl begreiflich." Man sieht, dass nach den Schilderungen des „P. Lloyd" in Prag am Pfingstmontag es viel schlimmer war, als im selben Jahre in Ungarn bei Világos, wo russische Truppen den Habsburgern helfen mussten den magyarischen „Patriotismus" ein wenig zu repariren.

---

[1]) Řezniček: Karel Havliček. Seite 136. Prag 1897.

Der „Lloyd" schliesst seine Betrachtungen über den Slavenkongress folgendermassen: „Ueberblickt man das Wesen, den Charakter und die Bedeutung des ersten Slavenkongresses, sowie seinen Verlauf und die Resultate seiner Berathungen und Beschlüsse, so darf vor allem nicht ausser Acht gelassen werden, dass dieser Kongress ein Kind seiner Zeit, ein Produkt des Völkerfrühlings im Jahre 1848 gewesen und schon dadurch das Gepräge des unklaren Strebens, des stürmischen Vorwärtsdrängens, der ungeduldigen Hast und des ungemessenen Verlangens empfing. Die Anreger und Einberufer des Kongresses waren Gelehrte, nationale Idealisten, und Schwärmer, unerfahren und ungeschickt auf dem Gebiete der praktischen Politik und Agitation, weshalb sie den professionsmässigen Revolutionären leicht zum Opfer fielen. Der Kongress verlor dadurch sein anfängliches Ziel, wurde zum Sammelpunkt oesterreichisch feindlicher Elemente, zum Werkzeug des internationalen Verschwörerthums, das sich dieser Versammlung geschickt zu bemächtigen wusste. Wenn also, „schliesst der „Lloyd", „bei den jüngsten Prager Festlichkeiten die Wortführer verschiedner slavischen Stämme den Kampf zwischen Slaventhum und Germanenthum offen proklamiren, wenn sie die Deutschen als den gemeinsamen Feind aller Slaven hinstellten, so zeigt ein Blick auf die Vorgänge beim ersten Slavenkongress 1848, wo man eine Hauptquelle dieses gesteigerten Völkerhasses zu suchen habe." („Lloyd", 29. Juni, Nr. 154.)

Wir müssen gestehen, dass die Redakteure des Pester Judenblattes genau ihr Lesepublikum kennen. Sie wissen, dass es meistens Bankier und Spekulanten sind, welche mit der grössten Eile beim Frühstück die Zeitung lesen, also auf die Logik wird da nicht absonderlich gerechnet. Passt nicht für das grosse, gedankenlose, „dumme" Lesepublikum. Darum die köstlichen Saltomortale in der Gedankenreihe des Judenblattes. Der Kongress war eine Verschwörung von Anarchisten und Revolutionären und gleich darauf sind seine Berufer Idealisten und Schwärmer. Ja wir räumen dem „Lloyd" das Recht ein, dass Gelehrte wie Palacký, Šafařik, Havlíček, die ihr Leben in Bibliotheken zubrachten, sich nicht messen konnten mit Klapka und Košut.

Aber der Zweck ist erreicht, der „Lloyd" hat seiner gedankenlosen Lesewelt drei Artikel gebracht voll blöden Unsinns, krasser Unkenntniss, damit die Palackýfeier als eine der oesterreichischen Monarchie gefährliche Versammlung von Dynamitarden dargestellt werde, damit die oesterreichische Regierung ihres Amtes walte und die „ruchlosen" Theilnehmer an derselben exemplarisch bestrafe, etwa wie in Ungarn, wo die Slovaken nichteinmal im Gasthaus laut sprechen dürfen, denn es kommt sogleich der Gensdarm, welcher die Bauern in's Gemeindehaus führt, sie einsperrt, Stockhiebe austheilt, so dass der Stuhlrichter einschreiten muss, dass der Uebereifer des Gensdarmen nicht zu grosse Dimensionen annimmt. So ist geschehen in der Gemeinde Mezö-Kovácsháza. Die Bauern haben durch den Abgeordneten Bela Barabás beim Honvédminister Anzeige erstattet. („Lloyd" 4. Juli.) Nun wenden wir uns den Ideen Palacký's zu, die derselbe über den Dualismus ausgesprochen hat in besagten Artikeln im „Národ".

—

VIII.

Palacký's Ansichten über Ungarn und den damals bevorstehenden Dualismus.

Palacký schrieb besagte Artikel über die oesterreichische Staatsidee im April-Mai 1865. Nachher folgte der schmachvolle Feldzug von 1866 und darnach kam das unglückliche Werk zu vollenden Beust von Sachsen her, denn alles „Gute" kommt nach Oesterreich nicht von Oben, wohl aber von Preussen nach der Meinung gewisser Bureaukraten in Wien. Beust setzte den Dualismus durch, denn es galt damals das Ideal der herrschenden judenliberalen Partei zu verwirklichen: Cis werden herrschen über Czechen,

Slovenen, Kroaten die Judenliberalen, den Polen werden wir ab und zu einen Köder, ein Stück Fleisch aus den egyptischen Töpfen zuwerfen. Trans werden herrschen die Magyaren.

Palacký schrieb Folgendes über Ungarn: „Ich leugne nicht, dass die Ungarn ein Recht haben sich zu erfreuen und zu rühmen einer fast tausendjährigen Verfassung in ihrem Lande, und sich zu bemühen, diese Verfassung zu erhalten. Abgesehen von der Frage, ob die jetzige Verfassung Ungarns magyarischen Ursprungs sei, oder slavischen Ursprungs, müsste ich nur so viel wünschen, man möge doch nicht in Ungarn auf 2 wichtige Thatsachen vergessen: erstens auf die ungeheueren Opfer, die dargebracht wurden aus den Ländern der böhmischen Krone in der Dauer von mehr als zwei Jahrhunderten zum Schutz und Wehr der ungarischen Krone, als der Rossschweif in der Burg in Budapest herrschte. Damals hat ein böhmischer Landtagsabgeordneter gefragt, ob denn das ganze Königreich Ungarn so viel aufwiegt, was zu seiner Vertheidigung aus den Ländern der böhm. Krone verwendet worden ist. Das zweite möge Ungarn nicht vergessen, dass in keinem Lande die Gleichberechtigung der Nationen eine solche Geltung und Garantie genossen hat, als eben in Ungarn im Laufe vieler Jahrhunderte, solange eben die alte Verfassung herrschte, solange die lateinische Sprache als Vermittlungssprache galt in der ungarischen Diplomatie, in Aemtern und Schulen.

Seitdem aber die magyarische Sprache Staatssprache geworden, welche Ungerechtigkeiten und Verbrechen werden da an den Slovaken geübt, nicht allein in den Aemtern, aber auch im gesellschaftlichen Leben, besonders von einigen Renegaten, das näher zu beleuchten ich für überflüssig erachte. Diese absichtliche und künstlich konstruirte Magyarisirung ist am Körper der habsburgischen Monarchie ein wunder Punkt, der, wenn er nicht bald geheilt werden sollte, das ganze Reich in Gefahr bringen wird. Ich bin nicht und war niemals ein Feind der Magyaren, ich habe in ihrer Mitte viele Jahre meiner Jugend zugebracht, bin mit vielen in freundschaftlichem Verkehre gestanden und habe so Gelenheit gehabt, die tieferen Ursachen zu ergründen, warum der Nationalismus die Magyaren oft zu excentrischen Dingen treibt. Seit Josef II. erwachten die Magyaren zu neuem Leben und ergriffen alle Mittel, sich des nationalen Todes zu erwehren, der ihnen von Wien aus drohte. Da ihnen noch dazu die Statistiker beweisen zu können glaubten, dass die Ehen der Vollblutmagyaren sehr wenig fruchtbar seien, dass mit der Zeit diese Race aussterben werde, so begreife ich, warum die Magyaren aus Furcht vor dem nationalen Tode andere gewaltsam magyarisiren, nach dem bekannten Sprichwort: „Fresse ich dich nicht auf, frisst du mich auf." „Was ist der Dualismus?" fragt Palacky. Es wird mehr als hundert Jahre sein, da einige Staatsmänner in Wien im Centralisiren und Uniformiren immer mehr vorgingen, das historische Recht der Länder zu verachten anfingen und sie nur Kronländer benannt wissen wollten. Dagegen wehrten sich alle, aber am ausgiebigsten und durchschlagendsten die Magyaren, wie vor dem Tode Josef II., so auch während der Regierung Franz I. Nur Ungarn bewahrte seine Verfassung bis zum Jahre 1848. Bis zu diesem Jahre wurde in der habsburgischen Monarchie dualistisch regiert, in Ungarn konstitutionell, in den übrigen Ländern mit dem Absolutismus. Seit dem soll sich ein neuer Dualismus bilden. Er kann nach meinem Dafürhalten drei Formen annehmen! Beide Reichstheile, deren Centren Wien und Pest sein werden, sollen zwar einen gemeinsamen Herrscher haben, aber ganz verschiedene Gesetze. Dies ist die reine Personalunion. 2. Unter dem gemeinsamen Herrscher werden in Wien und Pest nach dem berüchtigten Ausspruch Deak's gemeinsame Gesetze geschaffen „von Fall zu Fall", wenn also die Nothwendigkeit dazu drängen wird. 3. Ueber alle gemeinsamen Angelegenheiten beider Hälften, welche das Oktoberdiplom im § 2, das Februardiplom im § 10 aufzählt, werden Wien und Pest regelmässig Verträge schliessen unter dem gemeinsamen Herrscher.

„Ich brauche," sagt Palacky, „nicht erst zu erklären, welcher von diesen 3 Formen ich den Vorzug geben möchte, denn ich bin überzeugt, dass ein Dualismus in welcher Form auch immer in kurzer Zeit sich verderblich zeigen wird für das ganze Reich, ja noch verderblicher, als die vollständige und allgemeine Centralisirung. Denn der Dualismus wird eine 2fache Centralisation sein, eine wie die andere gegen Recht und Natur; und ein zweifaches Uebel ist doch nach dem gewöhnlichen Menschenverstande immer schlimmer als das einfache Uebel." Diese Worte voll prophetischen Geistes schrieb Palacký im Jahre 1865, sie sind seitdem zu einer furchtbaren Wirklichkeit geworden, wie wir schon mit trockenen Zahlen zur Genüge bewiesen haben. Palacký glaubte damals nicht, dass die Staatsmänner in Wien es zum Dualismus werden kommen lassen. Er schrieb: „Uebrigens wissen wir, dass diese Art Grundsätze nicht neu sind noch unbekannt denjenigen Herren, welche jetzt unseren officiellen Liberalismus und Konstitutionalismus loben; wir haben sie ja im Jahre 1848 beim vollen Werke arbeiten gesehen. Damals haben Staatsmänner sowohl in Ungarn, als auch in Wien den Dualismus an ihre Fahne geschrieben. Damals wollten diese Herren Oesterreich zerreissen in zwei Hälften, die eine wollten sie zutheilen zum neuen deutschen Reiche, von welchem man nicht wusste, ob es eine Republik oder ein preussisches Kaiserthum sein werde, die andere Hälfte wollte man an Ungarn abtreten. Ist es jemandem zweifelhaft, dass diese Menschen unserem Herrscher einen Sitz bereiten wollten auf zwei Stühlen? Wer kämpfte da aufrichtig um die Einheit Oesterreichs? Waren es nicht einzig die Slaven? Es waren die Czechoslaven und die Südslaven mit Ban Jelačić an der Spitze, welche sich auf dem Felde bei Schwechat vereinigt haben. Als die Böhmen aus dem Wiener Parlament austraten, welcher für den Dualismus war, da hat uns Böhmen der berüchtigte Füster dafür gebrandmarkt in seiner Schmähschrift: „Wer hat die Freiheit verrathen?"

Ist denn das so lange her, dass man dies in Wien schon vergessen hat? Wollte jemand heute noch in Oesterreich den Dualismus einführen, würde dies im Reiche nothwendig heftige Konvulsionen nach sich ziehen. Denn zwischen zwei Reichshälften lässt sich nicht ein absolutes Gleichgewicht und daher ein Friede herstellen. Immer wird eine Waage die andere überwiegen, auch ganz aus dem Gewicht bringen, und die leichtere Waage, da sie kein Ausweg sieht, wird eine Zuwage suchen von anderwärts. Daraus werden Bürgerkriege, Einmischung fremder Vermittler, — das einstige Schicksal Polens — unsere Aussichten sein. Von der Einheit der Monachie ablassen, heisst sie als Ganzes zerschlagen. So hat Palacký im Jahre 1865 den Dualismus im vorhinein verdammt.

Nun wendet sich Palacký gegen die Magyarisirung der nicht ungarischen Nationen. Die Magyaren sagen, sie haben das Recht zur Herrschaft im Lande, weil sie dasselbe vor 1000 Jahren sich unterjocht haben. Nun dieses mit Schwert erworbene Recht haben sie seitdem vielmal verloren, da sie ja vielmals mit dem Schwert geschlagen worden sind. Haben sich denn die Magyaren ohne fremde Beihilfe vom Türkenjoch befreit? Sind sie bei Világos Sieger gewesen?

Gerade in Ungarn rührt die härteste Bedrückung der armen Slovaken von Renegaten her. Das Vorbild aller Renegaten, welche aus persönlichem Eigennutz ihre eigene Muttersprache verleugnen und wüthende Anhänger der herrschenden Partei werden, ein solches Muster dieser Renegaten ist Kossuth Lajos. Palacký schrieb im J. 1865 über Kossuth Folgendes: „Kossuth Lajos, einer der grössten Abtrünnigen des slavischen Geschlechtes, verkündigte öffentlich, dass er in Ungarn niemals kennen gelernt und auch niemals anerkannt hat eine andere Nation als nur die Magyaren, alle übrigen [1]) sind nur Horden (fajzat)." Kossuth hat mit diesem Grundsatze den berüchtigten ungarischen Nationalgott „Had'ur" zur obersten Macht erhoben, dem alles dienen muss. Wenn heute Palacký leben möchte, er würde mit grossem Befremden die Feierlichkeiten, das Begräbniss Kossuths auf Staatskosten, angesehen haben, die in Budapest im Frühjahr 1894 nach dem Absterben Kossuths stattfanden. In Budapest hat man auf Staatskosten einen Mann begraben, von

---

[1]) Palacký, Radhošť, III., 188. Prag 1878.

dem der Pfarrer Ignaz Zimandy ein Werk herausgab, das im Jahre 1896 in deutscher Uebersetzung in der Mechitaristen-Buchdruckerei in Wien gedruckt wurde unter dem Titel: „Ludwig Kossuth vor dem Richterstuhle der Weltgeschichte".[1]) Wir wollen nur einige Stellen aus diesem Werke citiren.

Pfarrer Zimandy gibt zuerst einen geschichtlichen Ueberblick über Ungarn. Er ist etwas sehr ungerecht im Urtheile gegen die westlichen Nachbaren, da er sagt, dass in der Türkennoth den Ungarn Niemand geholfen hat. Wir glauben, dass die Liebe zur Nation nicht so weit gehen darf, dass auch die geschichtliche Wahrheit und Gerechtigkeit zu Anderen verletzt werde.

Pfarrer Zimandy sagt: „Seitdem Josef II. durch den deutschen Sprachenzwang das Interesse für die ungarische Sprache erweckt hatte, haben die Komitate den Gebrauch der ungarischen Sprache als Amtssprache, statt der lateinischen, urgirt. In der Sitzung der Stände vom 3. November 1825 erhob sich der Hussarenrittmeister Graf Stefan Széchényi, welcher auf die Errichtung der ungarischen Akademie der Wissenschaften zur Pflege der ungarischen Sprache das ganze Jahreseinkommen seiner sämmtlichen Güter spendete. Die ganze Versammlung brach in Jubel aus, denn der angebotene Betrag belief sich auf 60.000 fl., oder in heutiger Währung auf zweieinhalbmal so viel. Diesem Beispiele folgten Andere und wurden theils an diesem Tage, theils im Laufe des Reichstages 250.000 Gulden für die gründende ung. Akademie signirt. Der grösste Gegner dieses edlen Grafen war Kossuth, der ihn in seinem Organe „Pesti Hirlap" heftig angriff, wo sich nur eine Gelegenheit ergab.

Als Kossuth Ende August sich in noch grösserem Masse auf die Leidenschaften des Volkes zu stützen anfing, und die Stürmung der Ofner Burg plante, und zu diesem Zwecke Brüsseler Waffen ins Land schmuggelte, sagte Széchényi: „Aus den Sternen lese ich: Blut und Blut überall, eine Nation wird die andere unerbittlich tödten." Zimandy sagt über die ganze damalige revolutionäre Bewegung: Der Liberalismus

---

[1]) Bei Heinrich Kirsch, Buchhändler, Wien.

brachte Ungarn bis Világos, und dazu, dass die Bach-Hussaren die Herren über Ungarn seien. Der Liberalismus brachte Ungarn, dass seine muthigen Soldaten und treue Patrioten den Händen des Henkers überliefert wurden. Diese Patrioten büssten den Hochverrath, den nicht sie, sondern Kossuth und seine Anhänger begingen. Kossuth selbst und seine Konsorten flüchteten und brachten ihr Leben jenseits der Grenzen in Sicherheit." Das machen allerdings alle raffinirten Gauner, da ist Kossuth nicht der Einzige.

Zimandy beschreibt Kossuth folgendermassen: „Ludwig Kossuth ward zum Unheil und zur Geissel seines Vaterlandes zu Liszka in der Zempliner Gespanschaft 18. September 1802 geboren. Da seine Eltern aus der Turóczer Gespanschaft stammen, so kann er sich sonderbarerweise eher für einen geborenen Slovaken als Magyaren betrachten.

Das Dorf Liszka, der Geburtsort Kossuths, ist slovakisch.

Kossuth verstand es bald als Slovake die Slovaken, bald als Magyar die Magyaren zu verlocken, blenden, prellen, betrügen, aufs Glatteis zu führen und gar zu Grunde zu richten.

Die Eltern Kossuths, Protestanten und arm, wanderten aus der Turócz nach Zemplin. Unseren Ludwig Kossuth nahm das launenhafte Glück von früher Jugend an in Schutz; er gehörte immer unter seine unverdienten Günstlinge. Er war noch jung, als ihn die verwitwete Gräfin Török, auf Bitten seiner jammernden Mutter, zu ihren Söhnen in Magyar-Kázmér als Erzieher annahm. Kossuth hatte für die erhabene Laufbahn eines Erziehers keinen Beruf und sein Benehmen ohne Erziehung sowie seine sittliche Verderbtheit lief jenem heiligen Beruf schnurstracks entgegen und bald beging er solche Dinge, dass ihn die achtsame Mutter von ihren Kindern und von ihrem Hofe plötzlich zu entfernen genöthigt war. Im Jahre 1820 bis 1822 war Kossuth in Eperies als Säufer, Spieler, mit einem Worte als Wüstling bekannt.

Auf Bitten seiner kriechenden Mutter nahm der Obernotar Thomas Horváth Kossuth auf und machte ihn zum Expeditor in seiner Kanzlei. Zum Danke dafür stahl Kossuth seinem seelenguten Principal dessen Gehalt und verthat es im Kartenspiel. Bei der Tafel im Hause des Grafen Josef Eszterházy stahl Kossuth eine goldene Tabakdose, die er dann einer Maitresse schenkte.

Von der Gräfin Csáky wurde Kossuth zum Fiscal des Gutes Töke-Terebes ernannt. Er sollte den zu diesem Gute gehörenden Wald bei Veleste schlagen lassen und für das Holz 5000 fl. der Gräfin abführen. Aber Kossuth begab sich mit den 5000 fl. nach Sátaralja-Ujhely und setzte sich mit seinen sauberen Kameraden zum Spieltisch und stand nicht eher auf, bis das Geld verspielt war. Vom Zempliner Komitat zum Vormund der Kinder eines nahen Verwandten bestellt, hat Kossuth das Geld seiner unschuldigen Geschwister-Kinder in kurzer Zeit verschleudert und bis auf einen Kreuzer verspielt. Kossuth begab sich, nachdem er in seiner Heimat so gründlich gewirkt hatte, nach Pest. Ihn hatte die Liederlichkeit wie ein Rost so überzogen, dass ihn jeder ehrbare Mensch mied, wie man ein räudiges Schaf von der gesunden Herde absondert.

Er war bei seinem Auftreten in Pest so recht Einer, der unserem Herrgott den Tag abstiehlt. Tag und Nacht brachte er mit Essen und Trinken, entsetzlichem Kartenspiel, ohrverletzenden Gesprächen, Gekose mit Bordellmädchen und mit türkenmässigem Tabakrauchen zu. Bei Tage erpresste er mit allerhand ersonnenen Lügen von Bekannten und Unbekannten Geld auf Borg. Wenn dann der Faden seiner Kniffe riss, nahm er Fersengeld und verschwand nach Zemplin. Als die Schlacht bei Temesvár verloren wurde, übergab Kossuth am 11. August 1849 die Macht in die Hände Görgey's, überschritt am 17. August die ungarische Grenze, liess vorher die Krone und die Krönungsinsignien bei Orsova in ungarischen Boden vergraben und flüchtete selbst in die Türkei. Die Krone wurde erst im Jahre 1853 durch Stephan Vargha, der in das Geheimniss eingeweiht war, aufgegraben, nachdem Vargha von Wien 150.000 fl. als Belohnung bekam. Kossuth nahm, nach der Meinung Zimandy's, bedeutende Schätze mit sich, von denen er dann im

Auslande lebte. Er wurde die Hauptsäule der europäischen Revolutionspartei, er mit Verbindung mit Ferini, Garibaldi, Recatoli, Lemi und Cavour schürte den Hass gegen Oesterreich, und der Krimkrieg ist nur mit ein Rachewerk Kossuth's, um sich an den Russen für Világos zu rächen und Oesterreich zu vernichten. Kossuth nahm Antheil in der Revolutionspartei, welche das Attentat auf Kaiser Franz Josef I. ins Werk setzte am 18. Februar ~~1857~~ 1853, dann an der ruchlosen Ermordung Karls III. von Parma 1855.

Das internationale Revolutionscomité, das in London seinen Sitz hatte, wurde später verstärkt durch Herz, Bakunin, Tüir und Klapka. Am 14. April 1849 versammelte Kossuth das Volk und die Ablegaten in die reformirte Kirche in Debreczin und sprach unter anderem: „Der Augenblick ist gekommen, wo es die Pflicht Ungarns ist, vor Gott, der Welt, Europa und unserem Volke zu sagen: Wir wollen frei und unabhängig sein! Gott kann über mein Leben verfügen, er kann mir Leiden, das Blutgerüst, den Giftbecher oder die Verbannung zu Theil werden lassen, aber eines kann er nicht über mich schicken, nämlich, dass ich je ein Unterthan des oesterreichischen Hauses werde. Es möge im Namen der Nation als Beschluss ausgesprochen werden, dass: 1. Ungarn sammt dem mit demselben gesetzlich vereinigten Siebenbürgen und den dazu gehörenden Ländern, Theilen und Provinzen als ein freier, selbständiger und unabhängiger europäischer Staat erklärt werde und dass diese staatsgebietliche Einheit unauftheilbar sei. 2. Das Haus Habsburg-Lothringen wird zufolge des Verrathes gegen die ungarische Nation, ferner wegen des Eidbruches und des Attentates, dass es die Zerstückelung des Landes, die Trennung Siebenbürgens und Kroatiens von Ungarn und das selbständige Staatsleben des Landes mit Waffenmacht versucht hat und sich nicht scheute, auch fremde Waffenmacht zur Niedermetzelung der Nation in Anspruch zu nehmen und dass es mit eigener Hand die Pragmatica sanctio zerriss, wie auch im Allgemeinen jene Verbindung, die zufolge des beiderseitigen Vertrages zwischen dem Hause Habsburg-Lothringen und Ungarn sammt den dazu gehörigen Ländern bestand, löste, so möge das Haus Habsburg-Lothringen von der Herrschaft über Ungarn und den mit ihm vereinigten Siebenbürgen, als auch den dazu gehörenden Theilen und Provinzen, ebenso vom Genuss aller bürgerlichen Rechte hiemit im Namen der Nation für immer ausgeschlossen und vom Reichsgebiete verbannt werden." [1])

Wir sind Herrn Zimandy für sein Werk sehr dankbar. Er hat in Pest keinen Dank geerntet für seine Wahrheitsliebe. In einem Lande, wo man Kossuth Lajos auf Staatskosten das Begräbniss ausstattete, wo der Erzbischof Samassa entblössten Hauptes hinter dem Sarge eines kalvinistischen Revolutionärs trotz kanonischer Gesetze einherschreitet, in einem derartigen Lande darf die Wahrheit nicht gesprochen werden. Und trotzdem haben die Ungarn vollständige Freiheit erlangt. Sie haben jetzt die ung. Staatssprache, ihren eigenen Hofstaat, ihre eigene Honvédarmee, jetzt ist nur noch ein kleiner Schritt zur vollständigen Selbständigkeit. Aber alles das sind nur äussere glänzende Prunkseiten. Die Magyaren glauben mit Hilfe der Volksschule die anderen Nationalitäten ihrer Sprache zu berauben. Unter dem Regime des Unterrichtsministers Wlassics sind zum Andenken an das 1000jährige Bestehen Ungarns 400 neue Volksschulen errichtet worden und der Minister plant neue tausend Volksschulen zu gründen. Dieses Projekt soll innerhalb fünf Jahren verwirklicht werden.

Bisher sind thätig gewesen 2160 Lehrkräfte an den staatlichen Volksschulen, fortan sollen es 5000 sein. Es ist natürlich nicht nothwendig näher zu beschreiben, dass sämmtliche diese Staatsschulen in dem Sprachgebiet der armen Slovaken errichtet werden. Ob dieses Teufelswerk dem Wlassics gelingen wird, ist sehr zweifelhaft, denn in Ungarn drängen sich in Folge dessen Lehrkräfte von derartigem moralischen Inhalt, dass sie dann der Unterrichtsminister schandenhalber selbst vom Amte entfernen muss. So schreibt der „Lloyd" (15. Juli 1898): „Wie uns aus Szegedin telegraphirt wird, hat der Verwaltungs-Ausschuss den

---

[1]) Zimandy, Ludwig Kossuth, 208.

Direktor der Vásárhelyer staatlichen Bürgerschule Valentin Nagy und den Lehrer Nikolaus Gémesi wegen Nachlässigkeit und moralischer Delikte von ihrem Amte suspendirt." Wenn man sogar einen Direktor suspendiren muss wegen moralischer Delikte, was für ein Material muss an diesen Staatsschulen wohl wirken? Sicher ist es, dass in den Kleinkinder-Schulen, welche zur gewaltsamen Magyarisirung der kleinsten slovakischen Kinder angelegt sind, auch abgebrauchte Bordellmädchen als Wärterinen fungiren.

Also ist der ungarische Staat wohl nahe dem Kossuth'schen Ideal, aber er trägt schon jetzt die innere Fäulniss in sich, weil er auf Korruption aufgebaut ist und weil er von der Korruption lebt. Das Korruptionselement Ungarns sind seine Juden. Ohne Geräusch, ohne Kriegslärm, dafür viel grausamer, rücksichtsloser und planvoller als die Türken und die Janitscharen, haben die Jünger Talmuds, die sich in hellen Scharen aus der fruchtbaren Gebärmutter in Wilna, Tarnopol, Stryj, Kolomea über die Gefilde Ungarns ergossen, das ungarische Land und Volk ausgeraubt. Der ungarische Adel und das Volk sind materiell und sittlich bankerott. Nichts wird den Magyaren helfen, dass sich die Juden den Namen Arpád und Stephan beilegen, denn diese Bürger, die die Ungarn für den 50Kreuzer-Stempel gewinnen, sind nicht ein Zuwachs der ungarischen Nation, sondern nur eine Vermehrung seiner Ausbeuter. Im Jahre 1897 haben in Ungarn 1841 Personen um Namensänderung eingereicht, darunter waren 990 Juden. Wenn die Magyaren glauben, dass der Jude Schwarz vom J. 1896 als geänderte Jude Köres im Jahre 1897 ihre Nation verstärken wird, nun so werden sie aus ihrem Wahne bald erwachen. Adel und Volk in Ungarn sind auch sittlich bankerott, denn nur von dem Kadaver eines sittlich verkommenen Volkes kann der Talmudjude reich werden. Die Leidenschaften des Christen sind Goldgruben für den Juden. In Ungarn greift eine kolossale Religionslosigkeit um sich. Im J. 1896 wurden 11.824 Paare ohne Priester getraut. Zum Judenthum übertraten 137 Christen! Im selben Jahre liessen sich 3990 Personen für religionslos erklären. In keinem

Lande wird wohl die Prostitution so unverschämt öffentlich verbreitet sein, wie in Ungarn. Man sieht die furchtbare Wirkung der geilen und zu geschlechtlichen Ausschweifungen geneigten Talmudjünger. Das Traurigste aber von alledem ist, dass diesem furchtbaren Korruptionssystem in Ungarn auch die katholische Priesterschaft zu dienen vom Staate aus gezwungen wird.

Ungarns katholischer Klerus ist bankerott, er hat auf das Volk keinen Einfluss mehr. Aus den Schulen hinausgedrängt, von der Führung der Matriken ausgeschlossen, ist er nur auf die Kirche beschränkt, in welche ihm Niemand kommt. Unter diesen Umständen kann es kein Wunder nehmen, dass jede Berufstüchtigkeit des kathl. Klerus zu Grunde gehen muss. Es kommen nur solche empor, welche Christum verrathen und der Korruption dienen. Ein besonderer Liebling der ungarischen Judenpresse ist der katholische Bischof von Neutra, Emerich Bende. So schreibt das grosse Judenblatt der „Pester Lloyd" (4. Juni 1898, Abendblatt): „Bischof Bende. Man schreibt uns aus Neutra vom 2. d. M. Im September vorigen Jahres wählte die Repräsentanz der Stadt Neutra den Bischof Emmerich Bende aus Anlass seines 50jährigen Priester-Jubiläums zum Ehrenbürger. Heute überreichte der Magistrat unter Führung des Bürgermeisters Dr. Rudnay in feierlicher Weise dem Bischof das prachtvoll ausgestattete Ehrenbürger-Diplom. Dem Magistrat hatten sich auch einige Stadtrepräsentanten angeschlossen. Sichtlich ergriffen sprach der greise Bischof seinen herzlichen Dank für die sinnige Ehrung aus, welche ihn umsomehr freue, als er für die Stadt Neutra stets die wärmsten Sympathien hegte; er werde, sagte er, auch in Zukunft bestrebt sein, für das geistige und materielle Gedeihen der Stadt sein möglichstes thun. — Die Hochherzigkeit und Toleranz unseres Bischofs bethätigte sich dieser Tage wieder in glänzender Weise. Die israelitische Kultusgemeinde in Mocsonok, dem Sommeraufenthaltsorte des Bischofs, ist im Begriffe einen Tempel und eine Schule zu bauen. Die politische Gemeinde überliess ihr zu diesem Zwecke das erforderliche Grundstück. Dieser Tage sprach eine Deputation der Kultusgemeinde beim Bischof vor, um seine Unterstützung zu erbitten. Und der katholische Kirchenfürst sagte der israelitischen Kultusgemeinde zum Baue eines jüdischen Tempels und einer jüdischen Schule 60.000 Ziegel zum Herstellungspreise zu, was einem Geschenke von über 800 fl. gleichkommt." Nach dieser Nachricht des „Lloyd" zu urtheilen, wären die Kenntnisse des Bischofs Bende im kirchlichen kanonischen Rechte nicht absonderlich glänzend. Doch das geht uns nichts an.

Derselbe „Lloyd" schreibt wieder (Dienstag 12. Juli 1898): Bestrafter Geistlicher. In Felsö-Szönye (Komitat Trencsin) hat, wie „Magyar Hirlap" meldet, dieser Tage der dortige katolische Pfarrer ein Gemeindemitglied nicht kirchlich bestatten wollen, weil es eine Civilehe geschlossen hatte. Der Fall wurde dem Neutrauer Bischof Emerich Bende zur Kenntniss gebracht, der den betreffenden Geistlichen sofort in eine andere Pfarre versetzte. Nach dieser Nachricht des „Lloyd" wäre Bischof Bende über das kanonische Recht und zudem müsste man fragen, ob Bischof Bende katholischer Bischof oder aber Flügeladjutant des Kultusministers Wlassics sei.

Wir wollen noch ein Beispiel bringen, um die vollständige Versumpfung des kirchlichen christlichen Geistes in Ungarn zu illustriren. Das grosse Judenblatt der „Pester Lloyd" brachte folgende Nachricht (Dienstag 7. Juni 1898): Firmungsreise des Bischofs Dezseviffy: „Gestern ist Bischof Dezseviffy auf seiner Firmungsreise in Lugos eingetroffen. Er wurde am Bahnhofe von den Geistlichen aller Konfessionen und von den Notabilitäten empfangen. Die Stadt ist beflaggt. Mittags fand beim Pfarrer Pataky ein Galadiner statt, an welchem die Geistlichen der reformirten, der orientalischen, und der israelitischen Konfession theilnahmen; dieses Zeichen brüderlichen Einvernehmens wurde vom Obergespan Jakabffy auch in einem Toast gewürdigt. Abends veranstaltete der Obergespan zu Ehren des Bischofs eine glänzende Soirée." Schade, dass Lessing nicht mehr lebt, er würde eine helle Freude empfinden, dass sein Nathan noch lebt und zwar lebendig und leibhaftig, nicht auf dem Papiere, dort im Ungarlande. Nein, so etwas hätte auch Lessing zu träumen sich nicht gewagt. Ja, man sieht, dass extra Hungariam non est vita, ausserhalb Ungarns verstehen die Menschen nicht zu leben, und wenn, so doch nicht wie in Ungarn.

Das Beispiel dafür bietet das Galadiner des Pfarrers Pataky, er wird sicher auf Grundlage dieses Verdienstes um Kirche und Staat einen Orden erhalten und eine bessere Pfründe, damit er noch ein glänzenderes Diner veranstalten kann. Wehe dem Volke, dessen Priester im Strome der Korruption schwimmen. Wehe dem Volke, dessen Priester in schmählicher Abhängigkeit sind von übermüthigen Mächtigen dieser Welt, von denen sie wie Lakaien behandelt werden, die da kommen, um eine Pfarre zu betteln. Wehe dem Volke, dessen kirchliche Würdenträger zu untergeordneten Organen der jeweiligen Regierung herabsinken. Wehe dem Volke, dessen Priester aus Furcht vor Noth, oder aus Bequemlichkeit und aus Begierde nach einer guten Stelle dem falschen Nationalabgott dienen, um beliebt zu sein, dabei die Gerechtigkeit zu anderen Völkern, die Nächstenliebe verletzen. Wehe einem solchen Volke, über dessen Zukunft muss der Todesstab gebrochen werden.

Ungarn ist heute ganz nahe der vollständigen Unabhängigkeit. Dank dem furchtbaren Hader der Volksvertreter oesterreichischer Völker. Dank dem Brüllen des Schönerer, Wolf, Prade, Lecher. Dank dem Messer des Pfersche und dem Herumschlagen des Juden Berner im Reichsrathe in Wien ist diese Körperschaft arbeitsunfähig geworden. Ungarn hat nun freie Hände, es schreitet jetzt zur Schaffung des selbständigen Zollgebietes und einer selbständigen Zettelbank. Das grosse Judenblatt, der „Pester Lloyd" schreibt am 12. Juli 1898 Folgendes im Leitartikel:

„Heute ist so ziemlich Alles in Frage gestellt, was man seit dreissig Jahren als innere Garantie der Macht und des Ansehens Oesterreich-Ungarns zu betrachten gewohnt war: die österreichische Verfassung ist nahezu ad absurdum geführt, das Verhältniss zu Ungarn ist auf der ganzen Linie bedenklich aufgelockert und dieser Situation will man gerecht werden, wenn man sich in byzantinischer Kleingeisterei erschöpft, als hätte die deutsche Parteiwelt Oesterreichs nur den Zweck, den rücksichtslosen Willen, der endlich Ordnung schafft, Ordnung um jeden Preis, direkt oder indirekt herauszufordern. Leider, dass wir hierzulande solches Schauspiel nicht gleichgiltig verfolgen können. Durch die Verquickung unserer eigenen Angelegenheiten mit der österreichischen Misère wird auch uns eine folgenschwere Entscheidung nahe gerückt. Ob, wenn drüben die Möglichkeit verfassungsmässigen Regierens zusammenbricht, sich die Formel finden liesse, um den wirthschaftlichen Ausgleich mit Oesterreich durchzuführen, oder ob wir uns in jenem Falle einfach auf unsere wirthschaftliche Selbstständigkeit zurückzuziehen hätten, das ist der kritischeste Casus keineswegs, denn die ökonomische Trennung ist nicht nur im Gesetze vorgesehen, sie ist auch ohne Gefährdung der Form und des Wesens der dualistischen Ordnung realisirbar. Stünde aber denn nichts Anderes in Frage als dies? Wenn drüben die Grundlage der gemeinsamen Institutionen zerbröckelt, wie soll es bei uns mit diesen Institutionen gehalten werden? Gänzlich zu schweigen davon, dass die Gestaltung von 1867 den Bestand des konstitutionellen Systems in Oesterreich zur Voraussetzung hat — wie sollen die Angelegenheiten, die in den Delegationen behandelt werden, ihre Erledigung finden, wenn Oesterreich nicht mehr in der Lage ist, eine Delegation zu entsenden?

Das sind bedauerlicherweise keine blosen Doktorfragen, sie reifen der vollen Aktualität immer mehr entgegen, je mehr die Hoffnung sinkt, dass eine konstitutionelle Sammlung Oesterreichs noch möglich sei. Wir haben daher wohl ein gewisses Recht, den Deutschen ein ermahnendes Wort zuzurufen, eine Mahnung zur Einkehr, bevor es zu spät geworden. Gewiss, Ungarn würde die mit den Lebensinteressen der Monarchie aufs innigste verbundenen Angelegenheiten in keinem Falle dem Ungefähr preisgeben, es müsste und würde die Modalität suchen und finden, um trotz Zusammenbruch und Chaos in Oesterreich seine Pflicht gegen sich selbst und gegen die Monarchie zu erfüllen. Nenne man alsdann das Verhältniss, das solcherweise sich entwickelt, Personalunion oder anders: im Wesen würde es nichts Anderes bedeuten, als die volle Selbstständigkeit Ungarns auf dem ganzen Gebiete der bisher gemeinsamen Angelegenheiten, und wir meinen, es sei kein übermässiger Optimismus erforlich, um sich dem Glauben hinzugeben, Ungarn würde auch dieses Mass der Selbstständigkeit und Unabhängigkeit zu ertragen im Stande sein. Aber wenn die österreichischen Deutschen eines ernsten Gedankens noch fähig sind, müssen sie wohl erwägen, ob es in ihrem Interesse gelegen sein könne, eine Lage zu schaffen, die zu den hier flüchtig gezeichneten Nothwendigkeiten unaufhaltsam drängt. Solange der Dualismus in seiner heutigen Gestalt erhalten bleibt, bietet er eine spontane Bürgschaft für den Fortbestand der oesterreichischen Verfassung, und zwar zunächst deshalb, weil man sich nicht leicht entschliesst, die für die auswärtige Stellung der Monarchie wichtigsten Einrichtungen, die sich bereits glücklich bewährt haben, durch irgend etwas zu ersetzen, was erst die Probe zu bestehen hat. Mit diesen Institutionen experimentirt man nicht zum Zeitvertreib. Machen aber die Deutschen die einfache Möglichkeit, Oesterreich auf dem Boden der gegebenen Verfassung zu regieren, durchaus zunichte, treibt man also die massgebenden Faktoren in den Versuch hinein, die Aufgaben des Dualismus auch ohne oesterreichisches Parlament zu lösen, und stellt sich in der Praxis heraus, dass dies gar nicht so schwierig sei, wie man sich's vorgestellt hat, dann ist es in Oesterreich, wenn nicht um den Konstitutionalismus überhaupt, doch jedenfalls um die Verfassung geschehen, die — zu welch schwerer Beeinträchtigung der deutschen Aspirationen sie auch die Handhabe liefern mochte — ihnen noch lange nicht so verderblich werden kann, wie eine föderalistische Umwälzung. Für diese durchaus nicht phantastische Perspektive müssten die deutschen Parteimänner offenes Auge haben. In ihren Händen liegt jetzt in Wahrheit das Schicksal ihres Volkes und die nächste Zukunft Oesterreichs."

Eine glänzendere Genugthuung hätte Palacky Niemand für die ihm zugethanen Schmähungen geben können, als das Judenblatt selbst.

Wie übrigens das ganze centralistische und dualistische System sich bewährt hat, das zeigt der häufige Ministerwechsel in Wien. Der Ministerverbrauch in Oesterreich ist ein ganz kolossaler. Seit 1848 hat unsere Monarchie nunmehr 23 Kabinete zu verzeichnen. Es folgten einander: 1. Ministerium Kolowrat vom 5. April 1848 bis zum 18. Juli 1848. 2. Doblhoff vom 18. Juli bis 11. Oktober 1848. 3. Schwarzenberg bis 11. April 1852. 4. Buol bis 21. August 1859. 5. Rechberg bis 4. Februar 1861. 6. Ministerium Erzherzog Rainer-Schmerling bis 26. Juni 1865. 7. Belcredi bis 7. Februar 1867. 8. Beust bis 27. Juni 1867. 9. Karlos Auersperg bis 26. September 1868. 10. Taaffe bis 15. Januar 1870. 11. Ignaz v. Plener bis 3. Februar 1870. 12. Hasner bis 12. April 1870. 13. Potocki bis 4. Februar 1871. 14. Hohenwart bis 30. Oktober 1871. 15. Holzgethan bis 25. November 1871. 16. Adolph Auersperg bis 15. Februar 1879. 17. Stremayr bis 12. August 1879. 18. Taaffe bis 11. November 1893. 19. Windisch-Graetz bis 19. Juni 1895. 20. Kielmansegg bis 29. September 1895. 21. Badeni bis 28. November 1897. 22. Gautsch bis 5. März 1898.

Im „Pester Lloyd" (15. Juli 1898) finden wir folgenden Passus: „Den Czechen dürfen wir sagen, was ohne Oesterreich aus ihnen würde: Eine Volksleiche! Sie würden im deutschen Meere unrettbar versinken. Das Deutschthum, in welchem sie eine kleine Sprachinsel bilden, würde sich über sie ergiessen und selbst ihr Name würde schnell verschwinden. Schon darum nun, weil ihr nationales Dasein schlechtweg von der Existenz Oesterreichs abhängt, müssten die Czechen ihre Aspirationen mässigen, und müssten so sich wohl in Acht nehmen, auf eine Umwälzung hinzuarbeiten." Der „Lloyd" spricht hier etwas Wahrheit mit etwas Lüge zusammen. Das czechoslavische Volk würde nach einer Zertrümmerung Oesterreichs entweder an Russland, oder an Preussen fallen. Im letzteren Falle würde Preussen den Vernichtungskrieg gegen dasselbe eröffnen, wie gegen die Polen. Aber wenn ein Volk sittlich, religiös, sparsam, arbeitsam, Herr von Grund und Boden ist, kann es keine Macht der Erde vom Erdboden wegfegen. Sollte, wie es heute der Fall ist, die Demoralisation, die Armuth, die Ausbeutung durch Juden, der Leichtsinn und die Verschuldung fortschreiten, dann vernichtet sich das czechoslavische Volk selbst. Kommt aber eine sittliche Wiedergeburt, dann ist das czechoslavische Volk als ein gesunder und starker Ast am Baume Habsburg von der göttlichen Vorsehung dazu erwählt, damit Oesterreich nicht so leicht in dem preussischen Magen verschwinde.

IX.

Der Kampf um die Parität in der oesterreichisch-ungarischen Bank.

Palacký hat über den Doppelcentralismus in Wien und Budapest, da er noch nicht existirte, im J. 1865 die denkwürdigen Worte geschrieben: „Zwischen zwei Reichshälften lässt sich nicht ein absolutes Gleichgewicht und daher ein Friede herstellen. Immer wird eine Waage die andere überwiegen, auch ganz aus dem Gewicht bringen." Diese Worte finden eine glänzende Bestätigung im Kampfe um die vollständige gleiche Gewalt, welche Ungarn in der Verwaltung der oest.-ung. Bank für sich beansprucht, durch die neuen Bankstatuten, welche angenommen werden sollen.

Der frühere Generalsekretär der oest.-ung. Bank von Lucam veröffentlichte in der „N. Fr. Pr." eine Reihe von Artikeln, in welchen er die neuentworfenen Bankstatuten, wie sie in den neuen Ausgleichvorlagen enthalten sind, einer eingehenden Kritik unterzog. Wir können natürlich nicht sämmtliche Artikel Lucams reproduciren und beschränken uns auf das Nothwendigste. Zuvor möchten wir nur einige Zahlen zum allgemeinen Verständniss vorausschicken. Bevor die zweite Hauptanstalt der Bank in

Budapest errichtet wurde, hatten im J. 1877 die ungarischen Länder nur 5 Bankfilialen ausser der Bankfiliale in Pest. In diesen Bankanstalten wurden im Laufe erwähnten Jahres rund 70 Tausend Wechsel eskomptirt für einen Betrag von 135 Millionen. Im Jahre 1878 wurde in Budapest die zweite Hauptanstalt errichtet, mit einem selbständigen Direktorium. Wie haben sich seitdem die Verhältnisse geändert! Im Jahre 1894 waren in den ungar. Ländern nebst der Hauptanstalt in Pest 21 Bankfilialen und denselben unterstellte 83 Banknebenstellen, und das im Laufe von 16 Jahren. Der Wechseleskompt erreichte in diesem Jahre in Pest und in den übrigen Kassen rund eine Anzahl von 674 Tausend Stück Wechsel für einen Geldbetrag von rund 431 Millionen Gulden.

Nun sind wir an dem Punkte angelangt, wo auch die Bankstatuten auf weitere 10 Jahre verlängert, das Bankprivilegium ebenfalls auf weitere 10 Jahre erneuert werden. Es haben die Führer der herrschenden Partei in Ungarn Hieronymi und Gajari am 5. Juni zu ihren Wählern öffentlich gesagt, dass sobald das Wiener Parlament arbeitsunfähig sein werde, Ungarn das Recht habe seine Angelegenheiten selbständig zu ordnen. Bezüglich der oest.-ung. Bank würde Ungarn das Recht haben nur mit der jeweiligen oesterr. Regierung des Monarchen unmittelbar zu verkehren, nachdem die gesetzgebende Körperschaft, der Reichsrath, in Oesterreich nicht fungire. Gerade dieser Umstand ist für uns nun äusserst gefährlich.

Wir müssen daher dem Generalsekretär Herrn Lucam dankbar sein, dass er rückhaltlos die neuen Statuten, die angenommen werden sollen, kritisirt hat. Hören wir nun die Bedenken des Herrn Lucam. Die neuen Statuten haben zahlreiche „Ausgestaltungen" des Statuts von 1878 vorgenommen. Nach dem Artikel 13 des neuen Statutes soll die Sitzung der Generalversammlung in Budapest abgehalten werden, wenn die Mehrheit der Aktionäre ungarische Staatsbürger sind.

Artikel 36 sagt, dass die Sitzungen des Generalrathes, des Exekutivcomités nach Bestimmung des Gouverneurs und nach Thunlichkeit abwechselnd in

Wien oder Pest abzuhalten sind. Artikel 23 bestimmt, dass künftig in den Generalrath je sechs oesterreichische und 6 ungarische Staatsbürger zu wählen sind, damit die Parität Ungarns in der Bank zum Vorschein komme. Allein nach den Ausgleichgesetzen, sagt Lucam, hat Ungarn nur das Recht eine eigene Notenbank zu errichten und nicht in die oesterr.-ung. Bank, wie sie ist, 6 ungarische Generalräthe zu wählen. Auf die oesterr. Notenbank einen paritätischen Einfluss zu üben, geben die Ausgleichgesetze Ungarn kein Recht, weil die Notenbank keine gemeinsame Angelegenheit bildet. Obzwar der Motivenbericht, den das Regime des jetzigen Generalsekretärs Mecenzeffy ausgearbeitet hat, sagt, Ungarn bedürfe wegen der Ausdehnung des Bankgeschäftes in Ungarn eine paritätische Vertretung in der Verwaltung, fragt Herr Lucam ganz berechtigt, es wäre doch gut zu erfahren, warum der Schuldner an dem Rechte seiner Gläubiger, Kredite zu gewähren, einen um so höheren Theil beanspruchen kann, je grösser seine Schuld wird.

Anfangs 1897 waren mit dem Vicegouverneur unter 14 Mitgliedern des Generalrathes fünf ung. Staatsbürger; künftig sollen unter 16 Mitgliedern des Generalrathes ohne Gouverneur acht sein.

Nach Artikel 40 steht den Direktionen das ausschliessliche Recht zu, den Bankredit im Eskompte- und Darlehengeschäfte in dem betreffenden Staatsgebiete zu bemessen. Sie setzen die Grenze fest, bis zu welcher der Bankkredit in jedem dieser beiden Geschäfte von einzelnen Firmen und Personen benützt werden kann.

Herr Lucam sagt von diesem Artikel, wenn der Generalrath eine ihm unzulässig erscheinende Kreditgewährung beanständen wollte, was wird da geschehen? Die Direktionen werden sagen: Wir haben das ausschliessliche Recht Kredit zu gewähren. Ungarn weiss recht gut, welchen Erfolg es mit diesem ausschliesslichen Rechte nach Hause bringt. Unabhängigkeit von der Leitung und Ueberwachung einer Centralbehörde, das ist, was Ungarn heute im Banknotenwesen verlangt, das wird ihm hier zugestanden und darin ist alles enthalten, was es bedarf.

Die Staatsverwaltungen sind vertreten durch den Gouverneur, die beiden Vicegouverneure, welche nach den künftigen Statuten je einen Stellvertreter erhalten sollen, die beiden Regierungskommissäre und deren Stellvertreter.

Nach Artikel 27 bedürfen künftig alle Beschlüsse des Generalrathes und aller seiner Comités zu ihrer Ausführung der Approbation des Gouverneurs. Gegen dieses Recht des Gouverneurs gibt es keine Berufung. Ein Beschluss mag noch so sachlich sein, der Gouverneur kann ihm seine Zustimmung verweigern und damit ist die Sache abgethan.

Nach Artikel 52 ist jeder der beiden Regierungskommissäre berechtigt gegen Beschlüsse der Generalversammlung des Generalrathes, der Direktionen Einsprache zu erheben, wenn ein Beschluss mit den bestehenden Gesetzen oder mit den Statuten oder mit den Interessen des betreffenden Staatsgebietes nicht vereinbar ist. Gegen diese letztere Bestimmung der neuen Statuten wendet sich Herr Lucam folgendermassen: Da soll in der Notenbank, welche für das Geldwesen der Monarchie das wichtigste Kreditinstitut ist, der Regierungskommissär eines jeden der beiden Staaten dieser Monarchie das Recht haben gegen einen Beschluss sämmtlicher Verwaltungsinstanzen der Bank, wenn er ihn mit den Interessen seines Staatsgebietes nicht für vereinbar findet, Einsprache zu erheben, wenn die Bank dagegen appellirt, entscheidet das Gesammtministerium desselben Staates endgiltig über den Gegenstand unbekümmert um das Interesse des anderen Staates.

Nun, wir gestehen offen, dass Herr Lucam über diesen Artikel der neuen Statuten sehr zahm sich ausgedrückt hat. Auf eine bessere Weise wäre es doch Ungarn nicht gelungen das Messer an die Kehle der oesterreichisch-ungarischen Bank zu setzen, als durch diesen Artikel. Da heisst es entweder folgen oder todtgestochen zu werden. Wir haben uns nur auf die markantesten Stellen der Lucam'schen Artikel beschränkt und fügen nur noch einige Worte aus dem Schlussartikel bei. Herr Lucam sagt: Nicht wegen aller dieser Gründe sind die künftigen Statuten der

Bank, so wie sie dermalen lauten, nur entweder anzunehmen oder abzulehnen. Sachlich beurtheilt, können sie nur abgelehnt werden, weil sie die künftige Verwaltung der Notenbank allen möglichen Sonderinteressen geknebelt ausliefern. Uebrigens, meint Lucam, ist alle Liebesmühe mit Ungarn rein umsonst. Denn Oesterreich mag heute in was immer für einer Angelegenheit sich zu halben oder ganzen Zugeständnissen herbeilassen, es wird nicht erreichen, dass Ungarn wenn die Zeit dazu gekommen, auf die selbstständige Bank, auf das selbstständige Zollgebiet verzichtet. Allerdings müssen wir diese künftigen Statuten, wie sie jetzt vorliegen, annehmen, wenn im Reichsrathe eine Majorität dafür zu bekommen ist, dass, solange Ungarn keine selbstständige Notenbank haben kann, Oesterreich keine haben darf.

Auf die Artikel des Herrn Lucam blieb man natürlich in Budapest nicht lange die Antwort schuldig. Man stellte dort sofort eine schwere Batterie auf und schoss auf Wien recht grobe Geschosse ab. Man fühlte sich eben von Lucam ins Schwarze getroffen, und das thut bekanntlich weh. Der „Pester Lloyd" antwortete mit einer Reihe von Artikeln, um die Lucam'schen Argumente zu vernichten. Der „Lloyd" nennt die Lucam'schen Artikel einen Frevel an dem Interesse der Monarchie. Nur hat der „Lloyd" vergessen zu sagen, dass sie ein Frevel sind nur an der einen Hälfte der Monarchie, der ungarischen. Nun wendet sich der „Lloyd" gegen die ihm missliebige Person des Lucam. Lucam kennzeichnete immer, so schreibt der „Lloyd", ein krampfhaftes Festhalten an der Untrüglichkeit seines Geistes. Eine Art Hypertrophie des Selbstbewusstseins war sein Leiden und hierunter litt auch das seiner Leitung unterstehende Noteninstitut. Wer seinen Feind mit solchen Waffen angreifft, wie es der „Lloyd" hier thut, der richtet sich selbst. „Lloyd" verwirft das centralistische System in der Bankverwaltung, wie es Lucam handhabe, und will die Freiheit und Decentralisation in der Bank allerdings nur für Ungarn, nicht für andere Nationen. „Lloyd" beruft sich auf die 3689 Nationalbanken in Nordamerika, welche einen zeitweiligen Banknotenumsatz von 350 Millionen Dollars haben, welche Banken den Controllers of the currency unterliegen. aber in der Gewährung der Kredite, in der Administration des Bankgeschäftes vollständig unabhängig sind und bei allem dem sehr gut fungiren.

Es haben darum die ungarischen Staatsmänner wohl daran gethan, die Organisation der Bank zu sprengen, und eine solche zu entwerfen, die bei der Sicherung der Bonität der Banknote dem Handel, der Industrie und der Landwirthschaft der beiden Staaten im ausgiebigen Masse entspricht. Vor allem wurde als oberster Grundsatz eine Parität des Einflusses der beiden Staaten auf die Bank festgestellt. und dagegen kann nur eine ungesunde Voreingenommenheit etwas einwenden. Es fehlte noch, der „Lloyd" hätte jeden, der gegen eine Parität etwas einwendet. in eine psychiatrische Klinik zu schicken den Muth gehabt. Die Parität kommt ja natürlich daher, nach dem „Lloyd," weil Ungarn einerseits und Oesterreich andererseits das Privilegium der Notenemission der Bank ertheilen. Der „Lloyd" betheuert, dass Ungarn in der Ausnützung des Bankkredites der öst.-ung. Bank immer sehr bescheiden gewesen ist, und dabei ist er so unvorsichtig, Zahlen anzuführen, die das gerade Gegentheil beweisen. Der „Lloyd" führt selbst an, dass im Jahre 1897 die Bank in Ungarn auf Wechsel 463 Mill. Gulden kreditirt habe, in Oesterreich 873 Mill. Gulden. Während nach dem „Lloyd" im Jahre 1869 auf Ungarn 6·2 Percent des Eskompteverkehrs und auf Oesterreich 93·8 gekommen ist. während im Jahre 1866 Ungarn von der Bank nur 23·5 Mill. Gulden auf Wechsel geliehen, Oesterreich aber in den Filialen 64, in Wien 291 Millionen ausgeliehen habe, hat sich das Verhältniss im Laufe von 30 Jahren derart verändert, dass Ungarn im Jahre 1897 vom gesammten Wechselverkehre 35·8 Percent aufsaugte und Oesterreich 64·2 Percent. Und diese Zahlen sind dem „Pester Lloyd" noch nicht paritätisch genug.

Der „Lloyd" ist sehr aufgebracht über die Erklärung Lecher's im Abgeordnetenhause, da er sagte:

„Es ist ja ganz klar, dass man zu Direktoren und Verwaltungsräthen der Bankinstitute unmöglich die machen kann, die den Kredit in hohem Masse in Anspruch nehmen. Das hiesse den Bock zum Gärtner machen."

Der „Lloyd" verwahrt sich dagegen, dass Ungarn ein schlechter Gläubiger sei, dem man öfters auf die Finger zu klopfen bemüssigt sei. In den 12 Jahren, führt der „Lloyd" an, von 1886 bis inclusive 1897, wurden vom Bankportefeuille in Ungarn insgesammt 147.033 fl. nothleidend, von denen aber Ende 1897 doch soviel eingetrieben wurde, dass jetzt ein Rest von 52.008 fl. übrig geblieben ist. In Oesterreich wurden in der gleichen Epoche Verbindlichkeiten im Betrage von 175.110 nicht erfüllt, aber es wurde doch so viel eingetrieben, dass derzeit noch 62.151 fl. zu tilgen sind. Diese Zahlen, welche der „Lloyd" hier anführt zum Beweise, dass Ungarn den Bankkredit nicht missbrauche, dass ungarische Firmen ebensogut und ebensoschlecht zahlen, wie die österreichischen, mögen wohl richtig sein. Aber der „Lloyd" hat uns nicht gesagt, wie sich die Dinge ausgestalten werden, sobald Pest vollständig in seinen Kreditoperationen unabhängig sein wird von Wien, wie es eben die neuen Statuten wollen.

Wir müssen konstatiren, dass die böhmische Landwirthschaftliche Centralgesellschaft für das Königreich Böhmen in Betreff der neuen Bankstatuten ihrer Besorgniss Ausdruck verliehen hat in einer zu diesem Zwecke verabreichten Petition an den Reichsrath. Das Organ der Oest.-ung. Bank, der „Tresor" macht sich über die Herren Petenten schlecht lustig, und wirft ihnen vor, dass keiner von den Petenten die neuen Statuten kenne. Uebrigens sagt das Leibblatt des Herrn Mecenseffy mit unverhohlter Freude: Wurde im Jahre 1877 der Feldzug gegen die Hauptanstalten selbst im Abgeordnetenhause als verfrüht bezeichnet, so ist er heute sicher sehr verspätet. Herr Mecenzeffy ist also seines Sieges sicher, er weiss, dass das Abgeordnetenhaus im Herbste wegen Wolf und Schönerer nicht funktioniren werde, und darauf baut er seine Siegeszuversicht.

Wir sind nur neugierig, was man in Budapest auf das Verlangen der Prager Handelskammer vom 17. Juni antworten wird, wo verlangt wird, dass auch in Prag eine selbständige Hauptanstalt der österr.-ungar. Bank errichtet werde. Wir sind neugierig, ob da der „Pester Lloyd" seine Grundsätze bezüglich der Decentralisation in der Bankverwaltung nicht wird rasch vergessen haben, und ob er auch nicht die nordamerikanischen Nationalbanken aus dem Gedächtniss verloren haben wird.

Der „Lloyd" höhnt den alten Herrn von Lucam mit den Worten: „Der kardinale Fehler des Herrn von Lucam war ferner die Anschauung, dass eine centralistisch geleitete Bank ein Schutz des monarchischen Princips sei. In Allem und Jedem durfte der dualistischen Richtung Rechnung getragen werden, nur bei dem Noteninstitut nicht. Das Argument war, dass das Zettelinstitut die Quelle allen Kredits ist und solange dieser in seinen Händen ist, die Bevölkerung Ungarns und Oesterreichs in seiner Gewalt sei. Und erwähne ich noch den Wahn, dass die Einheit der Monarchie nur so lange bestehen kann, als die einheitliche Note existirt und diese Papierstreifen ein eisernes Band sind, welches Staaten und Völker zusammenhält, dann halte ich die Quintessenz der politischen Weisheit des gewesenen Sekretärs der Notenbank und des ihm blind folgenden Anhanges für erschöpft. („Lloyd" 14. Juni 1898.)

Wir halten dafür, dass die Ansicht des Herrn Lucam, dass wer Geld zu vergeben hat, auch Macht habe und besitze, sehr richtig ist. Geld ist Macht, heute wohl die erste Macht der Welt. Ums Geld ist heute alles verkäuflich, Ehre, Tugend, Recht, Häuser, Weiber, Grund und Boden, innere Gesinnung, kurz alles ist käuflich, nur vom Tode kann man sich nicht loskaufen, das ist noch hier auf Erden die einzige Gerechtigkeit, welcher sich kein Mensch entschlagen kann, auch nicht einmal der Rothschild.

Man muss nun Herrn von Lucam das Zeugniss geben, dass er seine Pappenheimer jenseits der Leitha gut kennt. Herr Lucam scheint sehr gut zu wissen, dass man in Ungarn bis dato keine absonderlich guten Schlösser zu den Wertheimer Kassen macht, dass merkwürdigerweise in Ungarn viele Buchhalter und sonstige Beamte von Bank- und Kreditinstituten eine eigenthümliche Krankheit besitzen, sie haben eine zu grosse Sehnsucht nach den ihnen anvertrauten fremden Geldern. Die Korruption in Ungarn ist schon geradezu weltbekannt.

Der „Tresor" (30. Juni 1898) brachte eine Illustration aus Ungarn, die wir den Lesern hier mittheilen:

„Weggeschwommene Millionen. Es ist ein recht trauriges Thema, das „Magyar Hirlap" in seiner Nummer vom 24. d. M. unter obigem Titel anlässlich des Hinganges einiger Provinz-Geldinstitute in Ungarn behandelt. Das genannte Blatt bemerkt, dass solche Katastrophen „hierzulande keine ungewöhnliche Sache sind", und dass „unglückliche Spekulationen, mit grossem Risiko verbundene Geschäfte, welche von einzelnen Instituten mit Vorliebe betrieben werden, häufig jene Anstalten an Rand des Verderbens bringen, deren Aufgabe die Förderung der Sparsamkeit sein sollte. Wenn in solchen Fällen die Aktionäre verlieren, so geht die öffentliche Meinung darüber bald hinweg, denn das Aktien-Kapital hat die Sucht, zu gewinnen und reich zu werden, zusammengebracht, und wenn die Rechnung nicht „stimmt", ist das zwar bedauerlich, aber natürlich, da man bei jedem Geschäfte etwas riskirt; wenn jedoch ein Geldinstitut nicht nur sein eigenes Vermögen bis auf den letzten Kreuzer „verwirthschaftet", sondern auch noch die sauer zusammengesparten Groschen der Einleger bei riskanten Geschäften als Beute hinwirft, so ruft dies mit Recht Erbitterung hervor". Bei zwei seit 1896 durch Konkurs verflossenen Geldinstituten von Marmaros-Sziget, der Marmaros-Szigeter Sparkassa und der Marmaros-Szigeter Volksbank-Aktiengesellschaft, sind an Aktien-Kapital und Reserven, an Kirchen-, Kommunal- und Komitats-Geldern, dann an Ersparnissen des kleinen Mannes etliche Millionen „weggeschwommen", wodurch Hunderte von Existenzen total ruinirt wurden und über das ganze, ohnehin als arm geltende Komitat Mármaros eine schwere Krisis hereinbrach. Ein drittes Institut des Platzes, die „Mármaros-Szigeter Handels- und Kreditanstalt", nimmt nun, nachdem es ansehnliche Summen „vermöbelt" hat, zur Fusion seine Zuflucht. Das ungarische publicistische Organ hat vollkommen recht, wenn es sagt: „Diese Umstände benehmen den besprochenen Fällen ihren lokalen Charakter und stempeln sie zu einer Angelegenheit des ganzen Landes, mit der wir uns pflichtgemäss befassen müssen." Ohne hier auf Details einzugehen, heben wir aus den Mittheilungen des „Magyar Hirlap" kurz jene Momente hervor, welche geradezu typisch sind und zu den nachfolgenden Erörterungen Anlass boten. Bei der als Heraufbeschwörer des ganzen Unheils bezeichneten Mármaros-Szigeter Sparkassa verübte deren „Oberbuchhalter" jahrelang die erbärmlichsten Schwindeleien, ohne dass es die Mitglieder der Direktion oder des Aufsichtscomités bemerkten. 35- und 32%ige Dividenden wurden heiter ausgezahlt, das Portefeuille füllte sich mit Wechseln der Protektoren und Adepten dieses Beamten, der es auch wagen konnte, seinen Vorgesetzten eine falsche Bilanz zu überreichen, deren Richtigbefund das Aufsichtscomité ohne weiters bestätigte, wonach auf Grund des Beschlusses der höchsten Instanz, der General-Versammlung, für das Jahr 1895 noch eine Dividende von 20 Percent anstandslos zur Vertheilung gelangte. Das Deficit war aber damals bereits auf 360.000 Gulden angewachsen, und als endlich ein „Zufall" der ahnungslosen Verwaltung die betrügerischen Manipulationen des Herrn Oberbuchhalters aufdeckte, war es ihre Hauptsorge, dieselben hartnäckig zu vertuschen. Im Jahre 1896 gerieth die Anstalt in Konkurs, die Direktoren liessen aber vorher ihr Vermögen „mit fieberhafter Eile" auf Familienangehörige übertragen und schliefen dann ungestört den Schlaf des Gerechten, aus dem sie erst kürzlich die von der Staatsanwaltschaft über Betreiben des Justizministeriums eingeleitete Untersuchung aufrüttelte. Hypothekar-Darlehen wurden nach Einholung eines Gutachtens des officiellen Schätzers der Sparkassa gewährt, der eine vortreffliche „Stütze der Gesellschaft" gewesen sein muss, wie schon die Nachricht ahnen lässt, dass bei den en masse erfolgenden exekutiven Feilbietungen der hypothecirten Liegenschaften oft nur ein Fünftel der ausstehenden Forderung eingeht."

„Pester Lloyd" brachte am 26. Juni 1898 folgende Nachricht: „**Selbstmordversuch eines Bankkassiers**. Die Sensationschronik der Hauptstadt wurde heute um einen blutigen Vorfall bereichert; der Hauptkassier eines der vornehmsten Budapester Bankinstitute, der Ungarischen Bank für Industrie und Handel, Franz Balassa hat, nachdem er das in ihn gesetzte Vertrauen in schnöder Weise missbrauchte und sich eine grössere Defraudation zu Schulden kommen liess, sich mit eigener Hand eine Kugel in den Kopf gejagt, um sich der strafenden Gerechtigkeit zu entziehen. Seitens der in Mitleidenschaft gezogenen Bank kommt uns das folgende Communiqué zu:

„Franz Balassa, Hauptkassier der Ungarischen Bank für Industrie und Handel, hat heute Nachmittags vor der Kassaeröffnung in einem abgelegenen Lokale des Instituts einen Selbstmord verübt. Die sofort eingeleitete Skontrirung förderte in der unter Balassa's Gebahrung stehenden Kassa ein Manco von 29.000 Gulden zutage. Da die Kassa gestern Abends bei Schluss vollständig in Ordnung gefunden wurde, der Selbstmord aber heute Nachmittags vor der Kassaeröffnung geschah, ist es zweifellos, dass das Manco erst heute Vormittags entstanden sein konnte; unter welchen Umständen, das wird die eingeleitete polizeiliche Untersuchung ergeben.

Balassa verübte den Selbstmord um 3³/₄ Uhr Nachmittags im Kloset des Palais des Bankinstitutes, Palatingasse Nr. 4. Auf die Detonation eilten die Bankangestellten sofort herbei. Nachdem die von innen versperrte Thür erbrochen worden, fand man Balassa in zusammengekauerter Stellung anscheinend leblos auf dem Boden liegen. Seine Rechte hielt einen sechsschüssigen Revolver, aus welchem sich Balassa eine Kugel in die rechte Schläfe gejagt hatte. Die zur Hilfe berufenen Aerzte der Freiwilligen Rettungsgesellschaft und Polizeiarzt Dr. Aladár Raiss beförderten Balassa, an welchem sie noch Lebenszeichen wahrnahmen, ins Rochusspital. Auf erfolgte Anzeige erschienen alsbald seitens der Polizeibehörde der inspektionirende Bezirkshauptmann Julius Kolozsváry und der Detektiv-Inspektor Gerhard Jessenssky im Bankgebäude behufs Aufnahme des Thatbestandes. Seitens der Bankdirektion wurde der Kommission bekanntgegeben, dass Balassa vor den strafbaren Folgen einer von ihm verübten Defraudation in der Höhe von 29.000 fl. Zuflucht zu der Todeswaffe gesucht habe. Ueber die Art der Defraudation konnte die Direktion nur erklären, dass anlässlich einer gestern vorgenommenen Skontrirung der Kassa alles in grösster Ordnung gefunden worden ist; Balassa müsse daher die Defraudation heute während der vormittägigen Bureaustunden begangen haben. Da jedoch bei Balassa kein Geld gefunden wurde, musste er das Geld vor seinem Selbstmordversuche irgend Jemandem behufs Aufbewahrung übergeben haben. Die Polizei muthmasst jedoch, dass Balassa schon seit längerer Zeit seine fraudulosen Manipulationen betrieben habe und dass es ihm bisher auf eine bis jetzt noch nicht eruirte Weise gelungen sei, selbst die mit der grössten Rigorosität ihres Amtes waltenden Kassa-Revisoren zu täuschen. Vielleicht sah aber Balassa ein, dass seine Defraudationen schon. in der kürzesten Zeit entdeckt werden dürften, weshalb er den Entschluss fasste, seinem Leben ein Ende zu machen. Die im Zuge befindliche Untersuchung der Bücher und der Geschäftsgebahrung Balassa's wird ergeben, inwiefern der Verdacht der Polizei ein begründeter ist.

Balassa zählt gegenwärtig 34 Jahre. Vor seinem Eintritte in Bankdienste konditionirte er Jahre hindurch bei dem Specereihändler Vághy „zu den drei Läufern". Er hatte eine Nichte des Champagnerfabrikanten Littke zur Gattin. Der Ehe sind zwei Kinder, die dreijährige Hanna und ein jetzt zweijähriger Knabe entsprossen. Gegenwärtig trägt die Frau ihr drittes Kind unter dem Herzen. Anscheinend führte Balassa ein musterhaftes Eheleben; er war jedoch ein grosser

Freund von Champagnergelagen und sonstigen Vergnügungen, was er vor seiner Frau geschickt zu bemänteln wusste. Früher hielt sich Balassa in der Oberen Waldzeile Nr. 19 eine luxuriös eingerichtete Wohnung, in welcher es insbesondere während der Sommermonate, in welchen seine Frau in Kurorten weilte, sehr lustig zuging. Als Balassa in seine gegenwärtige Wohnung, Dalnokgasse Nr. 27 zog, bedauerte der Hausbesorger aus der Waldzeile sehr den Abgang seiner „besten Partei". In jüngster Zeit scheint Balassa mit einer Dame ein intimes Verhältnis unterhalten zu haben, das ihn angeblich grosse Summen gekostet haben soll. Balassa sprach mit der Betreffenden während der Bureaustunden wiederholt mittelst Telephons. Die Polizei ist jetzt bemüht, das Incognito der Unbekannten zu lüften. Die unglückliche Gattin Balassa's wurde noch im Laufe des Abends in schonungsvollster Weise von der That ihres Gatten verständigt. Sie brach bei der schrecklichen Kunde bewusstlos zusammen und konnte nur schwer wieder zum Bewusstsein gebracht werden."

Das ist ein Bild moderner, verkommener Männer, die ohne Religion, ohne Sitte, ohne Pflichtgefühl dahinleben. Balassa ist Tags darauf nach dieser Nachricht im Rochusspital gestorben. Ja, Maitressen sind eben ein sehr kostspieliges Spielzeug, welches den verderblichen Ruin so vieler Menschen und Familien herbeiführt.

Ein anderes Bild der Zustände jenseits der Leitha bringt uns folgende Anzeige:

Steckbrief.

Postofficial Koloman Tóth ist am 21. d. nach Unterschlagung von 86.000 fl. sammt Gattin und zwei Knaben (im Alter von 6 und 11 Jahren stehend) flüchtig geworden. Tóth ist 31 Jahre alt, mittelgross, schmächtig, hat braunes Haupthaar, einen kleinen braunen Schnurbart, das Kinn ausrasirt, spricht deutsch und ungarisch. Er ist im Betretungsfalle zu verhaften

und ist hievon telegraphisch die Budapester Oberstadthauptmannschaft zu verständigen.
Budapest, 24. Juni 1898.
Dr. Farkas m. p.,
Polizeirath.

Man sieht, dass in Ungarn eine sehr gefährliche Epidemie herrscht, die Herr von Lucam sehr genau im Laufe der Jahre in seiner Geschäftspraxis kennen gelernt hat.

Am 18. Juli brachte der „Pester Lloyd" folgende Nachricht:

„Dreimalhunderttausend Gulden defraudirt. Aus Arad erhalten wir die telegraphische Meldung über eine Deufradation, die von einem Komitatsbeamten verübt wurde; die unterschlagene Summe beträgt 300.000 fl. Der Kassier der Komitats-Waisenkasse in Arad Johann Kriván ist nämlich nach Unterschlagung von Werthpapieren im Betrage von 300.000 fl. flüchtig geworden. Diese Papiere waren Grundentlastungsobligationen nach einem Grundbesitz des Grafen Olivier Almay und hätten heute dem jungen Grundbesitzer ausgefolgt werden sollen, da er erst vor Kurzem die Grossjährigkeit erlangt hat. Es stellte sich jedoch heraus, dass in dem Packet wohl einige Obligationen vorhanden waren, die übrigen aber fehlen; an ihrer Stelle befanden sich werthlose Papierschnitzel. Kriván hat vor Kurzem einen dreiwöchentlichen Urlaub angetreten, und sich angeblich in ein Seebad begeben. Nun ist dieser Tage aus Hamburg ein Brief von Kriván an seinen Schwager eingelangt; in diesem Schreiben theilt Kriván mit, dass er sich auf dem Wege nach Amerika befinde. Man glaubt jedoch, dass dies nur eine Irreleitung bezwecken will. In der Kasse wird eifrig skontrirt und in der Tusnáder Villa der Familie des Defraudanten werden Hausuntersuchungen vorgenommen. Es war schon seit Jahren aufgefallen, dass Kriván ein äusserst kostspieliges Leben geführt hat. — In einer späteren Depesche wird uns gemeldet: Die Defraudation wurde entdeckt, als der Vormund der Almay'schen Waisen,

Gutsbesitzer Ivan Urbán, aus der unter der Leitung Kriván's stehenden Waisenkasse das Vermögen Almay's im Betrage von 259.000 fl. beheben wollte. Diese ganze Summe fehlte in der Waisenkasse. Auch in der Depositenkasse wurde ein Manco von 10.000 Gulden konstatirt. Kriván hat zu Beginn dieses Monats seinen Sohn aus Kaschau abgeholt, wo derselbe studirte, er kassirte dann in Arad den Hauszins ein und führte seinen Sohn selbst nach Tusnád, wo seine Familie Sommeraufenthalt genommen hatte. Kriván kehrte später nach Arad zurück, liess sich einen Auslands-Pass ausstellen und reiste dann in ein Nordseebad, um dort seinen Urlaub zu verbringen. Vor seiner Abreise liess er bei seinem Schwager Josef Purmann einen Brief zurück mit der Bitte, denselben erst im September zu öffnen. Der Brief wurde heute behördlich geöffnet. Man fand in demselben 15 Stück Tausender und einen zweiten Brief, in welchem Kriván schreibt, er sei nach Amerika ausgewandert; seinen Schwager bittet er, mit dem beiliegenden Gelde für seine (Kriván's) Familie sorgen zu wollen. Heute hat Purmann aus Hamburg einen Brief erhalten, in welchem Kriván schreibt, er habe sich bereits eingeschifft, um nach Amerika zu fahren. Die Polizei hat telegraphisch Verfügungen getroffen, dass bei der in Tusnád weilenden Familie Kriván's eine Hausuntersuchung gehalten werde. Der Obergespan hat sofort die Untersuchung eingeleitet, um festzustellen, seit wann und in welcher Weise Kriván die Defraudationen verübt hat. Kriván war kränklich und früher sehr arm; seit zehn Jahren aber lebte er auf grossem Fuss; seine Bekannten vermutheten, dass er durch seine zweite Frau oder durch einen Haupttreffer zu Vermögen gelangt sei. Bei den Skontrirungen herrschte immer die grösste Ordnung. Die Arader Blätter haben die Nachricht über die Defraudation in Extraausgaben mitgetheilt. Der Fall erregt ungeheure Sensation.
— Weiter wird uns aus Arad gemeldet: Vicegespan Szallmáry hat dem Gerichtshofe bereits die Anzeige von der Defraudation erstattet. Von drei Schlüsseln, mit welchen die Waisenkasse versperrt wird, wurden zwei im Steueramt regelrecht versiegelt vorgefunden,

so dass Kriván Nachschlüssel benützt haben musste. Bevor Kriván seinen Urlaub antrat, wurde eine Skontrirung vorgenommen, welche jedoch auf die Hauptkasse und auf die Handkasse nicht ausgedehnt wurde, da vor Kurzem der bisherige Kontrolor Ephrem Barb zum stellvertretenden Kassier gewählt wurde und die Untersuchung deshalb überflüssig zu sein schien. Die Zinsencoupons der Werthpapiere löste Kriván im Oktober v. J. nicht ein; er behob diese Summen erst im Feber l. J., worauf er sie als den Minderjährigen angewiesene Beträge verbuchte, dann aber für sich behielt. Später nahm er Werthpapiere und 10.000 fl. in Baargeld, zusammen Werthe im Betrage von 269.000 fl. an sich. Das Haus Kriván's wurde in Gegenwart seines Vaters durchsucht und dann unter Polizei-Aufsicht gestellt. Es wurden die umfassendsten Verfügungen getroffen, um Kriván festzunehmen."

Wenn wir einen Jahrgang des „Lloyd" auf diese Weise plündern möchten, würden wir wohl ein dickes Buch zu Stande bringen.

Dass Herr von Lucam seine Pappenheimer jenseits der Leitha gut kennt, beweist auch der Geschäftsbericht der ungarischen Kreditinstitute vom J. 1897. Der „Tresor" v. 21. Juli 1898 bringt folgende Nachricht:

„(Die Budapester Kreditinstitute 1897.) Der Direktor des Budapester communalstatistischen Bureau, Dr. Jos. v. Körösy, veröffentlicht in der Aprilnummer der Budapester statistischen Monatshefte eine Abhandlung über die Geschäftsergebnisse der Budapester Banken. Wir entnehmen diesem Artikel Folgendes: Im Jahre 1897 wirkten in Budapest 28 Aktien-Banken mit einem Kapitale von 165·5 Millionen Gulden, also um 7 Millionen Gulden mehr als im Vorjahre. Die Dividende betrug im Durchschnitte aller Unternehmungen 9·4%. Von dem Reingewinne per 16$\frac{1}{3}$ Millionen Gulden wurden 11·7 Millionen für Dividende, 1·3 Millionen für Reserven verwendet. Unter den Dividenden ragen hervor: die erste vaterländische Sparkasse mit 40%, die Hauptstädtische Sparkasse mit 20%, die Commercialbank mit 14%, die Central-Sparkasse mit 13$\frac{1}{3}$%,

Die Wirkung der finanziellen Krise vom Jahre 1896 reducirt sich im Geschäftsergebnisse darauf, dass die durchschnittliche Dividende, welche in den Vorjahren zwischen 10 und 11%, schwankte, im Jahre 1896 auf 9·8%, im Jahre 1897 um weitere 0·6% sank. Die sowohl auf Sparkassabücher, Contocorrent eingelegten fremden Gelder betrugen 322 Millionen, was gegen das Vorjahr einen Aufschwung von 50 Mill. Gulden bedeutet. Das Lombard-Portefeuille wuchs von 77 auf 86 Millionen Gulden, hingegen das Wechsel-Portefeuille von 137 auf nur 141 Mill. Die eigenen Effekten betrugen 81 Millionen gegen 73 Millionen des Vorjahres. Der Reservefond betrug im Vorjahre 58 Millionen und stieg heuer auf 68 Mill. Gulden. Interessant und für die Budapester Verhältnisse sehr günstig sind die Vergleiche mit der Statistik der Wiener Banken. Es betrug nämlich:

	in Wien	in Budapest
die Anzahl der Banken im J. 1877	15	20
„ „ „ „ „ letzten Jahre	17	30
	Millionen	Gulden
das Kapital d. Aktien-Banken im J. 1877	113·8	33·8
„ „ „ „ im letzten Jahre	198·6	126·5
die Zunahme des Kapitals seit 1877	84·8	92·7
der Reservefond der Aktienbanken im letzten Jahre	54·7	49·1
	= 27·6%	= 36·8%
	des Aktienkapitales	
	Percent	
die Dividende im Jahre 1880	8.5	9.2
„ „ 1885	6·0	7·4
„ „ 1890	8·2	11·3
„ „ 1895	8·3	10·3
„ „ 1896	8·2	9·8
„ „ 1897 im April noch nicht bekannt		9·2

Ueber diese famose Gebahrung in den ungarischen Kreditinstituten schüttelt die „Frankfurter Börsenzeitung" bedenklich ihr Haupt, indem sie in der Nummer von 21. Juli Folgendes schreibt:

„Ungarns Geldmittel. Je mehr Budapest Wien zu überflügeln droht, desto wichtiger werden auch für uns die dortigen Institute. Nach einer genauen Statistik bestanden in der ungarischen Hauptstadt zu Anfang dieses Jahres 28 Banken mit einem Kapitale von nur (!) 126·5 Millionen. Wir sagen: nur, weil gegen das Jahr 1896 nur eine Kapitalsvermehrung von 7 Millionen Gulden nöthig war. Anscheinend nimmt sich dies sehr solide aus, aber in Wirklichkeit nehmen und geben die dortigen Banken ein Vertrauen, das den strengen Normen Deutschlands niemals entsprechen würde. Besonders dürften die Geschäfte der Sparkassen einer Prüfung einst entgegensehen, indem dieselben selbst die vorübergehenden Einlagen noch immer recht hoch verzinsen. Die Durchschnittsdividende der ungarischen Banken betrug für 1897 $9^{1}/_{4}\%$, wobei wir Sparkassen-Dividenden mit 40 und 20% haben. Dieser Satz von $9^{1}/_{4}\%$ ermöglichte sich bei einem Absetzen von 13 Millionen Gulden für Reserven und $11^{3}/_{4}$ Millionen Gulden für Dividenden."

Diese Worte bedürfen keines weiteren Kommentars.

Das müssen ja recht saubere Bankgeschäfte sein, die 40 Percent Dividende abwerfen. Wahrscheinlich die vollständige Devastirung der Staatswaldungen, an denen sich ja die Pester Banken sehr betheiligen, ist so ein guter Brunnen für fette Dividenden.

Herr von Lucam hat bei der obwaltenden Unsicherheit und Mangel an ehrlicher Gebahrung mit fremden anvertrauten Geldern in Ungarn noch ein berechtigtes Misstrauen, man dürfte den Magyaren nicht die Herrschaft in der oesterreichisch-ungar. Bank lassen. Vollends sollte es zum vollständigen Bruch kommen, und Ungarn ein selbständiges Zollgebiet schaffen, wäre es geradezu ein gefährliches Wagstück, die Zettelbank dem magyarischen Einflusse zu überlassen. Sobald das selbständige Zollgebiet ins Leben tritt, müsste auch die Regierung in Wien unbedingt auf die Trennung der Bank bestehen. Denn in Folge des selbständigen Zollgebietes werden nothwendig jenseits der Leitha viele neue Fabriken entstehen, es wird sich der ungarischen Juden eine tolle Spekulationswuth bemächtigen und da wird der Bankkredit sehr ausgiebig benützt werden. Das Schlussresultat wird ein baldiger allgemeiner Krach sein, wie bei uns im Jahre 1873 und die oesterreichischen Steuerträger müssten dann die Zeche für die Pester Juden bezahlen. Darum wird wohl die oesterreichische Regierung den Muth haben und zur rechten Zeit den Pester Juden zurufen: hands off — von der oesterreichisch-ungarischen Bank. Will Ungarn eine selbständige Zettelbank, soll es sich selbst eine errichten und die Bürde und Verantwortung selbst tragen.

X.

Die Quotenverhandlungen. Die Ausbeutung der oesterreichischen Reichshälfte.

Der Dualismus ist ein Doppelcentralismus, der auf die Dauer unhaltbar wird, denn immer wird die eine Waage — wie Palacký im Jahre 1865 schrieb — die andere überwiegen. Dass dieses auch wirklich eingetroffen ist, beweisen die Verhandlungen um die Quote. Was ist die Quote? Es ist der Beitrag der beiden Reichshälften zu den gemeinsamen Reichsauslagen. Gehen wir das gemeinsame Budget vom J. 1897 durch. Ordentliches Erforderniss für das Jahr 1897 ist folgendes:

Ministerium des Aeussern . . fl.	3,903,000
Kriegsministerium:	
Militärkommanden . . . . „	1,003,823
Militär-Seelsorge . . . . . „	160,807
Höhere Kommanden u. Stäbe „	1,987,960
Allgemeine Truppenauslagen „	29,359,670
Militär-Bildungsanstalten . . „	1,338,124
Technische Artillerie . . . . „	3,923,598
Militär-Baubehörden . . . . „	3,360,825
Militär-Sanitätswesen . . „	3,934,789
Versorgungswesen . . . . „	12,351,937

Naturalienverpflegung	fl. 18,195.633
Mannschaftskost	„ 17,944.830
Montur- und Bettenwesen	„ 9,263.813
Unterkunftsauslagen	„ 13,660.895
Das ganze Erforderniss des Kriegsministeriums sammt anderen kleinen Posten	fl. 122,863.641
Kriegsmarine	„ 10,381.060
Gemeinsames Finanzministerium	„ 2,087.830
Das ganze ordentliche Netto-Erforderniss beträgt	fl. 139,368.681

Es kommen noch nachträgliche ausserordentliche Erfordernisse des gemeinsamen Budgets:

Ministerium des Aeussern	fl. 77.400
Kriegsministerium	„ 14,797,187
Marine	„ 3,600.200
Zusammen	fl. 18,474.787

Das Gesammterforderniss des gemeinsamen Budgets vom J. 1897 beträgt die Summe 157.843.868 fl.[1]) Für diese Summe müssen die Steuerträger beider Reichshälften aufkommen und zwar zahlen nach den bisherigen drei Verträgen, die immer auf 10 Jahre geschlossen wurden, die oesterreichischen Steuerträger 70, die ungarischen 30 Percent. Nun läuft der Vertrag zwischen Oesterreich und Ungarn Ende 1898 ab, und sollen zwischen den beiden Reichsräthen in Wien und Budapest neue Verträge auf weitere 10 Jahre geschlossen werden. Es sieht doch Jedermann ein, dass auf der oesterreichischen Reichshälfte die mehr als doppelte Last der gemeinsamen Auslagen ruht. Die Zinsen für die gemeinsame Staatsschuld bilden noch ein Extrageschenk des Dualismus für die oesterreichischen Steuerzahler. Ungarn war auf diese 30 Jahre fast vollständig entlastet von den furchtbaren Auslagen für das Heerwesen und konnte seine riesigen Summen, die es mit der Steuerschraube von den eigenen Steuerzahlern herauspresste, hauptsächlich zum Bahnbau benützen.

---

[1]) Compass. S. 1138. Jahrg. XXX.

Gehen wir das gemeinsame Budget vom J. 1898 durch, so erhalten wir folgendes Bild: Nettoerfordernis 158,385.748 fl. Die Einnahmen des Zollgefälles der oesterreichischen Reichshälfte werden veranschlagt auf 48,072.790 fl., jene der ungarischen Länder auf 7,763.000 fl. Die reinen Zolleinnahmen beider Reichshälften betragen 53,598.890 fl. Es bleibt also ein Gesammterforderniss von 104,786.858 fl. nach Abzug der Einnahmen aus dem Zoll. Demnach müssen auf diese Summe für die gemeinsamen Reichsbedürfnisse für das Jahr 1898 die oesterreichischen Steuerträger 71,883.784 fl., die ungarischen 30,807.336 fl. aufbringen.

Rechnen wir die Einnahmen aus dem Zoll und den Beitrag aus den Steuern, so hat die oesterreichische Hälfte für das Jahr 1898 gezahlt

an Quote . . . fl. 71,883 784
an Zoll . . . . . „ 48,072.790
fl. 119,956.574

Die ungarische Hälfte
an Quote . . . fl. 30,897.336
an Zoll . . . . . „ 7,763.000
fl. 38,570.336

Wir sehen, dass die oesterreichischen Steuerzahler trotz des Staatsvertrages doch noch geprellt sind.

Von dem Erfordernisse von 158,300.000 fl. sollte nach dem Vertrage vom Jahre 1888 die oesterreichische Hälfte 70 Percent, das ist 110,800.000 fl., die ungarische 47,500.000 fl. bezahlen. Nun aber werden die oesterreichischen Steuerträger noch um 9,000.000 fl. mehr geprellt! Denn, wie wir gesehen haben, müssen die oesterreichischen Steuerzahler 119,900.000 fl., die ungarischen dagegen blos 38,500.000 fl. aufbringen. Das ist doch sehr schlau angestellt und zwar durch die pfiffige Bestimmung, dass die Zolleinnahmen zur Bestreitung der gemeinsamen Auslagen benützt werden sollen. Die Zolleinnahmen aber werden als G a n z e s betrachtet, benützt, unbekümmert wer sie zahlt. Wie wir aber sehen, muss die oesterreichische Hälfte an Zoll das s i e b e n f a c h e hergeben!

Auf diese Weise wurden durch so eine lange Reihe von Jahren die oesterreichischen Steuerzahler ausgebeutet. Jenseits der Leitha hat man die Heereslasten schlau von sich abgewälzt und dafür flott Bahnen gebaut, an welchen umsonst alle möglichen Juden fahren können. Wir begreifen auch, warum die Pester Regierung so viel Geld hat für Staatsschulen, welche den thierischen Zweck haben, die armen Slovaken-Kinder ihrer Muttersprache zu berauben. Wir begreifen auch, dass Herr Bánffy auf die Wahlen vom 6. Oktober 1896 fünf Millionen fl. hergeben konnte. Aus eigener Tasche hat er sie kaum hervorgeholt.

Wir geben jetzt nun eine Uebersicht des Gemeinsamen Budgets vom J. 1868 angefangen, damit wir die Ausbeutung der oesterreichischen Hälfte seit dem Dualismus mathematisch sicherstellen.

Das gemeinsame Budget von der Einführung des Dualismus an stellt sich in folgenden Zahlenkolonnen dar:

Jahr	Gesammterforderniss	Heeresauslage sammt Kriegsmarine
1868	107,798.000 fl.	103,004.000 fl.
1869	91,233.000 „	85,301.000 „
1870	109,118.000 „	103,437.000 „
1871	119,147.000 „	113,509.000 „
1872	106,977.000 „	101,757.000 „
1873	110,520.000 „	104,951.000 „
1874	112,219.000 „	104,440.000 „
1875	109,607.000 „	115,145.000 „
1876	122,060.000 „	111,972.000 „
1877	119,665.000 „	111,140.000 „
1878	215,837.000 „	206,698.000 „
1879	137,034.000 „	131,072.000 „
1880	115,760.000 „	110,144.000 „
1881	118,869.000 „	113,304.000 „
1882	146,567.000 „	140,666.000 „
1883	125,524.000 „	119,658.000 „
1884	130,088.000 „	124,126.000 „
1885	124,480.000 „	118,472.000 „
1886	124,505.000 „	118,352.000 „
1887	157,505.000 „	151,285.000 „

Jahr	Gesammt-erforderniss	Heeresauslage sammt Kriegsmarine
1888 . .	166,708.000 fl.	161.189.000 fl.
1889 . .	147,344.000 „	140,135.000 „
1890 . .	140,910.000 „	134,144.000 „
1891 . .	142,529.000 „	135,702.000 „
1892 . .	145,886.000 „	140,151.000 „
1893 .	144,756.000 „	139,092 000 „
1894 .	148,858.000 „	143,091.000 „
1895 . .	152,962.000 „	147,135.000 „
1896 . .	157,118.000 „	151,135.000 „
1897 . .	161,336.000 „	155,135.000 „

Demnach waren folgende Ausgaben für die drei Decennien des Dualismus:

	Gesammt-ausgaben	Heeres-ausgaben
vom 1867-77	1106,344.000 fl.	1034,716.000 fl.
„ 1878-87	1396,209.000 „	1333,777.000 „
„ 1888-97	1508,407.000 „	1446,909.000 „
Summe : . .	4010,960.000 fl.	3815,402.000 fl.

Dies wären die Ausgaben, welche während der dreissig Jahre von beiden Reichshälften auf das Heer bestritten worden sind.

Nun wollen wir nachsehen, was zu diesen Summen die oesterreichische Hälfte und was die ungarische Hälfte beigetragen hat.

Jahr	Oesterreichische Quote	Ungarische Quote
1868 .	73,077.000 fl.	34,721.000 fl.
1869 . .	59,804.000 „	31,429.000 „
1870 . .	70,992.000 „	38,126.000 „
1871 .	72,467.000 „	46,680.000 „
1872 . .	60,732.000 „	46,245.000 „
1873 . .	62,690.000 „	47,830.000 „
1874 . .	69,840.000 „	42,379.000 „
1875 . .	66,355.000 „	43,252.000 „
1876 . .	76,677.000 „	45,383.000 „
1877 . .	76,155.000 „	43,510.000 „

	Oester-reichische	Ungarische
Jahr	Q u o	t e
1878 . .	147,799.000 fl.	68,038.000 fl.
1879 . .	103,434.000 „	33,600.000 „
1880 .	79,568.000 „	36,192.000 „
1881 . .	78,958.000 „	36,141.000 „
1882 . .	91,667.000 „	39,286.000 „
1883 . .	75,080.000 „	34,369.000 „
1884 . .	74,880.000 „	34.275.000 „
1885 . .	82,083.000 „	37,571.000 „
1886 . .	72,727.000 „	33,289.000 „
1887 . .	102,043.000 „	46,707.000 „
1888 . .	87,363.000 „	39,988.000 „
1889 . .	73,787.000 „	33,775.000 „
1890 .	68,177.000 „	31,206.000 „
1891 . .	66,997.000 „	30,666.000 „
1892 . .	67,642.000 „	30,961.000 „
1893 . .	70,296.000 „	32,177.000 „
1894 . .	71,679.000 „	32,809.000 „
1895 . .	72,320.000 „	33,102.000 „
1896 . .	74,137.000 „	33,934.000 „
1897 . .	75,988.000 „	34,779.000 „ [1]

Es betrugen die Quoten:

	oester-reichische	ungarische
vom 1868—77	688,799.000 fl.	419,754.000 fl.
„ 1878—87	908,239.000 „	399,470.000 „
„ 1888—97	728,382.000 „	333,397.000 „

Es haben daher die Steuerzahler der oesterr. Reichshälfte aus den Steuern zu den gemeinsamen Auslagen vom Jahre 1867 bis 1897 2325,420.000 fl., die der ungarischen 1152,621.000 fl. gezahlt.

Es handelt sich nur noch darum, dass wir eine Uebersicht erhalten, was an Zollnettoeinnahmen die oesterreichische Reichshälfte aufzuweisen hat.

In der oesterreichischen Reichshälfte betrugen die Zolleinnahmen folgende Summen:

---

[1] Vergleiche Statistisches Handbuch. I. Jahrg. 1882. Seite 251, XIII. Jahrg. Seite 307, XV. Jahrg. Seite 320.

	Einnahme	Ausgabe	Reingewinn
	Mill. fl.	Mill. fl.	Mill. fl.
1868	15·96	4·54	11·42
1869	19·5	3·46	16·04
1870	21·14	7·56	13·58
1871	25·62	7·8	17·82
1872	26·21	8·7	17·51
1873	24·8	8·39	16·41
1874	23·87	7·63	16·24
1875	19·45	8·04	11·41
1876	18·18	12·34	5·84
1877	19·39	14·06	5·33
1878	21·38	17	4·38
1879	22·82	19·44	3·38
1880	28·82	23·22	5·6
1881	31·88	32·49	0·61
1882	40·45	23·31	17·14
1883	47·51	29·38	18·13
1884	47·53	26·77	20·76
1885	43·64	38·42	5·22
1886	41·11	21·7	19·41
1887	40·48	32·03	8·45
1888	40·93	2·51	38·42
1889	41·39	2·41	38·98
1890	41·81	2·47	39·34
1891	43·35	2·51	40·84
1892	44·35	2·3	42·05
1893	50·06	2·28	47·78
1894	53·53	2·51	51·02
1895	53·12	2·62 [1])	50·5
1896	46·55	2·3	44·25
1897	47·94	2·5	45·44

Im Zeitraume von 30 Jahren haben neben der reinen Quote aus den Steuern die Steuerzahler der oesterreichischen Reichshälfte aus den Einnahmen des Zollgefälles einen Betrag von 824 Millionen Gulden abgeführt.

Oesterreich hat also auf das Heer und das auswärtige Ministerium in 30 Jahren die Riesensumme

---
[1] Stat. Handbuch, Jahrg. 1882. S. 282, Jahrg. 1885. Seite 289, Jahrg. 1894. Seite 276, Jahrg. 1896. S. 299.

von 3149 Millionen, Ungarn nur 1152 Millionen Gulden gezahlt. Es waren demnach sämmtliche gemeinsame Ausgaben der Monarchie von 1868 bis 1897 im Betrage von 4401·6 Millionen Gulden. Es sind, wie daraus erhellt, 400 Millionen Gulden als Nachtragskredite des Heeres zu betrachten.

Soll nun dieses himmelschreiende Unrecht, welches hiedurch den Steuerzahlern der oesterreichischen Reichshälfte zugefügt wird, weiter dauern, soll es wieder auf weitere 10 Jahre festgenagelt werden?

Jenseits der Leitha wurde man wüthend, dass die oesterreichischen Steuerträger sich nicht freiwillig berauben lassen wollen.

Herr Hieronymi sagte am 5. Juni 1898 vor seinen Wählern in Arad: „Jenseits der Leitha wurde in den weitesten Kreisen eine Agitation entfaltet, deren Ziel die Abänderung des Quotenbeitrages zu Gunsten Oesterreichs und zu Lasten Ungarns war. Die Parteien wetteiferten dort miteinander hinsichtlich der grösseren Forderungen gegenüber Ungarn und in dem Schüren des Hasses gegen uns. Als in Folge der schonungslosen Agitation der Hass gegen Ungarn den Klimax erreicht hatte, gerieth in Oesterreich die parlamentarische Maschine ins Stocken.

Aus den Akten der oesterreichischen Quotendeputation wissen wir officiell, dass Oesterreich den Quotenbeitrag Ungarns wesentlich erhöhen will, und zwar nicht auf der Basis der Leistungsfähigkeit (der Steuern), sondern es will uns das Verhältniss der Seelenzahl aufdringen, also ein rein arithmetisches Verhältniss." („Lloyd" 6. Juni.)

Verfolgen wir nun die famose Verhandlung der Quoten-Deputation vom 27. Juni 1898 in Wien. Die ungarische Quoten-Deputation bietet eine Quote von 31·997 für Ungarn und demnach 68·003 für Oesterreich und zwar auf Grund folgender Rechnung:

Bruttoeinnahmen der Steuern von 1888—1897 seien in

Oesterreich	Ungarn
fl. 4013,370.075.	fl. 2587,460.064.

Davon seien abzuziehen für

Oesterreich	Ungarn
fl. 144,820.488,	fl. 769,524.053,

verbleibt Nettoziffer fl. 3868,480.287, fl. 1817,936.611.

Also nach der Berechnung der ungarischen Quotendeputation stellte sich die Steuerleistung der beiden Reichshälften Oesterreich-Ungarns in den Zahlen für Oesterreich 3868·4 Millionen, für Ungarn 1817·9 Millionen Gulden dar.

Es müssen nach der Meinung der ungar. Deputation die Steuern abgezogen werden, welche die Steuerzahler einseitig beschweren und da verlangen die Magyaren für sich einen Abzug von 769·5 Millionen, für die oesterreichischen Steuerträger einen Abzug von 144·8 Millionen Gulden.

Ist diese Komödie nicht zum Lachen? Ist das nicht ein reines Spiel der Katze mit der Maus? Ist das nicht ein Hohn auf jede Gerechtigkeit?

Auf dieses hin schlug die oesterreichische Deputation vor, sie müsse die Zahlen prüfen, und so wurden die Verhandlungen bis auf den Herbst vertagt. Selbst die „Neue Freie" (28. Juni) schreibt:

„Das Ergebniss der Verhandlungen ist bisher ein fortwährendes Zurückweichen der oesterreichischen Deputation und ein kaum wahrnehmbares Entgegenkommen, sowie eine schwer merkbare Verschiebung in den Anträgen der ungarischen Deputation gewesen. Wenn der ungarische Vorschlag in der öffentlichen Meinung nicht so behandelt wird, wie er es verdient, so geschieht es nur deshalb, damit nicht auch die leiseste Hoffnung, durch die Verhandlung der Deputationen schliesslich doch zu einem Vergleiche zu kommen, zerstört werde. In Wahrheit ist durch den Verlauf der letzten Deputations-Verhandlung die Aussicht auf eine Verständigung äusserst zweifelhaft geworden, denn die oesterreichische Deputation hätte erwarten müssen, dass die ungarische mit einem ernsten ziffermässigen Antrage hervortreten werde. Das ist nicht geschehen, denn der Vorschlag, um $^6/_{10}$ Percent mehr zu zahlen als bisher, ist nicht einmal die Basis einer Diskussion. Das Schicksal der Verhandlungen im Herbste wird wohl nicht viel besser sein. Es wird nichts Anderes übrig bleiben, als eine Verständigung der Regierungen, welche schon lange hätte getroffen werden sollen."

Herr Hieronymi warf in Arad den oesterreichischen Parteien vor, dass sie im Schüren zum Hasse gegen Ungarn wetteifern. Nun, was macht man aber drüben in Ungarn, um zu beweisen, dass die Quote von 70 : 30 noch ungerecht sei, dass Ungarn noch zu viel zahle?

Wir wollen zum Beweise die Leistung des Herrn Horánszky vorführen.

Herr Horánszky, Mitglied der ungarischen Quotendeputation, gab eine Broschüre in ungarischer und deutscher Sprache heraus, deren wesentlichen Inhalt der „Lloyd" unter dem Titel: „Horánszky über die Quote" („Lloyd" vom 6. und 7. Juli 1898) brachte.

Horánszky kommt zu dem Schlusse, dass die richtige Quote für Oesterreich 70·46, für Ungarn 29·54 Percent ausmache.

Das sucht nun Horánszky „gründlich" zu beweisen. Er sagt: „Zur Feststellung der Quote gibt es blos eine einzige natürliche und gesetzliche Grundlage, und diese ist die Leistungsfähigkeit, welche den Kräfteverhältnissen der beiden Staaten entspricht. Oesterreich kann seine Forderungen mit nichts Anderem als blos durch Phrasen unterstützen und die ganze Frage erscheint in Folge dessen wohl auch entschieden."

Nach dieser selbstbewussten, echt magyarischen Einleitung geht nun Herr Horánszky in das Gebiet der Stastistik, wo er natürlich nur seinen Landsleuten jenseits der Leitha sein obiges Princip durch Zahlen plausibel zu machen sich bemüht. Wir zweifeln nicht, dass Horánszky Glauben in Ungarn findet, aber ebenso unzweifelhaft ist es, dass seine „statistischen Leistungen" ein mitleidenswerthes Lächeln bei uns erwecken. Nun machen wir uns daran, die „statistischen Leistungen" des Herrn Horánszky näher zu beleuchten.

Der Boden und Ausmass der kultivirten Fläche:

	Oesterreich	Ungarn
Urbare Fläche Ende 1895	28,825.800 ha	30,349.771 ha
Reinertrag	164·6 Mill. Guld.	151·8 Mill. Guld.
Stand der Wirthschaften	4,542.673	4,006.839

Fügen wir noch eine Specifikation des Bodens hinzu, erhalten wir Folgendes:

Ackerstand	10.67 Mill. ha	13·—	Mill. ha	
Wiesen	3·08 „ „	4·32	„ „	
Weingärten	0·248 „ „	0·40	„ „	
Wald	9·709 „ „	8.087	„ „	[1]

Auf diese Zahlen hier sagt die „Wiener Landwirthschafthe Zeitung": „Wäre es nicht schon mit Rücksicht darauf mehr als gerechtfertigt, dass das Quotenverhältniss der beiden Staatsgebiete 50 : 50 betrage?"

Wir sehen also, dass in Ungarn drüben mehr fruchtbarer Boden zur Verfügung steht, zudem hat die oesterreichische Reichshälfte das ganz öde Alpengebiet, welches ein respektables Ausmass von 1,400.000 Hektar misst.

Die landwirthschaftliche Industrie:

	Oesterreich	Ungarn
Anzahl der Bierbrauereien	1598	108
Producirte Biermenge	17,275.348 hl	1,415.056 hl
Anzahl der Spiritusbrennereien	1090	501
Producirte Alkoholmenge	1,368.493 hl	880.783 hl
Anzahl der Zuckerfabriken	210	20
Menge des prod. Zuckers	8,504.679 q	1,003.162 q

---

[1] „Wiener Landwirthschaftliche Zeitung" 16. Juli 1898.

Das Ernteergebniss im Jahre 1895:

	Oesterreich q	Ungarn q
Weizen	10,977.334	44,441.092
Roggen	16,482.708	11,481.928
Gerste	13,390.542	11,864.941
Hafer	18,266.950	10,508.897
Mais	4,773.333	37,093.009
Kartoffel	98,447.371	32,389.025
Rüben	42,295.860	12,554.409
Heu	90,773.689	83,535.795
Summe	294·8 Mill. q	243·4 Mill. q

Wenn wir das Ernte- und Fruchtergebniss der Landwirthe beider Reichshälften vergleichen, so ergibt sich, das die ungarischen Landwirthe an Körnerfrüchten 113·1 Millionen Metercentner, die oesterreichischen 65·5 Millionen Metercentner eingeheimst haben. Also fechsen die Landwirthe in Ungarn doppelt so viel heim, als die oesterreichischen, aber trotzdem wäre es eine himmelschreiende Sünde, nach Herrn Horánszky, wenn Ungarn mehr als 30 Percent zu den Reichsauslagen beitragen sollte. Das ist rein magyarische Logik. Wir wollen nur noch eins dem Herrn Horánszky vorhalten. Nach den statistischen Mittheilungen des Herrn David Papa am Budapester internationalen landwirthschaftlichen Kongresse betrug die abgemähte Fläche für Körnerfrüchte in Ungarn

	im Jahre 1871	1894
Weizen	1,883.000 Hektar	3,204.000 Hektar
Roggen	1,274.000 „	1,110.000 „
Gerste	0,868.000 „	1,056.000 „
Hafer	0,972.000 „	985.000 „

Die Anbaufläche des Weizens ist in Ungarn vom Jahre 1871 bis 1894 um 70 Percent angewachsen!

Im Jahre 1871 wurde in Ungarn 15,818.952 Hektoliter Weizen eingeheimst, im Jahre 1894 aber 49,989.485 Hektoliter.[1]

---

[1] Internationaler landw. Kongress in Budapest 1896 von Rodiczky. Seite 506. Budapest 1897.

Im Jahre 1871 haben die ungarischen Landwirthe 30 Percent Quote gezahlt und im Jahre 1898 sollen sie es auf weitere 10 Jahre wieder zahlen, ein Mehr wäre ungerecht! So die Logik des Herrn Horánszky.

Nun käme aber die Hauptsache, nämlich zu beweisen, wie verschuldet der unbewegliche Besitz in Oesterreich und wie er in Ungarn verschuldet ist. Nach dem letzten statistischen Ausweise über die Verschuldung des unbeweglichen Besitzes in Oesterreich aus dem Jahre 1893 haben wir folgende Zahlen. Ende 1893 war der unbewegliche Besitz verschuldet:

	Mill. fl.
Oesterreich u. E.	270¾
Wien	504
Oesterreich o. E.	178
Salzburg	41·67
Steiermark	271·21
Kärnten	74
Krain	68
Küstenland	87
Tirol	263
Vorarlberg	42½
Böhmen a) Land	1119
„ b) Prag	137·83
Mähren	362
Schlesien	104½
Galizien	374¼
Bukowina	33½
Summe:	3871 Mill. fl.

Von diesen Lasten ruhten auf Böhmen, Mähren und Schlesien 1723⅓ Millionen Gulden.

Wenn wir die Schulden von Wien und Prag im Betrage von 641 Mill. Gulden, abziehen, lastete an den Landgemeinden und Städten in der oesterreichischen Reichshälfte eine Schuldenlast von 3230 Millionen Gulden.

Im Jahre 1894 trat eine reine Mehrbelastung von 159, im Jahre 1895 eine Mehrbelastung von 149 Mill. Gulden zu. Dieses ergibt einen Lastenstand von

3538 Mill. Gulden. Weil alle hypothekarischen Schulden von 6 Percent, mindestens aber zu 4½ Percent Zinsen abführen müssen, haben wir eine jährliche Zinsenlast zu 5 Percent im Betrage von 175 Mill. Gulden. Nehmen wir dazu Wien und Prag, ergibt sich ein jährliches Zinsenerforderniss von rund 208 Mill. Gulden.

Fügen wir die Grundsteuer von 32 Millionen und die Gebäudesteuer von 35 Mill. Gulden bei, lastet auf dem unbeweglichen Besitz Oesterreichs eine jährliche Abgabe an den Staat und an die Gläubiger von 275 Mill. Gulden. Man sieht an diesen furchtbaren Zahlen die schrecklichen Wirkungen der allzusehr angespannten Steuerkraft der oesterreichischen Steuerzahler und die traurigen wirthschaftlichen Zustände, welche einem Zusammenbruch nothwendig entgegeneilen.

Herr Horánszky ist leider diesem wichtigen Kapitel aus dem Wege gegangen und hat uns die Schuldenlast Ungarns nicht angegeben. Sie soll aber über eine Milliarde Gulden betragen. Genaue Angaben sind bei der bekannten ungarischen Genauigkeit nirgends erhältlich.

Bei dieser Sachlage wird man doch drüben in Budapest nicht mehr den Muth haben und behaupten, es dürfe an der Quote nicht gerüttelt und Ungarn dürfe absolut nicht mehr zahlen, als es bisher gezahlt hat. Wie Horánszky mit der Statistik umgeht, erhellt aus seinen willkürlichen Taxirungen des Getreides. Er berechnet den Werth der Ernte folgendermassen:

Jahr:	Oesterreich	Ungarn
	Millionen Gulden	
1894	940	711
1895	879	807

Dabei hat Horánszky die Getreidepreise Ungarns willkürlich tief, die Oesterreichs willkürlich hoch taxirt. Geradezu komisch ist die Weglassung der Weinernte im ungarischen Theil, während er im oesterreichischen auch die paar Liter aufparadiren lässt. Ungarns Weinproduktion belief sich im Jahre 1893 auf 416 Millionen Liter. Kroatiens und Slavoniens auf 323 Millionen Liter, zusammen also auf 7·3 Mill.[1]) Hektoliter. In Oesterreich betrug die Weinproduktion im Jahre 1895 im Ganzen 3·58 Mill. Hektoliter. Sehr dankbar sind wir Herrn Horánszky, dass er uns Aufschlüsse gegeben hat, wie viel bei uns die Bankjuden und die Fabriksjuden jährlich Einnahmen haben. Das Kapitalsvermögen der beiden Reichshälften nach Horánszky ist folgendes:

	Oesterreich	Ungarn
	Mill. Gulden	
Einlagen in Sparkassen	1579·3	565·1
Einlagen in den Banken	110·3	141·1
Einlagen der Genossenschaftskassen	973·8	37·5
Postsparkassa	41·2	10·8
Staatsschuldscheine im Besitze Oesterreichs	2919	ung. Titres: 616·3
ungarische Titres	585	öst. Titres: 29·5
Pfandbriefe	595	417·8
Runde Summe	6027	1659

Nach dieser Berechnung des Herrn Horánszky betrage die Kapitalskraft Oesterreichs 6 Milliarden, die Ungarns blos 1659 Mill. Gulden. Darnach hätte Ungarn eine Quote von 21 Percent zu zahlen. Nachdem Herr Horánszky so genau die Wertheimer Kassen der oesterreichischen Juden durchforscht hat, wird doch hoffentlich unser Finanzminister wissen, was seine Pflicht ist. Baron Albert Rothschild in Wien bekennt sich nur auf 830 Mill. Gulden Besitz. Die Berechnungen des Herrn Horánszky geben unseren Steuerbehörden eine Anleitung, was sie zu thun haben. Genug des Spottes. Der gute Horánszky vergisst ganz und gar, dass gerade der Kapitalsbesitz zu den Steuerleistungen am wenigsten herangezogen wird, weil er sich der Kontrole der Steuerbehörden so gut zu entziehen weiss, und weil die Rothschilds und Reitzes gar so arme Leute sind, also finden wir es ganz begreiflich, dass der Staat so viel Erbarmen mit ihnen hat.

---

[1]) Ung. statist. Handbuch, Seite 107. Budapest 1895.

Nun wendet sich Horánszky zu der Industrie. Unternehmungen mit dem Charakter einer Fabrik, mit mehr als 20 Arbeitern gab es im Jahre 1890 in

Oesterreich	Ungarn
10.075	1244
Angestellte:	Angestellte:
845.946	112.345

Nach Matlekovic ist die Arbeiterstatistik vom Jahre 1897 folgende:

	Oesterreich	Ungarn
	Arbeiter	
Kleider-Industrie	590.367	185.148
Holz- „	299.358	118.064
Metall- „	239.328	89.386
Lebensmittel-Industrie	150.612	81.277
Bau- „	228.751	60.379
Thierische Produkten-Industrie	75.192	31.786
Textil-Industrie	411.119	31.349
Leder- „	38.725	26.050
Thon- und Glas-Industrie	91.297	21.590
Maschinen- „	22.779	13.507
Lehrmittel- „	29.261	10.493
Chemikalien- „	27.858	8.315
Spirituosen- „	53.169	7.802
Möbel- „	25.387	7.118
Gold- und Silber- „	15.752	5.004
Papier- „	29.934	6.249
Gartenbau- „	24.102	3.533
Wissenschaftliche Instrumente	13.483	3.222
Musikalien-Industrie	5.732	418
Buchdruckereien	25.866	8.996

Eine bedeutende Rolle spielen in Ungarn die Mühlen mit 6144 Arbeitern, Dampf- und Holzsägen mit 5008, Dauben- und Schwellenerzeugung mit 4710, Ziegelbrennereien mit 4749 Arbeitern. In Oesterreich sind in diesen Zweigen 40.000 Arbeiter beschäftigt. Was das aus der Industrie stammende Einkommen betrifft, so stehen zwei Quellen zur Verfügung, die Steuer- und die Waarenstatistik. Das faktische besteuerte Industrie-Einkommen betrug im Jahre 1889 in Oesterreich 180,240.740 fl. Aber in Wirklichkeit beträgt es dreimal so viel, wenigstens also 540,614.220 fl. In Ungarn beträgt das Industrie-Einkommen höchstens 83 Mill. Gulden. Wir sind dem Herrn Horánszky abermals sehr dankbar für diese Mittheilung. Nun wissen wir, welches Einkommen bei uns die Fabriksjuden haben, denn ihnen gehören mindestens zu 70 Percent aller Fabriken. Das Einkommen dieser Herren beträgt also 540 Mill. Gulden. jährlich, und doch nimmt der Finanzminister blos 12 Millionen Erwerbsteuer ein, welche noch dazu zum grössten Theile die armen Handwerker zahlen müssen. Geradezu köstlich ist die Zusammensetzung des Einkommens beider Reichshälften vom Herrn Horánszky. Darnach sind folgende Zahlen im Einkommen

	Oesterreichs	Ungarns
	Millionen	Gulden
aus dem Grundbesitz	164·6	145·3
Hausbesitz	212·8	77
Kapital	241	66·3
Montanbesitz	4·7	1·3
Industrie	540	83
Summe	1163·2	373·7

Darnach sei die Quote zu bemessen für Oesterreich 75·68, für Ungarn 24·32 Percent. Wir geben dem Herrn Horánszky recht unter der Bedingung, er solle nach Wien kommen und dort alle Geld- und Fabriksjuden dem Finanzminister nahmhaft machen, ihr Einkommen genau fixiren, daraus die Steuer ausmessen und daraus dann in Gottes Namen seine Quote einheimsen.

Solange aber das jetzige Steuersystem dauert, verlangen wir gleiches Recht für alle, die Bemessung der Quote nach dem Brutto-Ergebnisse aus den Steuern.

Nehmen wir die bekannten Zahlen der Bruttoeinnahmen von 1888—1897 für Oesterreich 4013, für Ungarn 2587 Millionen Gulden Steuern, so entfällt darnach auf die oesterreichische Hälfte 60·8 Percent, auf die ungarische 39·2 Percent. Demnach hätten die oesterreichischen Steuerzahler auf 100 fl. gemeinsame

Reichsauslagen 60·8 fl. und die ungarischen 39·2 fl. zu entrichten.

Wie wir sehen, will nun Ungarn, dass das ungerechte Ausbeutungssystem von 70 : 30 Percent auf weitere 10 Jahre fixirt werde, damit es freie Hand habe zum Baue von Fabriken und zur Errichtung der selbstständigen Zettelbank. Die Bahnen dürfte Ungarn wohl fertig haben.

Da auf diese Weise die ungarische Hälfte durch eine so lange Reihe von Jahren von der Bürde der Ausgaben auf das Heer fast ganz entlastet war, so hat die Budapester Regierung Geld in Hülle und Fülle zur Verfügung gehabt, das sie nun zum Bahnbau benützte. Sehen wir, wie rasch nach dem Dualismus der Bau der Eisenbahnen in Ungarn vor sich ging. Es waren im Betriebe Eisenbahnen in beiden Reichshälften:

Jahr:	Oesterreich	Ungarn
	Kilometer	
Ende 1860	2927	1616
„ 1865	3698	2160
„ 1870	6112	3477
„ 1875	10.336	6422
„ 1880	11.434	7078
„ 1885	13.353	9022
„ 1890	13.656 [1])	11.246 [2])

Wir sehen an diesen Zahlen, dass Ungarn bis zum Jahre 1870 fast zweimal weniger Bahnen hatte als die oesterreichische Reichshälfte. Nun aber beginnt Ungarn Versäumtes nachzuholen. Während der Bahnbau in Oesterreich nur langsam vor sich geht, werden in Ungarn drüben seit dem Jahre 1870 Riesensprünge gemacht, um das Versäumte nachzuholen.

Geld ist da, also wird frisch gebaut. Vergleichen wir nun die Betriebsjahre 1896 und 1895, so erhalten wir folgendes Bild:

---

[1]) Statistisches oesterr. Handbuch. Jahrg. XV. Seite 230.
[2]) Ungarisches stat. Jahrbuch. Seite 197. Jahrgang 1894.

	Oesterreich	Ungarn
	im Jahre 1896	
	Staatsbahnen	
Länge Kilometer:	7994	7553
Einnahmen aus dem Personenverkehr . . fl.	26,370.015	fl. 23,196.759
aus dem Güterverkehr „	71,386.135	„ 68,053.505
Ertrag für 1 Kilometer per Jahr . . . . . „	12.529	„ 12.081

Sämmtliche Bahnen, die Staatsbahnen mit eingerechnet:

Länge Kilometer:	16.808	14.975
Einnahmen aus dem Personenverkehr . fl.	62,355.560	fl. 30,537.159
aus dem Güterverkehr . . . . . „	194,637.939	„ 87,053.641
Summe . . fl.	256,993.499	fl. 117,590.800
Im Jahre 1895: „	244,050.912	„ 108,296.055 [1])

Noch frappanter wird der Vergleich von Ende Mai 1898.

	Oesterreich	Ungarn
	Staatsbahnen	
Länge Kilometer:	8.182	7.824 [2])
Länge sämmtlicher Bahnen	17.515	16.018

Aus diesen Zahlen ersieht man, dass Ungarn uns, was Bahnen anbelangt, schon relativ bei weitem überholt hat. Wenn wir den Blick auf die Einnahmen der Eisenbahnen in beiden Reichshälften werfen, so sehen wir alsbald, dass das Publikum in Oesterreich bei weitem mehr ausgebeutet wird, wie drüben in Ungarn.

Welch ein grosser Unterschied muss in den Tarifsätzen herrschen, wenn wir sehen, dass im Jahre 1896 unsere Staatsbahnen eine Einnahme fürs ganze Jahr auf ein Kilometer fl. 12.529 erzielten und die ungarischen nur fl. 12.081? Das macht für das ganze Netz im Jahre riesige Summen, welche in

---

[1]) „Tresor" vom 19. Februar 1897.
[2]) „Tresor" vom 14. Juli 1898.

der Tasche des in Ungarn viel billiger fahrenden Publikums verbleiben.

Welcher Unterschied in den Tarifsätzen herrscht, sehen wir am folgenden Beispiel. Für die Verfrachtung des Kunstdüngers per 100 Kilogramm werden nachstehende Tarifsätze in Anwendung gebracht:

auf Kilometer	oesterreichische Staatsbahnen	ungarische
50	27 Kreuzer	12·2 Kreuzer
100	53 „	21·6 „
150	78 „	31·1 „
200	102 „	40·5 „
250	126 „	48·2 „
300	150 „	55·8 „ [1]

Man sieht, dass der Tarif in Ungarn in diesem Beispiele mehr als 2mal billiger ist, als bei uns. Der ungarische Personentarif vom 1. August 1889 hat folgende Sätze:

Auf eine Entfernung von Kilometer:	wird gezahlt mit Personenzug	
	II. Klasse	III. Klasse
1—25	fl. —·40	fl. —·25
26—40	„ —·80	„ —·50
41—55	„ 1·20	„ —·75
56—70	„ 1·60	„ 1·—
71—85	„ 2·—	„ 1·25
86—100	„ 2·40	„ 1·50 [2]

Nun kann sich jeder Leser unseren „Kondukteur" in die Hand nehmen und damit unsere Tarife auf den Staatsbahnen vergleichen.

Wir kommen nun zum Schlusse dieses Kapitels. Hier wollen wir nur die Staatsausgaben beider Reichshälften für das Jahr 1898 vergleichen, wie sie präliminirt sind.

---

[1] Dorn's Volkswirthschaftliche Wochenschrift v. 7. April 1898.
[2] Ung. stat. Handbuch S. 209.

	Oesterreich	Ungarn
	Erforderniss für das Jahr 1898	
Allerhöchster Hofstaat fl.	4,650.000 fl.	4,650.000
Kabinetskanzlei . . „	76.864 „	76.864
Reichsrath . . . . „	1,306.262 „	1,758.906
Ministerrath . . . . „	1.330.021	
Beitragsleistung für gemeinsame Angelegenheiten . . . . . . „	122,656.440 „	27,882.870
Ministerium des Innern „	26,623.441 „	26,361.788
M. d. Landesvertheidigung . . . . „	24.072.681 „	16,164.135
M. für Kultur u. Unterricht . . . . . . „	29.177.140 „	13,118.716
M. der Finanzen . . . „	112,651.806 „	74,720.382
Handelsministerium . „	49,445.649 „	97,326.100
Eisenbahnministerium „	96,525.500	
Ackerbauministerium . „	18,588.231 „	18,479.464
Justizministerium . . „	28,065.007 „	16,539.356
Pensionen . . . . . „	22,898.800 „	8,687.457
Staatsschuld . . . . „	170,553.910 „	127,192.998
Subventionen . . „	6,449.505	
Gesammterforderniss nebst anderen kleineren Posten . . . . fl.	715,920.827 fl.	449.084.228

Die Summe des ungarischen Staatsvoranschlages muss noch folgende Posten erhalten:

Transitorische Ausgaben . . . . fl.	14,086.378
Investitionen . . . . „	35,069.964
	„ 449,084.228
Summe . . fl.	498,240.570

Wenn wir die einzelnen Ausgabsposten vergleichen, so ergibt sich ein tiefer Unterschied zwischen den beiden Reichshälften.

Der tiefste Unterschied zeigt sich zwischen den grössten Ausgabsposten, nämlich auf die gemeinsamen Auslagen, für welche:

Oesterreich	122,656.440 fl.
Ungarn nur	27,882.870 „
nachträglich	6,351.249 „
	34,234.119 fl.

beizugeben genöthigt sind.

Die oesterreichischen Steuerzahler müssen auf das Heer dreimal so viel zahlen, als die ungarischen. Die Landwehr kommt uns auf 24,072.681 fl., die Honvedarmee kommt auf 16,164.132 fl. zu stehen. Der zweite grösste Posten, wo sich der Dualismus in seinen schädlichen Folgen für die oesterreichische Hälfte zeigt, ist das Zinsenerforderniss für die Staatsschuld.

Die oesterreichischen Steuerzahler müssen aufbringen	170,559.910 fl.
die ungarischen	129,192.798 „

Das sind ganz gewaltige Unterschiede! Nehmen wir nur noch den Posten der Pensionen, so haben wir auch hier einen grossen Unterschied. Ungarn zahlt an Pensionen nur . . . . 8,687.457 fl.
Oesterreich . . . . 22,898.800 „

Auch hier sehen wir die bösen Folgen des fortwährenden Wechsels der Ministerien und in Folge dessen die grosse Zunahme der Pensionen.

Alle diese Zahlen, die wir hier aufgebracht haben, sprechen eine zu lebendige Sprache, so dass wir uns jeder weiteren Erklärung, wem der Dualismus Vortheile gebracht und wer im Nachtheile ist, ganz entheben. Die Fakta reden von selbst.

XI.

Der ungarische autonome Zolltarif.
Der Kampf um den wirthschaftlichen Dualismus.

Ein weiterer Beweis, dass zwischen zwei Reichshälften kein dauerndes Gleichgewicht hergestellt werden kann, wie Palacký voraussagte, liegt im ungarischen autonomen Zolltarif. Ungarn will die

Waaren, welche zum Beispiel aus Wien nach Pest kommen, gerade so behandeln, als ob sie aus Berlin oder London kämen. Es soll also eine Zollinie zwischen den beiden Reichshälften errichtet werden, damit der Waaren-Austausch beider Reichshälften dem Zoll unterliege, genau so, wie es zwischen zwei ganz fremden Staaten geschieht.

Ueberblicken wir die wirthschaftlichen Kräfte beider Reichshälften, insofern sich dieselben im Waarenaustausch erkennen lassen. Die ungarische Handelsübersicht für das Jahr 1896 ist folgende:

	Einfuhr aus	Ausfuhr nach
	Gulden	
Oesterreich	444,679.000	417,092.000
Deutschland	29,000.000	53,500.000
Schweiz	1,250.000	5,600.000
Italien	10,480.000	10,240.000
Frankreich	2,250.000	11,280.000
Belgien-Holland	1,340.000	3,750.000
Grossbritannien	6,130.000	10,190.000
Russland	3,210.000	1,390.000
Europ. Türkei Griechenland	3,660.000	2,460.000
Bosnien	7,910.000	7,170.000
Rumänien	5,650.000	8,720.000
Serbien	18,710.000	3,550.000
Bulgarien	0,240.000	1,910.000
Andere Staaten	14,350 000	7,080.000

Ungarns Handelsbilanz gestaltete sich folgendermassen:

Jahr	Einfuhr	Ausfuhr
	Gulden	
1896	548,970.000	544,700.000
1895	543,970.000	504,810.000
1894	546,270.000	562,560.000
1893	513,690.000	524,540.000
1892	519,380.000	509,650.000
1891	592,780.000	545,200.000
1890	485,480.000	530.120.000

Geben wir nun eine genaue Uebersicht über die Einfuhr und Ausfuhr Ungarns im Jahre 1896, erhalten wir folgendes Bild:

Waarengruppe	Einfuhr	Ausfuhr
	Handelswerth in fl. ö. W.	
Kolonialwaaren	10,383.700	3,118.058
Gewürze	807.396	203.976
Südfrüchte	2,814.989	89.008
Zucker	11.171.824	14,242.060
Tabak und Tabak-Fabrikate	13,790.735	3,842.063
Getreide und Hülsenfrüchte, Mehl und Mahlprodukte, Reis	13,861.806	220,360.555
Gemüse, Obst, Pflanzen etc.	9,903.794	15,595.471
Schlacht- und Zugvieh St.	11,632.008	76,905.501
Thiere, andere „	1,307.243	10,190.570
Thierische Produkte	6,580.341	22,060.756
Fette	3,389.925	7,097.027
Oele, fette	2,204.000	1,027.034
Getränke	22,953.650	26,438.719
Esswaaren	11,959.305	9,203.061
Holz, Kohlen, Torf	20.609.093	31.672.022
Drechsler- und Schnitzstoffe	414.722	546.937
Mineralien	3,318.425	4,011.376
Arznei- und Parfümeriestoffe	372.214	52.051
Farb- und Gerbestoffe	2.468.720	4,229.730
Gummen und Harze	1,077.434	105.303
Mineralöle etc.	8,143.742	5,601.335
Baumwolle, Baumwollgarne und Waaren daraus	84,423.821	5,690.087
Flachs, Hanf, Jute und Waaren daraus	18,395.111	4.182.607
Wolle, Wollgarne u. Wollwaaren	53,203.143	13,548.290
Seide und Seidewaaren	25,440.560	3,709.530
Kleidungen, Wäsche und Putzwaaren	31,088.080	5,674.605
Bürstenbinder- und Siebmacherwaaren	1,040.870	1,709.596
Stroh- und Bastwaaren	444.681	447.003
Papier- und Papierwaaren	8,957.567	1,875.229
Kautschuk, Guttapercha u. Waaren daraus	2,722.665	114.980
Fürtrag	384,881.514	494,554.795

Waarengruppe	Einfuhr	Ausfuhr
	Handelswerth in fl. ö. W.	
Uebertrag . .	384,881.514	494,554.795
Wachsleinwaaren und Wachstaffet	1,008.635	188.690
Leder und Lederwaaren . .	29,464.054	6,671.110
Kürschnerwaaren . .	3,691.600	898.350
Holz- und Beinwaaren . . .	11,898.648	3,714.824
Glas und Glaswaaren	3,592.656	802.275
Steinwaaren	3,119.225	617.384
Thonwaaren	4,328.810	424.087
Eisen und Eisenwaaren	29,589.470	7,881.456
Unedle Metalle u. Waaren daraus	12,842.081	1,975.606
Maschinen und Maschinenbestandtheile . . . . St.	15,617.487	4,158.772
Wagen und Schiffe . . . . „	1,274.427	653.710
Wissenschaftliche und musikalische Instrumente, Uhren, Kurzwaaren „	21,524.378	5,217.492
Kochsalz	676.732	72.674
Chemische Hilfsstoffe	4,845.663	1,677.876
Chem. Produkte, Farb-, Arznei- und Parfümeriewaaren .	6,935.606	3,318.232
Kerzen und Seife	2,806.007	208.708
Zündwaaren	1,177.642	1,857.989
Literarische und Kunstgegenstände	8,846.400	1,807.750
Abfälle	874.095	9,413.539
Waarenverkehr zusammen	548,975,300	544,703.564
Edle Metalle und Münzen	8,436.000	5,565.955 [1]

Wenn wir die Zahlenkolonnen durchmustern, erkennen wir, dass zwischen keinem Staate ein so reger Waarenverkehr stattfindet, wie zwischen den beiden Reichshälften. Von der sämmtlichen Ausfuhr Ungarns im Jahre 1896 im Werthe von 544·7 Millionen Gulden kaufte die österreichische Reichshälfte für 417·09 Millionen Gulden, der andere nichtssagende Bruchtheil von 27·6 Millionen Gulden ging erst in andere wirklich fremde Staaten. Umgekehrt kaufte Ungarn im Jahre 1896 von uns Waaren im Werthe von 444·67 Millionen Gulden und aus der Fremde kaufte Ungarn noch um 104·3 Millionen Gulden Waaren. Wenn wir dann die genaue Uebersicht des Waarenverkehrs

---

[1] „Tresor" vom 19. August 1897.

durchschauen, erkennen wir, dass Ungarn uns landwirthschaftliche Produkte verkauft und dafür industrielle Artikel einkauft. Nachdem die ungarische Landwirthschaft solch kolossale Fortschritte gemacht hat, dass sie wohl lange Zeit jetzt auf ihrem Kulminationspunkte bleibt, will Ungarn das kleine Kind, die Industrie grossziehen.

In den 70er Jahren rief im ungarischen Reichsrathe der ungarische Magnat Esterházy aus: „Wir Ungarn müssen auf unseren Weizenhaufen verhungern." Ja es gab damals noch wenige Bahnen. Seitdem hat sich das Bild gänzlich verändert und Ungarn producirt heute dreimal soviel Weizen, wie vor 20 Jahren. Nachdem die Pester Juden durch derartige Geschäfte, besonders durch den Mahlverkehr, fabelhaft reich geworden sind, wollen sie auch eigene Fabriken haben und so Ungarn wie auch die benachbarten Balkanländer mit Industrieartikeln überschwemmen. Dazu aber brauchen sie nothwendig die volle Herrschaft in der oesterreichisch-ungarischen Bank und einer Schutzzollinie. Beides soll und wird geschehen. Die Pester Juden spekuliren sehr einfach. Die oesterreichische Hälfte muss von uns Getreide und Mehl kaufen, denn wir sind die Nächsten, verhungern werden die Menschen in Oesterreich doch nicht. Bis zum Jahre 1894 war Oesterreich noch ein Exportland für Getreide. Denn es betrug die Getreide-

Jahr	Ausfuhr Mtrctr.	Einfuhr Mtrctr.
1895	6,612.468	5,612,468
1894	8,598.050	7,469.621

So hat Oesterreich-Ungarn im Jahre 1894 Getreide

	eingekauft Mtrctr.	verkauft Mtrctr.
Gerste	1,220.906	4,599.676
Hafer	2,044.120	758.277
Mais	2,772.234	643.563
Malz	32.834	1,325.680
Roggen	162.969	132.941
Weizen	705.355	1,073.362
Hülsenfrüchte	287.084	1,341.172
Mehl	9.156	268.805
Schlachtvieh	392.652 Stück	1,125.853 Stück

Im Jahre 1895 ist das Bild schon ein ganz anderes. Darnach wurde im Jahre 1895

	eingekauft Mtrctr.	verkauft Mtrctr.
Gerste	454.258	2,776.620
Hafer	741.327	84.482
Mais	2,431.173	328.572
Malz	61.744	1,474.456
Roggen	551.764	280.253
Weizen	1,160.087	1,650.703
Hülsenfrüchte	168.587	933.354
Mehl	19.937	125.168
Schlachtvieh	348.574 Stück	575.705 Stück [1])

Geradezu furchtbar ist die Wirkung der 2 schlechten Jahre 1896 und 1897. Die Getreideeinfuhr hat im Jahre 1897—98 ganz abnorme Dimensionen angenommen. Es betrug die gesammte Getreideeinfuhr vom 1. Juli 1897 bis Ende Juni 1898 in die oesterreichische Monarchie 14,296.027 M.-Ctr. gegen 2,621.689 M.-Ctr. in der gleichen Periode von 1896—97. Die Ausfuhr aus der Gesammtmonarchie betrug 1897—98 3,016.672 M.-Ctr., in dem Zeitraum von 1896—97 dagegen 5,500.589 M.-Ctr. Es gibt da also einen Unterschied von 14,158.255 M.-Ctr. So viel musste zur Ernährung des Volkes aus der Fremde herbeigeschafft werden. Besonders reich war der ungarische Mahlverkehr in dieser Periode.

Die jüdischen Pester Mühlen haben eingeführt ohne Zoll

	1897—98	1896—97
	Meter-Centner	
Weizen	2,237.187	1,144.699
Mehl ausgeführt	652.576	1.160.471

In der Periode 1897—98 wurde nach Oesterreich-Ungarn eingeführt

an fremden Weizen	M.-Ctr.	3,278.799
Roggen	„	3.289.183
Mais	„	6,896.779
Gerste	„	840.464
Hafer	„	386.351

---

[1]) Stat. Handbuch, Seite 179—184, Jahrg. XV.

Der Werth dieser Einfuhr beziffert sich auf 113,887.446 fl., während im Zeitraume 1896—97 blos um 18,034.422 fl. fremdes Getreide eingekauft wurde. Ausgeführt wurde 1897—98 nur um fl. . 43,343.557 gegen . . . . 72,022.582 in der Periode von 1896—97.[1])

Wenn auch keine Missernten eintreten sollten, so beweisen doch alle diese Zahlen, dass die Konsumfähigkeit an Getreide und Mehl in der oesterreichischen Reichshälfte von Jahr zu Jahr wächst, die nicht mehr aus den Vorräthen heimischer Produktion befriedigt werden kann. Im Jahre 1895 kam folgendes Getreide in unser Zollgebiet:

aus Russland um . . . . . . fl. 12,819.000
„ Rumänien „ . . . . . „ 6,664.000
„ Serbien „ . . . . . . „ 2,180.000
„ der Türkei „ . . . . . . „ 795.000

Das rumänische, serbische und türkische Getreide geht, wie bekannt, in die Pester Mühlen und kommt zu uns nach Oesterreich als Mehl.

Nur ein Bruchtheil des russischen Getreides kommt über Galizien nach Wien, Prag, meistens in die Garnisonen. Wir sehen also aus diesen Zahlen, das die oesterreichische Reichshälfte faktisch ihren Getreide- und Mehlbedarf fast ausschliesslich aus Ungarn bezieht. Der Konsum an ungarischem Mehl, Getreide, Hülsenfrüchten betrug im Jahre 1896 rund für 190.000.000 fl. Eine Ausnahme machte darin allerdings das Jahr 1897—98, wo massenhaft amerikanisches, russisches und auch deutsches Getreide zu uns eingeführt wurde.

Angesichts dieser Sachlage kalkulirt man drüben in Pest ganz gut. Wir in Oesterreich müssen essen, brauchen Getreide und Mehl. Wir drüben in Ungarn brauchen aber nicht oesterreichische Industrieartikel, die können wir uns selbst machen.

Auf diese Weise würde natürlich den Fabriksjuden in der oesterreichischen Reichshälfte ein fetter Profit entgehen und sie fürchten um ihre Zukunft.

---

[1]) „Lloyd" vom 24. Juli 1898.

Solange es sich um die politische Zweitheilung des Reiches gehandelt hat, da war die Sache gut. Beust und Andrássy waren gute Schneider, sie haben beiden Reichshälften gute Staatsröcke genäht. Nun aber wird jenseits der Leitha der aus Tarnopol zugewanderte jüdische Hofpächter und Inhaber früherer adeliger Latifundien fabelhaft reich, er wird aufgeblasen nach echt jüdischer Manier, er will es den Wiener jüdischen Protzen aus der Ringstrasse gleichthun. Aber jetzt wird die Situation gefährlich. Darum, als der ungarische Zolltarif am Horizont auftauchte, erschien in der „Neuen Freien Presse" folgender köstlicher Leitartikel:

Wien, 7. Juli 1898.

„Eine wichtige Mittheilung ist heute im Amtsblatte erschienen. Dem Publikum wird zur Kenntniss gebracht, dass Oesterreich ebenfalls rüste, um vorbereitet zu sein, wenn der wirthschaftliche Bruch mit Ungarn nicht zu vermeiden wäre. Beide Staaten der Monarchie schleifen die Messer, um sich im Kriegsfalle gegenseitig zu zerfleischen und bis zur ökonomischen Verkrüppelung zu entkräften. Wahrhaftig ein lieblicher Zustand! So peinlich ist der Eindruck, dass er auch nach dem Abschlusse des Ausgleiches fortwirken und die gemeinsamen Angelegenheiten jeder gemeinsamen moralischen Idee berauben kann. Die Armee soll nach aussen den Feind bekämpfen, und die Staaten, aus denen sie hervorgeht, werden durch eine Politik des Hasses entzweit. Was kann Oesterreich thun? Kein Ministerium wird die Pflicht der Vertheidigung irgendwie vernachlässigen dürfen, und im gegenwärtigen Augenblicke weniger denn je. Der Entwurf des ungarischen Zolltarifes ist, wie selbst ungarische Stimmen zu unserer Freude anerkennen, der Ausdruck offenen, in solcher Gewaltsamkeit doch überraschenden Uebelwollens gegen Oesterreich. Leicht ist über diese Ziffern nicht hinwegzugehen. Mögen sie als Drohung ausgedacht worden sein, so sind sie auch eine Verlockung für einen Kreis einflussreicher Menschen, die rasch in jedem Zollsatze den Gewinn aufspüren werden, der sich auf Kosten der Gesammtheit durch die Sprengung der wirthschaftlichen Einheit erhaschen liesse. Eine ungarische Regierung mit aufrichtig dualistischer Gesinnung hätte diesen Zolltarif nicht ausgearbeitet, denn er ist, strafrechtlich gesprochen, die Verleitung rücksichtsloser, aber mächtiger Privat-Interessenten zur wirthschaftlichen Trennung der beiden Reichstheile; er zeigt ihnen den Weg, auf dem Ungarn nach Hinschlachtung seines Bauernstandes in ein Land gegen jeden Wettbewerb geschützter Monopole verwandelt und der allgemeine Wohlstand einer unbegrenzten Gewinnsucht ausgeliefert werden könnte. Dieser Zolltarif mit seinen wahnwitzig hohen Sätzen ist wirklich eine Monopolsordnung. darauf berechnet. dass die Kaufkraft und der Verbrauch der Nation von Wenigen ausgepresst werden. Die Selbstsucht muss durch den Tarif angestachelt werden, und so hat die dualistische ungarische Regierung einen Stoss gegen die Monarchie geführt, indem sie durch den Reiz unerhörter Begünstigungen in den Zöllen die Gegner des Ausgleiches verstärkte. Für die Trennung werden künftig alle Glücksjäger sein, die sich nicht darum kümmern, dass die Landwirthschaft zertreten wird, wenn nur ihr Weizen blüht. Deshalb ist dieser Zolltarif eine Sünde an Ungarn wie an der Monarchie; deshalb ist er ein unverbesserlicher politischer Fehler.

Wirthschaftlich ist der Tarif überhaupt nicht durchführbar, wie auch zu unserer aufrichtigen Genugthuung von ungarischen Blättern anerkannt wird. Er bedeutet den Krieg nicht allein gegen Oesterreich. sondern gegen alle Handelsvölker. Noch immer wird in Ungarn zu wenig beachtet, in welcher Situation sich das Land befindet. Es ist im auswärtigen Verkehre passiv, es hat an fremde Nationen weit mehr zu zahlen als zu fordern, und die Mitttel zur Bedeckung seiner Schuldenlast empfängt es vorwiegend durch den landwirthschaftlichen Export. Ungarn geniesst einen Vortheil, den kein anderer Staat auf der Welt besitzt. Es hat für seine Ueberschüsse an Getreide, Mehl, Vieh und Holz einen freien, vor seinen Thoren gelegenen, stark aufnahmsfähigen, durch Zölle gegen die übrigen Gebiete abgesperrten Markt von sechsundzwanzig Millionen Menschen. Dafür ist auf der ganzen Erde kein vollkommen gleiches Beispiel zu finden. Der Vortheil ist für Ungarn noch höher, weil es auf demselben Markte sein Kapitals-Bedürfniss befriedigt, bares Geld bekommt und dafür die zu den Selbstkosten erzeugten Produkte zu den viel besseren Handelspreisen gibt. Ein günstigeres Verhältniss ist gar nicht zu denken, als die Einlösung der Wechsel und Coupons mit Weizen. Nehmen wir an, Ungarn würde sich trotzdem aus politischer Abneigung vor der Gemeinschaft mit Oesterreich nach einer Veränderung sehnen Stellen wir uns vor, dass die ungarische Nation, von unbezwinglicher Leidenschaft getrieben, von der Lust zur Selbstständigkeit überwältigt, nicht einmal durch die Erwägung zurückgehalten würde, dass Oesterreich die Schlüssel in der Tasche hat, um den ungarischen Eisenbahnverkehr in Oderberg, Marchegg und Pragerhof von Deutschland, Frankreich und der Schweiz auszuschliessen. Was müsste Ungarn dann beginnen? Anderen Ländern in einem gewissen Masse geben, was es uns nicht zugestehen will. Die Nothwendigkeit der Getreide-Ausfuhr bliebe, und da sie nicht umsonst und aus Grossmuth gestattet wird, so würde Ungarn gar nicht die Macht haben, beim System des Hochschutzzolles zu bleiben. Es würde zu Koncessionen gedrängt werden, und das Ergebniss wäre nur, dass es seinen besten und sichersten Getreidemarkt verloren, aber das Vergnügen hätte, Tuch nicht aus Brünn, sondern aus Elberfeld zu beziehen. Ungarn kann die oesterreichische Industrie hart treffen, aber die Schadenfreude wäre sehr kostspielig, denn die Nation müsste ihr Getreide in Konkurrenz mit Russland, Amerika und Indien in weite Ferne verfrachten; sie würde die Bürde einer weit höheren Quote zu tragen haben; sie hätte die Monarchie unheilbar zerrüttet, die Gefahr einer finanziellen Krisis heraufbeschworen, und das Alles, um den Absatz der oesterreichischen Fabrikanten zu Gunsten der englischen, deutschen oder französischen zu verdrängen. Hochschutzzölle und Getreide-Exporte können die Vereinigten Staaten mit ihrer Lage am Meere, mit ihrer geographischen Ausdehnung und mit ihrem Volksreichthum verbinden, aber nicht Ungarn, das gegenwärtig die protektionistische Züchtung einer

Industrie kaum durchsetzen wird, ohne seine Landwirthschaft zu vernichten.

Schon der Grundgedanke des Tarifs ist daher falsch bis zum Widersinn, ganz abgesehen von den masslosen Uebertreibungen, die in verdreifachten, zuweilen den Werth der Waare übersteigenden Zöllen liegen. Was jedoch geradezu verblüffend wirkt, ist eine Politik, die eine Petarde zeigt, die erst in fünfeinhalb Jahren, nach Ablauf der Handelsverträge, entzündet werden kann. Soll etwa Oesterreich inzwischen schlechter behandelt werden als Deutschland und die Meistbegünstigung nicht bekommen? Das wäre der Krieg, ein wüthender Kampf mit den schärfsten Waffen, ein Ringen auf Tod und Leben. Hat jedoch Oesterreich die Meistbegünstigung und bleibt der Tarif auf dem Papier, wozu wird uns schon heute gesagt, welche Martern uns im nächsten Jahrhundert zugefügt werden sollen? Bis dahin, was mag da Alles geschehen, und ein Tarif auf Lager kann sehr leicht verschimmeln und veralten. Es ist sonderbar, wenn eine Regierung der anderen mittheilt, ich werde die Ehre haben, Sie in fünfeinhalb Jahren umzubringen. Der Einfall ist aber keineswegs harmlos, denn wir sind überzeugt, der Abgeordnete des deutschen Reichstages Graf Kanitz wird vom ungarischen Zolltarife entzückt sein. Ein Land, das Getreide ausführt, verlangt einen Weizenzoll von mehr als fünf Mark! Das ist ja prächtig und beweist, dass Staaten, die ihr Getreide schützen wollen und mit der Einfuhr kämpfen müssen, einen noch weit höheren Zoll brauchen. Wenn das ungarische Ministerium die kaum begreifliche Verirrung begeht, Getreide, Mehl, Vieh und Holz im eigenen Tarife viel schlechter zu behandeln als in den Verträgen, wenn sie Produkte, von denen im Allgemeinen kein Loth nach Ungarn gebracht wird und deren Ausfuhr für sie das grösste Interesse hat, mit Prohibition verfolgt, so zündet sie das Feuer auf dem eigenen Dache an und ist so liebenswürdig, für die agrarischen Feinde zu arbeiten. Oder glaubt die ungarische Regierung, ein Reichskanzler könne im deutschen Parlamente drei Mark für Weizen durchsetzen, wenn Exportländer fünf einheben? Noch mehr. Der Fall muss in Erwägung gezogen werden, dass Oesterreich nach der Trennung von Ungarn nicht geneigt, vielleicht auch nicht im Stande ist, Handelsverträge zu schliessen, dass es sich mit der Meistbegünstigung begnügt. Dann gelten die selbstständigen Tarife, und dann wird auch Oesterreich einen Weizenzoll von fünf Mark haben, da unsere Agrarier mindestens den gleichen Anspruch stellen werden wie die ungarischen. Unter den günstigsten Voraussetzungen, wenn der offene Zollkrieg nicht ausbricht, würde Ungarn die grosse Freude haben, auf Grund der Meistbegünstigung in Oesterreich einen Zoll von fünf Mark zu bezahlen, und diesen bösen Spass hätte es selbst angezettelt durch sein Muster und seine Voreiligkeit. Warten wir ab. Ungarn wird diesen merkwürdigen Entwurf eines autonomen Zolltarifes, der einen agrarischen Brand in Oesterreich und anderen Staaten anblasen muss, tausendfach bereuen und ganz sicher in den nächsten Handelsverträgen bis in die Knochen spüren.

Am wichtigsten ist jedoch die Gesinnung, welche sich in diesem Tarife verräth. Nicht das Bedürfniss war massgebend, sondern der Wunsch, die osterreichische Industrie ins Herz zu treffen, sie zu schädigen und zu ruiniren. Man sagt, der Entwurf sei nur eine Vorlage, über die erst die Enquête zu entscheiden haben werde. Das ungarische Ministerium hätte gewiss die Pflicht gehabt, auf diese Kommission mässigend einzuwirken, und sie hat das Gegentheil gethan, denn ihre Ziffern müssen eine anstachelnde, aufreizende Wirkung haben. Steht die ungarische Regierung noch auf dualistischem Boden, hat sie noch ein dualistisches Programm? Wenn das Princip der politischen Gemeinsamkeit und der von ihr thatsächlich untrennbaren wirthschaftlichen Einheit richtig ist, dann darf die ungarische Regierung nicht die Vortänzerin der Personal-Union sein und dann kann die Nothwendigkeit des Zollbündnisses nicht durch den allerdings traurigen Zufall aufgehoben werden, dass die parlamentarischen Verhältnisse in Oesterreich den Abschluss des Ausgleiches um einige Monate und selbst um ein Jahr verzögern. Wenn der Dualismus bis Ende Dezember nützlich ist, so wird er in einem weiteren Semester weder schlecht noch überflüssig sein, uns es fehlt somit jeder vernünftige Anlass zum Tarif, zur Enquête, zu den waghalsigen Demonstrationen, die dem ungarischen Kabinet den Rückzug abschneiden könnten und jedenfalls das Reich um sein Ansehen bringen, sowie dem Auslande gegenüber bejammerungswürdig blossstellen. Es ist mit Anerkennung zu erwähnen, dass ein grosser Theil der öffentlichen Meinung in Ungarn diesen Tarif energisch angegriffen hat, und dass eine Gemeinschaft der Ueberzeugung hier und dort zum Durchbruch gelangt ist. Das ist versöhnend und erleichtert die Situation aller Besonnenen, welche über einzelne Bedingungen des Ausgleiches streiten, aber diesen selbst, das wirthschaftliche Bündniss und die politische Zusammengehörigkeit stets vertheidigen werden. Die Monarchie ist eine Lebensbedingung, für Oesterreich wie für Ungarn, und deshalb wird vielleicht nicht der, aber gewiss ein Ausgleich geschlossen werden."

Eine glänzendere Genugthuung hätte Palacky's „oesterreichische Staatsidee" und die Verdammung des Dualismus nicht erhalten können, als durch diesen Artikel des grossen Judenblattes. Es ist ein sonderbares Schauspiel, dass sich der Pester Jude und der Wiener Jude hier raufen um den Rock der habsburgischen Monarchie.

Die Geister, die sie riefen, nun werden sie ihrer nicht los. Der Appetit drüben in Ungarn wächst mit dem Essen.

Trotz des geharnischten Artikels der „Neuen Fr. Pr." tagte vom 15. Juli an in Budapest die Zollenquete, aus welcher wir die Rede des vormaligen Ministers Wekerle bringen. (Nach „Lloyd" vom 16. Juli 1898.) Derselbe sagte:

„Wenn wir einen allgemeinen Zolltarif aufstellen wollen, müssen wir zunächst über den Zweck ins Reine kommen, den wir zu verwirklichen wünschen.

Diese Zwecke, welche wir erreichen, die Interessen, welche wir vertheidigen müssen, ob wir ein gemeinsames oder ein getrenntes Zollgebiet haben, sind allgemein bekannt. Diese Ziele sind erstens vom Standpunkte der Landwirthschaft, dass wir den landwirthschaftlichen Produkten den inneren Konsum sichern und den Export unserer überflüssigen Produkte fördern, zweitens vom Standpunkte der Industrie, den bestehenden Industriezweigen den inneren Konsum zu sichern, unsere eigenen industriellen Bedürfnisse womöglich selbst zu erzeugen, und die Industrie dort, wo die Vorbedingungen dafür existiren, unbedingt zu entwickeln. Das dritte Ziel, welches mit dem Zolltarif wohl weniger, aber doch einigermassen zusammenhängt, ist die Entwickelung des Handels und die Sicherung jenes grossen Zieles, dass wir den Nutzen des Vermittlungs- und auswärtigen Handels nicht in fremden Händen lassen, sondern unserer eigenen Volkswirthschaft sichern. (Stürmische Zustimmung.) Ein Mittel der Erreichung dieser Ziele — aber auch nur ein Mittel — ist der Zolltarif, und deshalb werde ich unter fortwährender Berücksichtigung dieser Ziele meine Antwort auf die einzelnen Fragen ertheilen.

Die erste Frage ist, welcher Art die Eintheilung des Zolltarifs sein soll. Dies ist meiner Ansicht nach eine rein formelle Frage, eine Frage der Manipulation, welche mit dem Wesen der Sache nichts zu thun hat. Welcher Art auch die Eintheilung sei, die im Tarif zu Tage tretende Zollpolitik kann so oder so sein. Ich billige vollkommen den Standpunkt, dass der meiner Ansicht nach sowohl den Anforderungen der Wissenschaft, als auch den Anforderungen der Praxis entsprechende heutige Zolltarif als Basis angenommen wurde, umsomehr, als derselbe bereits in das öffentliche Bewusstsein und in verschiedene auswärtige Relationen übergegangen ist, so dass es nicht richtig wäre, ihn abzuändern.

Die Feststellung eines Maximal- und Minimaltarifs halte ich absolut nicht für motivirt. Ein solcher Tarif bedeutet in seinem Maximaltheil mehr weniger den Zollkrieg, in seinem Minimaltheil aber die Gebundenheit der Hände bei den Bestrebungen, Frieden zu schliessen. (Zustimmung.) Diese Tarife sind in Frankreich unter ganz anderen Verhältnissen entstanden, ihre Basis war, angesichts der einer anderen

Nation gegenüber bestehenden Meistbegünstigungspflicht ständigen Charakters jene Minimalgrenze festzusetzen, bis zu welcher die französische Industrie und Produktion der deutschen Industrie gegenüber beschützt werden muss. Dort war solch ein Tarif motivirt, uns aber würde er nur die Hände binden, er würde den Abschluss von Verträgen erschweren und vielfach dazu führen, dass wir den festgestellten Maximal- und Minimaltarif nicht einhalten würden.

Ich halte aber eine andere Verfügung für sehr nöthig, welcher — soviel ich weiss — auch hier Ausdruck gegeben wurde, und das ist, was auch in unseren Zollnormen eingeführt ist und was scheinbar zur Manipulation gehört, aber schon das Wesen des Zolltarifs tangirt, dass nämlich der Regierung die Ermächtigung ertheilt werde, jenen Staaten gegenüber eine gewisse percentweise Erhöhung einzuführen, welche uns gegenüber in keinem vertragsmässigen Verhältniss oder geradezu im Zollkrieg mit uns stehen.

Was die zweite Frage, nämlich die Agrarzölle betrifft, muss ich mich zuerst mit der Frage der Berechtigung dieser Zölle befassen, da ich aus den Aeusserungen einzelner Redner folgern zu können glaube, dass diese Agrarzölle auch an sich berechtigt seien. Nun, ich kann hinsichtlich der Berechtigung der Zölle zwischen Agrarzöllen und Industriezöllen keinen Unterschied machen. (So ist's!) Jeder Produktionszweig, und so auch unser grösster und ältester Industriezweig, hat vielleicht so viel Berechtigung, dass ihm der innere Absatzmarkt gesichert werde. (Zustimmung). Aber die Einführung, das Bestehen von Agrarzöllen ist auch motivirt und nothwendig.

Diese Agrarzölle sind nothwendig; wenn auch manche diese so hinstellen wollen, dass sie in einem Agrarstaate keine Wirkung haben, so kann ich diese Ansicht nicht theilen. Die Agrarzölle haben ihre Wirkung auf den Export. Sie wirken nicht preiserhöhend auf die landwirthschaftlichen Produkte; denn diese Wirkung beginnt erst dort, wo das Erforderniss des Konsumgebietes grösser ist oder den zur Verfügung stehenden Produkten nahekommt. Doch haben sie selbst in dem exportfähigsten Staate die

Wirkung, die wohl nebensächlich ist, bei uns aber dennoch nicht gering geschätzt werden darf, dass sie den Grenzverkehr reguliren und schützen und das innere Konsumgebiet der heimischen Produktion sichern. Diese Wirkung äussert sich, wenn auch in keiner Preiserhöhung, so doch immerhin im praktischen Leben. Deshalb halte ich die Beibehaltung der Agrarzölle nicht nur für begründet, sondern geradezu für nothwendig.

Was nun die Feststellung ihres Masses betrifft, so gehe ich davon aus, was uns hinsichtlich der landwirthschaftlichen Produkte als Ziel vorschwebt, dass das innere Konsumgebiet gesichert und der Export ermöglicht werde. Die richtige Erwägung dieser beiden Gesichtspunkte wird die bei den Zollsätzen einzuhaltende Grenze bestimmen. Das erste Ziel haben wir durch unsere heutigen Zölle im höchsten Masse erreicht, und ich fürchte, dass wir durch eine Erhöhung der Agrarzölle die Möglichkeit des Exports nur gefährden würden. (Zustimmung.) Gegen diese Erhöhung spricht der Umstand, dass wir den inneren Konsum dadurch nicht sichern, die Ausfuhr aber erschweren, da doch gewiss kein Staat uns gegenüber geringere Sätze anwenden wird, als wir aufstellen.

Es gibt aber noch einen anderen Gesichtspunkt, welcher sowohl aus socialpolitischem, als auch speciell aus landwirthschaftlichem Interesse gegen die Erhöhung der Agrarzölle sprechen würde, und dieser Standpunkt ist, dass es sich hier um Lebensbedürfnisse ersten Ranges handelt, so dass das Publikum, wenn der Zoll im Preise zum Ausdruck kommt, kleine Zölle erträgt, grosse aber nicht. Blicken wir nur auf einen Kampf zurück, welcher sich in der jüngsten Zeit auf unserem Zollgebiet abgespielt hat.

Man wollte unsere Getreidezölle in der jüngsten Zeit aufheben oder herabsetzen, obgleich wir nur für die Dauer einer kurzen Uebergangsperiode nicht in der Lage waren, unseren inneren Konsum selbst zu decken. Glaubt Jemand, dass wenn wir mit den hier vorgeschlagenen höheren Zollsätzen arbeiten, wir dem sich immer mehr herandrängenden vierten Stand eine masslose Vertheuerung der täglichen Lebensmittel aufzwingen können werden? Ich glaube, unsere ganze politische Einrichtung muss darauf gerichtet sein, nicht nur einzelne Klassen, sondern grosse Massen aufzunehmen, um ihnen Schutz zu bringen.

Politisch kann man vielleicht die Herandrängung des vierten Standes verzögern, in wirthschaftlicher Hinsicht kann man solche Zölle nicht einführen, wenn sie nicht auf dem Papier bleiben sollen. Meine Folgerung ist also bei der zweiten Frage, dass ich unsere Agrarzölle — vielleicht mit Ausnahme der Obst- und Weinzölle — zur Wahrung unserer landwirthschaftlichen Interessen als vollkommen genügend erachte und ihre Erhöhung nicht anempfehle.

Eine andere Gruppe von Fragen bezieht sich auf die Hebung der Industrie und hier muss ich mich auch mit anderen Vorbedingungen und Garantien der industriellen Entwicklung befassen. Die erste Bedingung ist die Regelung des Gewerbeunterrichts, auf welchem Gebiete in der jüngsten Zeit ein grosser Fortschritt zu konstatiren ist. Die Regelung des Gewerbeunterrichts ist nicht nur vom allgemeinen Gesichtspunkte, sondern auch vom Standpunkte der praktischen Industrie nothwendig. Eine zweite Vorbedingung ist die Regelung der Kredit- und Geldverhältnisse, und ich bedauere sehr, dass heute, da wir uns in einen so schweren volkswirthschaftlichen Kampf einlassen, in Folge von nicht in unserer Macht gelegenen Umständen noch nicht geregelte Geld- und Kreditverhältnisse haben. Es würde unsere Stärke im Kampf fördern und eine Garantie für die Zukunft bilden, wenn wir diese unerlässliche Hauptbedingung jeder geregelten wirthschaftlichen Thätigkeit nicht entbehren müssten. (So ist's!) Ein dritter Faktor der Industrieentwicklung ist, die Produktion billiger zu machen und für gute Tarif- und Verkehrsverhältnisse Sorge zu tragen, damit die Produkte leicht auf den Markt kommen können.

Das Vierte ist die Aufrechthaltung und Wahrung eines konsumfähigen Marktes und der fünfte Faktor ist der Zolltarif. Anstatt der Zölle müssen wir die eben erwähnten Faktoren berücksichtigen, wenn wir im gemeinsamen Zollgebiet bleiben. Hier können auch ohne Zolltarif grosse und volle Erfolge erzielt werden. Wenn wir nach den Bedingungen der gewerblichen Produktion forschen und die erwähnten Faktoren nehmen, dann wird der Vortheil für diese Produktion viel grösser sein als in Folge all dessen, was in diesem Zolltarif so schön zum Ausdruck gebracht wird. Das ist nicht gering zu schätzen. Zur Zeit des rumänischen Zollkrieges haben wir gesehen, dass wir in vielen Fällen durch einfache Tarifbegünstigung und andere wirthschaftliche Verfügungen die Wirkung des ganzen Kampfes zu paralysiren vermochten. Man darf daher den Zolltarif nicht als einziges Mittel der Industrieentwicklung bezeichen.

Der Zolltarif sichert grosse Vortheile; wir müssen aber, wenn uns dieser Tarif nicht zur Verfügung steht, andere gleichwerthige Faktoren suchen. Sollten wir dazu gezwungen sein, so dürfen wir aber, wenn wir nicht gegen Oesterreich agitiren, auch keine Agitation direkt dulden. (Zustimmung.) Wenn im internationalen Verkehr auch nur ein Theil jener Agitationen im Zuge wäre, wie jetzt in Oesterreich gegen uns, so würde unsere Regierung sofort den Besuch der diplomatischen Agenten jener Staaten empfangen und von ihnen gewarnt werden, dass diese Agitation in Folge der Regeln des internationalen Anstandes (Lebhafte Zustimmung; Eljenrufe und Applaus), aber auch in Folge unserer gegenseitigen Intimität nicht geduldet werden könne. Wir müssen daher ebenfalls unseren diplomatischen Geschäftsträger suchen und finden, der unsere Ansprüche nach dieser Richtung zur Geltung bringe.

Mit der Frage des Zolltarifs hängt auch die Freiheit der Industrie-Entwicklung zusammen, denn der Tarif würde nur auf dem Papier bleiben, wenn man ihn dahin interpretiren würde, als würde Ungarn durch das Zollbündniss auf diese Freiheit verzichten. Wir schliessen ja den Zollvertrag ab, um gebunden zu sein. Es wäre aber ein Selbstmord, wenn wir darüber hinaus der Freiheit der Industrie-Entwicklung vollkommen entsagen würden. (Zustimmung.)

Ich schätze die Zölle vom Standpunkt der Industrieentwicklung nicht gering, sie können eine sehr wirksame Waffe bilden, vor übertrieben protektionistischen Zöllen würde ich mich aber hüten, und zwar aus zwei Ursachen. Erstens vom volkswirthschaftlichen Gesichtspunkt, da es die Hauptbedingung der blühenden Volkswirthschaft ist, dass das Leben billig sei. Zweitens aber wünsche ich hohe protektionistische Zölle auch deshalb nicht, weil wir, indem wir einen Artikel bevorzugen, 99 andere vertheuern. Meiner Ansicht nach sind also die in diesem Tarif enthaltenen Industriezölle übertrieben hoch.

Mit so hohen Zöllen würde ich mich nicht getrauen aufzutreten, da sie der Aufnahmsfähigkeit des Marktes schaden. Dort, wo die Industrieentwicklung vorbereitet ist, sind Schutzzölle mit vorübergehendem Charakter am Platze, nicht aber bei uns, wo die Entwicklung mit dem Schutz noch lange nicht wird Schritt halten können. Bei uns also würden so hohe Industriezölle nur nachtheilig sein.

Die dritte Frage bezieht sich auf die Finanzzölle. Gegen diese muss Redner sich auf das entschiedenste erklären, wenn er an ein gesondertes Zollgebiet denkt, selbst beim gemeinsamen Zollgebiet könnte er sie nur von finanziellem Gesichtspunkte beurtheilen. Bei einem getrennten Zollgebiet aber würden Finanzzölle nur die Konsumtionsfähigkeit beschränken zu einer Zeit, da diese gerade erhöht werden müsste. Wir haben den Steuerträgern in den letzten Jahren so schwere Lasten auferlegt, dass es nicht blos vorübergehend, sondern für lange Zeit als bleibend giltiges Princip ausgesprochen werden muss, dass die öffentlichen Lasten durch Steuererhöhungen nicht vermehrt werden dürfen. Ohne zwingende Nothwendigkeit dürfen also diese Lasten auch in der Form von Finanzzöllen nicht erhöht werden, namentlich wenn in Folge der Einführung des gesonderten Zollgebietes der Erwerb in der ersten Zeit enger bemessen sein müsste. Hiezu kommt auch noch der politische und volkswirthschaftliche Gesichtspunkt, dass die Erfüllung unseres Wunsches, dass der Handel sich in ungarischen Händen befinde, nicht erreicht werden kann, wenn wir die Finanzzölle auf Artikel des internationalen Handels erhöhen. Zur unabhängigen Gestaltung unseres

Handels ist es nöthig, von den Finanzzöllen Abstand zu nehmen. (Zustimmung.)

Was nun den Zolltarif in seiner Gänze betrifft, so ist die Aufstellung eines solchen Tarifes im Hinblick darauf, dass wir bis 1903 durch Verträge gebunden sind, verfrüht, denn wir können leicht anderen Schiesspulvers bedürfen, als dasjenige ist, welches wir im Arsenal haben. Es wurde vorgebracht, Oesterreich könne uns gegenüber einen Kampftarif in Anwendung bringen, weil wir rechtlich den Standpunkt des selbstständigen Zollgebietes einnehmen. Davor brauchen wir uns nicht zu fürchten. Zunächst dürfen dem Transitoverkehr schon laut dem internationalen Rechte keine Hindernisse in den Weg gelegt werden; dann aber haben wir ja gemeinsam mit Oesterreich Verträge mit Deutschland und Italien geschlossen und in diesen sind Dispositionen enthalten, wonach keine der kontrahirenden Parteien Import-, Export- oder Transit-Verbote aufstellen darf und allen die gleiche Behandlung zutheil wird. Da wir diese Verträge gemeinsam abgeschlossen haben, so können diese Dispositionen uns auch zugute kommen. (So ist's!) Denn wir könnten dem nicht zustimmen, dass dadurch, dass wir auf der Basis des gesonderten Zollgebietes stehen, welcher der kontrahirenden Staaten immer das Recht hätte, die mit dritten Personen geschlossenen Verträge einseitig zu modificiren. Dies könnten nur dieselben Faktoren im Einvernehmen thun, welche die Verträge abgeschlossen haben.

Von einem Kampftarif kann also bis 1903 keine Rede sein, denn was drei kontrahirende Staaten festgestellt haben, kann nur mit Zustimmung dieser drei Parteien geändert werden. Wir würden uns dafür bedanken, wenn wir genöthigt wären, die Industriezölle aufrechtzuerhalten, während die andere kontrahirende Partei die Agrarzölle nach Belieben erlassen könnte. Dies könnten wir weder vom juridischen, noch vom politischen Gesichtspunkte erlauben. (Lebhafte Zustimmung.)

Was nun den Zolltarif betrifft, so glaubt Redner nicht, dass derselbe von der Gesetzgebung in Verhandlung gezogen werden könnte, da er ausländischen Staaten gegenüber nicht angewendet werden kann, sondern nur im Falle der wirthschaftlichen Trennung Oesterreich gegenüber zur Geltung gebracht werden kann. Oesterreich gegenüber aber haben wir nicht die höchsten Zölle in Anwendung zu bringen, sondern wir müssen demselben noch grössere Vortheile einräumen, als welchem anderen Staate immer. (So ist's!)

Redners ganze Vergangenheit knüpft ihn an das gemeinsame Zollgebiet; wenn er aber zu einer anderen Ueberzeugung käme, so würde er, obgleich er sich mit Politik nicht befasst, es doch für seine politische und moralische Pflicht halten, öffentlich ein pater peccavi zu sagen. (Béla Komjáthy: Es wird schon noch kommen!) Beschäftigen wir uns nicht mit Prophezeiungen, das ist ein undankbares Handwerk! (Heiterkeit.) Redner ist also der Ueberzeugung, dass das Zollbündniss, insolange dies ohne Gefährdung unserer Interessen möglich ist, aufrechtzuerhalten sei. (So ist's!) Allein für diese seine Ueberzeugung können nicht jene Motive in Betracht kommen, welche gestern hier vorgebracht wurden und welchen zufolge unsere ganze Landwirtschaft für alle Zukunft zugrunde gerichtet wäre, wenn wir das besondere Zollgebiet einführen wollten. Mit Verlaub, die Stichhältigkeit dieser Behauptung muss entschieden in Abrede gestellt werden. (Lebhafte Zustimmung.) Tragen wir doch nicht die Waffe der Kleinmüthigkeit in unseren Kampf hinein! (Lebhafter Beifall.)

Wenn wir aber nicht blos aus wirthschaftlichen Rücksichten, sondern auch vom höheren politischen Gesichtspunkte die Bande des wirthschaftlichen Bündnisses aufrechterhalten wollen, so müssen wir sie doch auf jene natürlichen Grundlagen basiren, welche unseren Lebensverhältnissen entsprechen. Vor der Entwicklung in den letzten dreissig Jahren dürfen wir die Augen nicht zudrücken. Die industriellen Bedürfnisse sind im Laufe der Zeit andere geworden und das moderne Leben hat sich dahin entwickelt, dass die industriellen Bedürfnisse immer wieder von Anderen befriedigt werden müssen. Es müssen daher auch wir besonderes Gewicht auf die Industrieentwicklung legen. (So ist's!)

Wenn wir sehen, dass die überwiegende Mehrheit der massgebenden und Machtfaktoren sowohl bei uns zu Lande wie in Oesterreich das Bündniss zwischen den beiden Staaten aufrechthalten wollen, so ist es unmöglich, dass die Bereitwilligkeit zur Erhaltung dieser Gemeinschaft, welche unsererseits bekundet und seitens unserer Regierung selbst um den Preis der Gefährdung ihrer Popularität an den Tag gelegt wird, nicht auch auf der andern Seite ein Echo finde, denn es wäre in der That nichts weiter als die Krida der Regierungsweisheit, wenn nicht realisirt werden könnte, was die überwiegende Mehrheit in den beiden Staaten wünscht. (Lebhafter Beifall.)

Allein das Bündniss darf der freien Entwicklung unserer Industrie, auf welche wir unter keinen Umständen verzichten können, nicht hindernd im Wege stehen. Wir müssen in der Lage sein, jene Industrien, für welche die Vorbedingungen vorhanden sind und bei welchen jetzt ein Rückfall zu konstatiren ist, wie z. B. bei den den Konsumsteuern unterliegenden landwirthschaftlichen Industriezweigen, durch Zwischenzolllinien oder in einer anderen Weise schützen, um uns nicht blos die Steuer, sondern auch das Konsumgebiet selbst zu sichern. (Zustimmung.)

Das gemeinsame Zollgebiet darf, wenn es den wahren Anforderungen des Lebens entsprechend sein soll, die Entwicklung unserer Industrie nicht unmöglich machen.

Wie immer auch die Frage des Zolltarifs gelöst werde, ob wir die Gemeinsamkeit des Zollgebietes aufrechterhalten oder ein selbstständiges Zollgebiet errichten, so bildet doch einen der bedeutendsten Faktoren zur Wahrung unserer Interessen die Arbeit. Leider hat sich, von den Männern der Regierung und den Interessenten abgesehen, das grosse Publikum nicht mit der Frage der Industrieentwicklung beschäftigt. Und deshalb verdient Se. Excellenz der Handelsminister, der zu dieser Enquête Gelegenheit gegeben und durch das werthvolle Elaborat, welches er vorbereitete, die Aktion eingeleitet hat, damit man sich auch mit der Industrie systematisch beschäftige. Dank und Anerkennung. Wenn wir die Arbeit nicht scheuen, wird die ungarische Industrie aufblühen und wir werden im Stande sein, unsere wirthschaftlichen Interessen in jeder Weise zu wahren. (Lebhafte Eljenrufe und Applaus.)"

Der Vollständigkeit halber fügen wir zum Schluss dieses Kapitels Ungarns Aussenhandel im Jahre 1897 bei. Darnach betrug der Werth der ungarischen

Einfuhr   Ausfuhr
554,814.000 fl.   540,980.000 fl.

Für Textilwaaren hat Ungarn eine Summe von 177,702.000 fl. an das Ausland abgegeben.

An landwirthschaftlichen Produkten verkaufte Ungarn im J. 1897:

Weizen	für	36,996.000 fl.
Roggen	„	11,290.000 „
Gerste	„	31,268.000 „
Hafer	„	13,066.000 „
Mais	„	16,115.000 „
Mehl	„	84,009.000 „
Malz	„	2,269.000 „
Ochsen	„	38,150.000 „
Kühe	„	3,493.000 „
Schweine	„	16,683.000 „
Pferde	„	15,746.000 „

Der gesammte Export Ungarns vertheilte sich im Jahre 1897 wie folgt:

Oesterreich kaufte von der ganzen ausgeführten Waarenmenge 76·18 Percent, Deutschland 9·42, England 2·05, Frankreich 1·94, Rumänien 1·86, Italien 1·71, Bosnien und Hercegovina 1·56 Percent. Der Waarenaustausch zwischen Oesterreich und Ungarn im Jahre 1897 war folgender:

Oesterreich verkaufte an Ungarn um 426,756.426 Gulden Waaren und kaufte von Ungarn Waaren im Werthe von 412,113.286 fl. An ungarischem Mehl wurde im Jahre 1897 in Oesterreich konsumirt 4,533.849 M.-C. im Werthe von 66,194.195 fl.

Im Jahre 1896 wurde in Oesterreich 5,933.000 Meter-Cetner ung. Mehl konsumirt im Werthe von 62·7 Millionen Gulden. Nach Oesterreich ist der stärkste Konsument ung. Mehles England, das im Jahre 1897 um 7 Millionen Gulden ungar. Mehles kaufte.

XII.
Das Nationalitätsprincip.

Nachdem Palacký im ersten Theile seiner „Geschichte des böhmischen Volkes" die geschichtlichen Anfänge Böhmens geschildert hat, bespricht er die Bedeutung der Annahme des Christenthums von Seite des czechoslavischen Volkes. Palacký sagt: „In der Annahme der christlichen Religion lag damals die ganze Lebensfrage aller slavischen Völker. Das christliche Europa war eine von Gott gegebene Harmonie. Das christlich gewordene Europa hat auch die ganze griechische und römische Kultur in sich aufgenommen. Es blieb den Slaven kein Ausweg, als sich diese Kultur eigen zu machen. Die slavischen Völker hatten ein tiefes Misstrauen zu den deutschen Glaubensboten und der Kampf der Elbeslaven gegen den deutschen Ritterorden endete mit ihrer völligen Vernichtung. Dass darum die Czechoslaven dem Schicksal der Elbeslaven entronnen sind, das haben sie einzig zu danken, dass sie bei Zeiten und mit voller Aufrichtigkeit den Glauben Christi annahmen. Die Anfänge des Christenthums in Böhmen sind schon im Jahre 845 zu suchen." [1] Die erhabenen Wahrheiten der christlichen Religion haben das Leben aller Nationen vollständig umgestaltet. Wie das Christenthum die Sklaverei vernichtete, wo der eine Mensch Herr war, der andere aber sein sachliches Eigenthum, wie das Vieh, so vernichtete das Christenthum durch seine Lehre, dass alle Menschen vor Gott gleichwerthig

---

[1] Palacký I. 1., S. 231. Prag 1848.

sind, den Hass der Nationen untereinander. Das gläubige Mittelalter kannte keinen Nationalitätenhader.

Den Grundcharakter des czechoslavischen Volkes hat Palacký in seiner „Geschichte des böhmischen Volkes" damit gekennzeichnet, dass in demselben zu allen Zeiten eine hervorragende Vorliebe zur Religion Christi vorherrsche. Sobald das Heidenthum im Volke erloschen war, wetteiferten Fürsten, Adel und Volk im Baue von Kirchen, Errichtung frommer Häuser und christlicher Schulen.

So schildert Sigmund Meisterlin das Land Böhmen vor den Hussitenkriegen: „E das beschach, da hat Behaimlant Kirchen und Gotshäuser, die gen Himmel aufreichten mit weiten, langen, breiten Gewölben, wunderlich anzusehen, und unglaublich hoch gesetzte Altäre und besetzt mit Heilthum, das mit Gold und Silber schwerlich geziert war, priesterlich Ornament mit Edelgestein und Perlein durchsetzt, alle Zier der Tempel köstlich, die Fenster hoch und licht gar mit köstlichem Glaswerk und kluger Meisterschaft gemacht."[1] Magister Hus war der erste, der im czechoslavischen Volke das Nationalbewusstsein in grösserem Masse entfachte.

Durch seine Predigten über die Verderbtheit des damaligen hohen Klerus, über den grossen Einfluss der Deutschen im Lande, wurde er zum Liebling des Volkes. Als er dann vollends in Konstanz den Flammentod erlitt, da wurde sein Tod ein dämonisches Unglück für das czechoslavische Volk.

Wenn heute die liberale jungczechische Partei und ihre geistigen Söhne, die rothen Socialisten und radikalen Fortschrittler, eine öffentliche Versammlung abhalten, so muss der arme Hus herhalten, um im Volke den Hass gegen die katholische Kirche und ihre Priester zu verbreiten. Obzwar diese Menschen keinen Buchstaben aus den Werken des Hus kennen, beuten sie Hus aus, um gegen Rom und die Klerikalen zu Felde zu ziehen. Die socialrevolutionären Grundsätze, welche Hus verkündigte, wie der Satz, dass der Mensch mit einer schweren Sünde beladen, kein

---

[1] Janssen II. S. 403. Freiburg 1889.

Vermögen besitzen dürfe, brachten namenloses Unglück über das czechoslavische Volk. Der anfänglich religiöse und nationale Kampf in der Angelegenheit des Hus gestaltete sich dann zu einem socialen Kampfe, denn die Taboriten waren reine Kommunisten. In den hussitischen Kriegen wurden in Böhmen und Mähren 109 Klöster zerstört, darunter die ältesten Sitze der christlichen alterthümlichen Kultur, so die Benediktiner-Abteien Zbraslav, Sázava, Velehrad, der alte königliche Vyšehrad, das erzbischöfliche Palais wurde im Jahre 1419 zerstört. Nebstdem wurden 21 königliche Städte in Brand und Asche gelegt.[1]) Also ward das Land verwüstet. Doch allmälig vernarbten die Wunden. Da kam das zweite furchtbare Unglück über das czechoslavische Volk von der Seite der lutherischen Revolution, welche in Böhmen einen fruchtbaren Boden fand. Luther selbst schrieb an Spalatin 1520: „Ich Thor habe, ohne es zu wissen, alle Lehren von Johannes Hus gelehrt und gehalten; wir sind alle Hussiten, ohne uns dessen bewusst gewesen zu sein."[2])

Luther's Drachensaat ging aber in Böhmen üppig auf und brachte den 30jährigen Krieg. Palacký charakterisirt den 30jährigen Krieg folgendermassen: „Von drei Religionskriegen, durch welche im letzten halben Jahrtausend die christlichen Nationen bis in das Innerste durchstürmt worden sind, waren zwei Kriege ausgegangen vom czechoslavischen Volke. Im zweiten, das ist im 30jährigen Krieg, verübte die böhmische Nation einen Verrath an sich selbst, hat durch diesen Krieg nichts ruhmreiches vollbracht und sich beinahe gänzlich vernichtet.[3])

Die damals korrupten Stände des böhmischen Volkes riefen als Anhänger der lutherischen Lehre aus Trotz zu dem katholischen Herrscher des Hauses Habsburg Ferdinand II. den Pfalzgrafen Friedrich ins Land.

Vor dem 30jährigen Kriege waren in Böhmen über 150.000 Bauernhöfe. Als der Sturm muthwillig

---

[1]) „Vlast". Jahrg. 1896. S. 1096.
[2]) Janssen II. Seite 83.
[3]) Palacky I. 1. Theil S. 15.

losbrach, haben seine Anstifter Thurn, Wilhelm Roupov ihre Taschen gepfropft. Während das Volk blutete und ausgeraubt wurde, sammelten diese Schurken ihre Keller voll Schätze. So eignete sich Wilhelm von Roupov, der Regierungspraesident, während seiner Herrschaft die Güter Trnovan, Žitenic, die Güter der Probstei Doxan, der Abtei von Broumov, viel Gold- und Silbergeräth und ein Kapital von 100 Tausend Schock Meissner Währung. [1])

Die abtrünnigen Stände wurden am Weissen Berge geschlagen, die Anführer auf dem Schaffot hingerichtet.

Durch die Greuel des 30jährigen Krieges waren die Länder Böhmen und Mähren vollständig verwüstet. Während vor dem Kriege Böhmen über 3 Millionen Einwohner zählte, blieben nach dem Kriege kaum 800 Tausend im Lande übrig. Der Adel des böhmischen Volkes wurde vernichtet, seine Ländereien kamen in die Hände ganz fremder Geschlechter. Das Bauernvolk wurde in Leibeigenschaft geworfen, wie sie vordem niemals so hart bestanden. Dafür hat Luther gesorgt mit seinen Schriften wider die aufständischen und halsstarrigen Bauern, die man wie die Hunde zusammenschiessen soll.

Zwei Jahrhunderte lang war auf diese Weise das czechoslavische Volk fast vernichtet und an den Abgrund gebracht. Als nun nach den Lehren über den allmächtigen Staat von Sonnenfels und Anderen Kaiser Josef II. die ganze habsburgische Monarchie zu einem einheitlichen Nationalstaat machen wollte, da erwachte auch hier der unter der Asche schwach glimmende Funke. Zwar hat der Patriarch der Slavistik Dobrovský damals an ein Wiederaufleben des böhmischen Volkes gezweifelt. Und doch lebte die czechische Sprache im Landvolke, in den armen Hütten des Bauernvolkes, wiederhallte die czechische Sprache aus dem Munde des Priesters, wenn er dem Volke predigte und den Herzen der Kinder die Religionswahrheiten einpflanzte. Aber es fanden sich Männer, welche mit fester Zuversicht an dem Wiederaufleben des

---

[1]) Svoboda: Katolická reformace. I. Seite 142. Brünn 1888.

czechoslavischen Volkes arbeiteten. Jungmann, der Sohn eines armen Kirchendieners, wurde nun einer der ersten Erwecker des böhmischen Volkes. Im November 1810 begann Jungmann im Priesterseminar in Leitmeritz seine Vorlesungen über die böhmische Sprache, und feuerte mit flammenden Worten seine Zuhörer an, dass sie als zukünftige Verkünder des göttlichen Wortes, die Sprache des Volkes pflegen sollen, auf dass sie ihrem Volke alles werden mögen.[1]) Es ist doch auffalend, dass die Bestrebungen der centralisirenden und germanisirenden Regierung der Josefinischen Zeit gerade das Gegentheil erzielten. Die Josefinische Regierung wollte im Namen des Nationalitätsprincips einen einsprachigen, einheitlichen Staat schaffen, es sollte die deutsche Sprache die herrschende werden und die anderen Sprachen auf das Aussterbeetat gesetzt werden. Aber die Wirkung war gerade entgegengesetzt. Das Nationalitätsprincip, welches das Daseins-Recht der grossen Nationen proklamirte, fachte den Lebensfunken der kleinen Nationen zu hellen Flammen an, die sich nicht mehr ersticken lassen, ausser nur durch die Gewalt. Wo aber die Gewalt herrscht, da muss natürlich das Recht schweigen. Wo die Schwachen so vernichtet werden, wie die armen Rothhäute in Amerika, da wäre wahrlich kein absonderlicher Unterschied zwischen Mensch und Bestie. Welches sind nun die wahren Grundsätze, die uns vor allem die Religion der Nächstenliebe, die Lehre Jesu Christi, in Bezug auf die Nationalität lehrt?

Die Zugehörgkeit zu einer und derselben Nation ist vor allem bedingt durch die gemeinsame Abstammung, welche allen Stammesgenossen nach dem Gesetze der Vererbung einen gleichen Typus aufdrückt und sie dadurch von den Angehörigen anderer Stämme unterscheidet. Dieser gemeinsame in der Abstammung wurzelnde Typus zeigt sich nicht blos in der äusseren Gestalt: in Gesichtsbildung, Farbe u. s. w., sondern vor allem auch in der allen Stammesgenossen gemeinsamen Muttersprache.

---

[1] Zelený: Zivot Jungmanna, Seite 39., Prag 1873.

Fällt Nation und Staat immer zusammen?

Gewöhnlich werden Volk und Nation für gleichbedeutende Ausdrücke genommen nach dem Gebrauche der gewöhnlichen Umgangssprache. In der wissenschaftlichen Sprache dagegen wird nicht selten mit dem Namen Volk eine mit einem unabhängigen Staatswesen vereinigte Volksmenge bezeichnet, während man den Ausdruck Nation im bisher entwickelten physiologischen Sinne von Stammes- und Sprachgenossen gebraucht. Halten wir diese Unterscheidung fest, so ist klar, dass Volk und Nation weder formell oder begreiflich, noch materiell zusammenfallen, indem eine Nation in mehrere Völker (Staaten) zerfallen oder umgekehrt ein Volk mehrere Nationen in sich begreifen kann. Ja es lassen sich die verschiedenartigsten Kombinationen zwischen Volk (Staat) und Nation unterscheiden. Das einfachste und naturwichtigste Verhältniss besteht darin, dass eine Nation in ihrer Gesammtheit und ohne Beimischung fremder Nationalitäten einen eigenen Staat bilde. Am nächsten kommt diesem Verhältniss wohl Portugal. Ein anderes, ebenfalls einfaches Verhältniss ist die Zertheilung einer Nation in mehrere selbstständige Gemeinwesen, wie das früher in Bezug auf Italien der Fall war und zum Theil noch in Bezug auf Deutschland der Fall ist. Es kann aber auch eine Nation in ihrer Gesammtheit zu einem Staate vereinigt sein, so jedoch, dass sie noch andere von ihr abhängige Nationalitäten zum Theil oder ganz in sich begreift. (Grossbritannien, China.) Eine weitere Möglichkeit ist die Vereinigung mehrerer Nationen zu einem Staat ohne gegenseitige Vermischung oder Unterordnung (Oesterreich). Endlich kann eine Nation völlig ihre politische Unabhängigkeit verlieren und stückweise fremden Nationen unterworfen sein (Polen).

Wie der einzelne Mensch, so gibt sich auch die Nation nicht selbst das Leben. Sie ist ein Werk Gottes. Sind nun die verschiedenen Nationalitäten ein Werk der Vorsehung Gottes, das im grossen Schöpfungsplane seine Bedeutung hat, so folgt nothwendig, dass die Staatsgewalt nicht die Aufgabe und das Recht haben kann, dieselben mit Gewalt zu unterdrücken.

Oder sollte es etwa Aufgabe der Staatslenker sein die von Gott geplante Socialordnung umzustossen und eine neue an deren Stelle zu setzen?

Somit hat jede Nation ein natürliches Recht auf ihren Bestand und auf die Erhaltung ihrer nationalen Eigenthümlichkeiten, insbesondere ihrer Sprache, und zwar gilt dies nicht blos von einer Nation in ihrer Gesammtheit, sondern auch von Bruchtheilen derselben, die sich etwa unter Fremdherrschaft befinden. So hat zum Beispiel, um die Frage praktisch zu fassen, Preussisch-Polen oder Russisch-Polen ein natürliches Recht auf die Erhaltung seiner nationalen Institutionen, insbesondere seiner Nationalsprache.

Wir sagen ein n a t ü r l i c h e s Recht. Es kann nämlich sein, dass einem Theil einer Nation die Erhaltung der Nationalität durch Vertrag oder Königswort garantirt ist. Dann haben solche Nationen auch ein p o s i t i v e s Recht auf ihre Nationalität, und die gewaltsame Unterdrückung der Nationalsprache im gewöhnlichen Verkehr und beim Religionsunterricht in den Elementarschulen wäre eine schreiende Rechtsverletzung, ein Wortbruch. Daher sagt R. von Mohl (Staatsrecht, Völkerrecht und Politik II., 347) mit Recht: „Eine gewissenhafte Einhaltung von förmlichen Versprechen ist nicht nur Gebot der Sittlichkeit, sondern einfache Klugheit; auch darf nicht vergessen werden, dass eine wirkliche oder nur vermeintliche höhere Gesittung keineswegs ein Recht gibt, die mit Volkseigenthümlichkeiten zusammenhängenden besonderen Einrichtungen gegen Vertrag und Gesetz zu verletzen und umzugestalten." Doch wir sehen im Folgenden von positiven, nicht allen Nationen gemeinsamen Rechten ab und betrachten blos die natürlichen Rechte, welche den Angehörigen einer Nation auf Grund ihrer Nationalität zukommen.

In der That, worauf sollte sich auch die Befugniss stützen lassen, einer Nation ihre nationalen Eigenthümlichkeiten mit Gewalt zu rauben, sie gewissermassen zum nationalen Tod zu verurtheilen? Etwa auf das öffentliche Wohl oder das Staatsinteresse? Unmöglich. Alle Völker betrachten ihre nationalen Sitten und Einrichtungen und ihre Nationalsprache als ihre theuersten und höchsten Güter. Mit unglaublicher Liebe und Zähigkeit hängen alle Völker an diesen nationalen Besitzthümern und bewahren sie als ein theueres und heiliges Vermächtniss ihrer Ahnen. Wer wüsste nicht, welchen Zauber der Klang der Muttersprache in der Fremde auf das Gemüth jedes Menschen ausübt. Kann nun die Staatsgewalt befugt sein, einer Nation diese kostbarsten Güter mit Gewalt zu entreissen? Der blose Nutzen gibt ihr sicherlich eine solche Befugniss nicht Denn einer Regierung die Vollmacht zusprechen, alle Güter und Rechte der Unterthanen zu beschlagnahmen oder zu unterdrücken, sobald ihr dies für das öffentliche Interesse erspriesslich erscheint, hiesse ihr einen Freibrief für jede Knechtung und Tyrannei ausstellen. Und doch müssen in Wien und in Nordböhmen arme czechische Dienstmädchen und Arbeiter Geldspenden sammeln, um einen Priester zu bezahlen, damit sie das Wort Gottes in eigener Sprache hören können. Die Rechtslehrer der modernen heimischen Nationalitätsidee haben andere Anschauungen aufgebracht. — Jede Nation habe das Recht, in ihrer Gesammtheit einen einzigen, mit fremden Nationalitäten nicht vermischten Staat zu bilden, so dass also jeder Staat ein Nationalstaat sei und jede Nation einen eigenen Staat bilde und es folglich gerade so viele Staaten auf Erden gebe, als es Nationen gibt.

Ein Blick auf eine Landkarte beweist, dass in Europa die Grenzen keines einzigen Staates sich mit den Sprachgrenzen decken. Der Grundsatz verlangt zudem ganz Unmögliches. Wer wollte z. B. heute die nördlich und südlich von den Pyrenäen wohnenden und derselben Nationalität angehörigen Basken zu einem selbständigen Staate vereinigen? Wer könnte ernstlich daran denken, die Reste der keltischen Nation in Frankreich, Wales und Irland wieder politisch miteinander zu verbinden? Ja oft lassen sich die Zusammengehörigkeit und die Grenzen gewisser Nationen gar nicht mehr bestimmen. Deshalb müsste auch die rücksichtlose Durchführung dieses Grundsatzes eine grosse Verwirrung und Unsicherheit im Völkerrecht zur nothwendigen Folge haben.

Aber Bluntschli und alle ähnlichen Rechtslehrer haben die Bismarck'sche Nationalitätsidee angebahnt.

Die Nationen müssen, nach Fürst Bismarck's Ausdruck, athmen und ihre Glieder bewegen können, damit sie leben.

Ist aber nur zu verstehen von den Nationen, welche dieses Gliederstrecken mit Blut und Eisen vollbringen können.

Gelingt demnach nach Bluntschli einer Nation die Staatsbildung, so ist sie politisch befähigt; unterliegt sie hingegen mächtigern Völkern, so ist das ein Zeichen ihrer politischen Unfähigkeit, und ihre Unterwerfung besteht zu Recht. Hier haben wir eine unverblümte Proklamirung des Rechtes der Stärkeren. Den Sarazenen und Türken gelang es, in Asien und Europa zahlreiche Völker mit Gewalt dauernd zu unterjochen. Folglich hatte das „Gottesgericht in der Weltgeschichte" die politische Unfähigkeit dieser Völker ausgesprochen, ihre Unterwerfung war berechtigt. Alle Eroberungen der Engländer und Russen in Asien bestehen zu Recht. Sollte es morgen einem kühnen russischen Eroberer gelingen, sich Deutschland dauernd zu unterwerfen, so wäre Deutschland als politisch unfähig zu betrachten.

Die Nationalitätsidee kann nicht auf diese Weise nach dem Princip Gewalt geht vor Recht vor der Gerechtigkeit bestehen.

Es ist deshalb eine übertriebene Forderung des Nationalitätsprincipes, dass der nationale Staat so weit reiche, als die nationale Sprache, weil dann die Staatsgrenzen ebenso beweglich würden, wie die Sprachgrenzen.

Hat doch Gott selbst die ganze jüdische Nation im Dienste seiner Vorsehung unter alle Völker der Erde zerstreut. Und ist die Thatsache, dass wir immer und überall in der Geschichte dieser politischen Vermengung der Nationalitäten begegnen, ja dass dieselbe auch heute trotz aller Nationalitätsbestrebungen nicht aus der Welt geschafft werden kann, nicht der beste Beweis, wie tief sie in den menschlichen Verhältnissen begründet ist?

Solange die europäischen Völker sich als Glieder einer grossen christlichen Völkerfamilie fühlten, solange das Band desselben Glaubens alle umschlang und zu grossen gemeinsamen Unternehmungen für ideale Ziele vereinigte, traten die nationalen Gegensätze zurück. Nicht als ob man damals die Heimat mit ihrer Sprache, ihren Gebräuchen und Sitten weniger innig geliebt hätte; aber die glühendste Vaterlandsliebe war gepaart mit dem Geiste christlicher Duldung und Nächstenliebe gegen andere Nationen. Zudem war das centralistische Bestreben der Neuzeit, die sich darin gefällt, alle organisch gesonderten, naturwüchsig aus dem Volke hervorkeimenden Gebilde einer allgemeinen Gleichmacherei zulieb zu vernichten, völlig unbekannt. Daher fehlte es auch an jenen offenen oder geheimen Feindseligkeiten gegen die nationale Eigenthümlichkeit, die in einem kurzsichtigen Streben nach Einheit und Macht wurzeln und beständig nationale Abneigung und Erbitterung wachrufen und erhalten.

Die Glaubensspaltung zerriss dieses einheitliche Band des Glaubens und der Liebe und setzte an Stelle der einen, alle Völker umfassenden Universalkirche Territorialkirchen, deren Grenzpfähle nicht weiter reichen, als die der Nation. Mit den Gegensätzen im religiösen Leben schärften sich auch die nationalen Gegensätze. Unserem Jahrhunderte war es vorbehalten, die Nationalitätsfrage zu einer Grundlage der völkerrechtlichen Beziehung zu machen, mit dem Nationalitätsprincip die Nationen untereinander enger zusammen-, gegen andere aber schärfer abzuschliessen, so dass man in Folge der nationalen Hetzereien fast die Rückkehr jener Zeiten fürchten muss, wo jeder Angehörige einer anderen Nation als hostis, als Feind angesehen wurde. In Italien wurde zuerst von den Geheimbünden und Umsturzparteien das Nationalitätsprincip als Losungswort unter die Massen geschleudert. Damit war dem Kirchenstaat, auf dessen Vernichtung es zumeist abgesehen war, das Todesurtheil gesprochen, ebenso den oesterreichischen Besitzungen jenseits der Alpen. In Deutschland wurde schon vor 1848 die Forderung auf politische Einigung der Nation erhoben. Im Jahre 1859 bildete sich unter der Leitung R. v. Bennigsen's der Deutsche Nationalverein, dessen ausgesprochenes Ziel die politische Einigung der deutschen Nation unter preussischer Hegemonie war.[1]

Wenn wir diese Grundsätze betrachten, die von keinem Czechoslaven niedergeschrieben sind, sondern doch von einem Deutschen, wie sollen wir das Vorgehen der preussischen Regierung nennen, welche den Polen in Posen den Vernichtungskrieg erklärt hat? Preussen hat bis Ende 1896 in Posen 148 polnische Rittergüter aufgekauft und 35 polnische Bauernwirthschaften. Damit wurde dem polnischen Volke 92.724 Hektar Boden abgenommen. Daraus errichtete Preussen 3070 Kolonien, welche an 1985 preussische Familien vertheilt worden sind.

Dasgleiche wird seit 1897 auch in Holstein betrieben, wo dänischen Bauern die Güter abgekauft werden. Wenn die Deutschnationalen sagen, dass den Deutschen in Oesterreich die Herrschaft gehöre und gebühre, weil sie, die Deutschen, stärker an der Zahl sind, weil sie Deutschland neben der Hand haben, so können wir ihnen mit den Worten des Franzosen Leplay dienen, der da sagt: Es gebe nur vier grosse Nationen, Russland, China, Nord-Amerika und England mit seinen Kolonien. Diesen gegenüber seien alle anderen Nationen nur kleinere Stämme, welche von jenen politisch zermalmt werden würden, wenn sie sich nicht zur Selbsterhaltung unabhängig von den vier grossen föderirten. Sie würden zu Grunde gehen, wie die Indianerstämme. Das hat Leplay vor 50 Jahren ausgesprochen und heute wird es zur Thatsache.[2]

Wenn deshalb die Worte des Wolf und der Schönerianer wahr sein sollten, so wäre das gebildetste Volk eigentlich das chinesische, welches ja über 400 Millionen Köpfe zählt.

Uebrigens wird jeder verständige Mann zugeben,

---

[1] Staatslexikon. Herausgegeben von Dr. Adolf Bruder. III. Band, Seite 1410—1422. Freiburg 1894.

[2] Internationaler landwirthschaftlicher Kongress in Budapest. Seite 225.

dass das Individuum kein Verdienst daran hat, ob es als ein Deutscher oder Franzose oder Engländer geboren ist.

Ist doch das nicht mein Verdienst, dass ich als Czeche geboren bin, ich hätte ja auch als Chinese geboren werden können.

Wir geben uns selbst das Leben nicht und auch nicht die Sprache, beides ist ein Geschenk Gottes. Wie Gott im Thierreiche nicht lauter Elephanten, Löwen, Tiger, Riesenschlangen und Wallfische erschaffen, sondern zahllose kleinere Thiere, um seine Herrlichkeit zu offenbaren, so hat Gott auch nicht nur grosse Nationen entstehen lassen, um auch im Menschengeschlechte durch die Mannigfaltigkeit der Sprachen seine Weisheit und Macht zu zeigen.

XIII.

Die Verdächtigungen des czechoslavischen Volkes und die angebliche Bedrückung der Deutschen in Oesterreich.

Nach dem 30jährigen Kriege war in Wien der Name des czechischen Volkes in einem schlechten Klange. In dieser Zeit, wo das czechoslavische Volk gänzlich darniederlag, betrachtete man es in den herrschenden Kreisen in Wien als eine Schmach ein Czeche zu sein. Am 26. Februar 1665 schrieb Graf Johann Vrbna dem Grafen Czernin, dass Fürst Lobkovic zum ersten kaiserlichen Hofmarschall ernannt werden solle. Das wollte Vrbna nicht glauben, weil Lobkovic czechischer Abkunft sei, was beim Hofe als eine Art Erbsünde betrachtet werde, und dass die Weisheit des Fürsten Lobkovic die Eifersucht der übrigen Hofleute wachrufen würde. (Das Original dieses Briefes befindet sich im Archive in Neuhaus in Böhmen.)

Wir begreifen demnach, als der 21jährige Palacký im Hause des Grafen Sternberk in Prag mit

Dobrovský sprach über die Wiedererweckung des czechischen Volkes, dass Dobrovský zweifelnd seinen Kopf schüttelte. Aber Palacký sagte: „Wenn ich auch aus einer Zigeunerfamilie stammte und ihr letzter Nachkomme wäre, so möchte ich wenigstens dahin arbeiten, dass nach meinem Geschlechte wenigstens ein ehrendes Andenken in der Geschichte aufbewahrt werden möchte." Als Palacký im Jahre 1831 die böhmische Museums-Gesellschaft gründete zur Herausgabe czechischer Werke und zur Pflege der czechoslavischen Literatur, hatte dieser Verein „Matice Česká" im ersten Jahre nur 31 Mitglieder. Die Gebildeten der damaligen Zeit waren vollständig gleichgiltig zu den Bestrebungen Palacký's und die Regierung blickte mit unverhohlenem Misstrauen, zumal sich Leute fanden, welche bei der Regierung das Staatsgefährliche dieser Neuerungen eifrig zu schildern nicht unterliessen.

Die czechoslavische Sprache war verbannt aus den Schulen, aus Aemtern, aus allen Anstalten. Die Regierung verfolgte misstrauisch den erwachenden nationalen Geist. Damals war es unmöglich, eine höhere Bildung zu erreichen in czechischer Sprache. Weil aber Studien zur besseren Lebensstellung verhalfen, so mussten czechische Eltern, wollten sie ihre Kinder besser versorgen, dieselben in deutsche Schulen schicken. Die Feinde des Volkes freuten sich, dass die czechoslavische Sprache dem Tode geweiht sei.

Angesichts solcher Verhältnisse verwandelte sich die Hoffnung der ersten Patrioten in Verzweiflung. Ueber die damalige Sachlage gibt uns ein helles Licht das Schreiben, welches versendet wurde an angesehene Persönlichkeiten zum Beitritte zur „Matice Česká". Es lautet: Euer Wohlgeboren! Wir haben die Ehre Euer Wohlgeboren beiligend den zum Theil bereits ins Werk gesetzten Plan zur Gründung eines besonderen Fonds bei dem vaterländischen Museum zur geneigten Einsicht vorzulegen. Sein Zweck ist wirksame Hilfeleistung für die in ihrem Aufblühen viel gehemmte böhmische Nationalliteratur. Sollte es auch in den Rathschlüssen der Vorsehung liegen, diese

Sprache und somit auch die Nation aus der Reihe der Völker verschwinden zu lassen — was nach den seit fünfzig Jahren zur Germanisirung des Landes getroffenen Anstalten nicht unmöglich ist — so wird doch diejenige Höhe, welche unsere Nationalliteratur jemals erstieg, für alle Zukunft stets den nächsten Masstab zur Würdigung des Volkes selbst und seiner Kulturstufe bilden.

Prag, 17. März 1832.

Josef Jungmann,
Franz Palacký,
Johann Presl.

Warum die oesterr. Regierung diese Bestrebungen der ersten czechoslavischen Patrioten mit Misstrauen verfolgte, dafür sorgte ihr Vertrauensmann in Prag, Prof. der oesterreichischen Geschichte an der Prager Universität, Herr Josef Linhart Knoll. (geb. 1775 in Grulich, gest. 1841 in Wien). Dieser gute Mann überflutete hervorragende Persönlichkeiten des Kabinets in Wien mit Briefen und Memoranden, in welchen er die czechische Nation fortwährend des Hochverrathes beschuldigte. Das that er besonders an allen damaligen czechischen Schriftstellern, deren Thätigkeit er als staatsgefährlich malte. Dabei kriecht er wie ein hündischer Lakai vor den Ministern, bettelt um ihre Gunst, zum Schlusse des Briefes zeichnet er sich als der allerunterthänigst gefertigte Sklave und Diener Seiner Excellenz. (Die Abschriften seiner Briefe liegen im Landesarchive von Böhmen.) Palacký stand in guten Beziehungen zum Reichshistoriographen Jos. Hormayer in Wien, welcher den czechischen Historiker sehr hoch schätzte. Im „Taschenbuch für vaterländische Geschichte" ist beim Artikel: „Die Stadions" eine Fussnote, welche von Palacký herrührt. Darin wird die Josefinische Regierung also geschildert: „Im Jahre 1774 wurden überall deutsche Normalschulen errichtet, 1780 wurde ein Erlass publicirt, nach welchem nur ein der deutschen Sprache kundiger Knabe in lateinische Schulen aufgenommen werden darf. In czechischer Sprache wurde nur in den untersten Klassen unterrichtet und dann im Hebammencours. An den Haupt- und Normalschulen rein czechischer Städte musste sich der Lehrer mit den Schülern oft durch Geberde verständigen. Nur manchmal durfte er das deutsch Vorgetragene mit einigen czechischen Worten erklären.

Aus den Universitäten, Gymnasien, Akademien, allen Lehrerbildungsanstalten war die böhmische Sprache verbannt. So wurde alle Wissenschaft, Kunst, Gewerbe, Handel, Industrie denen unzugänglich, welche nicht Deutsch erlernten. In der Beamtenwelt kannten aus Hundert höchstens Zwei czechisch. Daraus entstanden Verwirrungen bei den politischen, mehr noch aber bei den Gerichtsbehörden.

Die traurigsten Wirkungen dieser Germanisation zeigten sich im Religionsunterrichte. Ein junger Priester gab eine Brochure heraus über die verderblichen Wirkungen des Religionsunterrichtes in einer Sprache, welche die Kinder nicht verstehen. Die Brochure wurde konfiscirt und der arme Priester für einen Revolutionär ausgeschrien." Knoll hat bald den Autor dieser Fussnote herausgeforscht und schickte aus Prag in einem Briefe vom 20. Juni 1833 an den höchsten Kanzler Grafen Mitrovký „Historisch-politische Betrachtungen über eine Stelle in Hormayer's Taschenbuche". Darin schrieb Herr Knoll: „Wenn der czechische Stimmführer glaubt, dass die Regierung in die Schulen die slavische Sprache einführen soll, so muss auf die Gefahr einer solchen Veränderung hingewiesen werden. Der Slavismus und der neue auftauchende Rusniakismus darf durchaus nicht als eine unschuldige Spielerei angesehen werden in einem Reiche, wo 13 Millionen Slaven leben, von denen viele in Schrift und Religion den Russen verwandt sind. Viermal ist schon der schreckliche Czechismus gegen Deutschland und Oesterreich zu Felde gezogen, wie Räuber in den Hussitenkriegen, während der Regierung Georg von Poděbrad gegen Ferdinand I. und Karl V. im Schmalkaldischen Krieg, gegen Rudolf II. und Ferdinand II.

Soll Oesterreich dem Geiste und dem Wesen nach in der Gesetzgebung, in der Verwaltung, in Kunst und Wissenschaft, in der Herrscherfamilie weiter eine deutsche Reichsmacht bleiben, soll Oesterreich in Vertretung des Landes Böhmen, Mähren und Galizien im deutschen Bunde als das erste und mächtigste Glied betrachtet werden, so muss der öffentliche Geist dieser Länder, Böhmens, Mährens und Galiziens thatsächlich deutsch sein und bleiben."

In einem anderen Brief vom 30. April 1837 schreibt Knoll dem höchsten Kanzler Grafen Mitrovský folgendermassen: „Diese Monarchie ist keine italienische, ungarische, polnische oder czechische, sondern eine oesterreichische, folglich teutsche. Oesterreichs Herrscherhaus ist teutsch, teutsch sind Oberverwaltung und Gesetze, teutsch Wissenschaft und Kunst, teutsch sämmtliche das Ganze durchdringende Anstalten und Ideen." Am meisten verleumdete Knoll in Wien den Palacký.

Als Graf Mitrovský starb und sein Nachlass geordnet wurde (J. 1842), schickte der Ordner desselben Ritter von Neuberg einige nach Wien gesandte Briefe Knoll's Palacký zur Einsicht. Palacký antwortete darauf am 5. August 1844 seinem Freunde Neuberg: „Seit lange schon habe ich nichts gelesen, was so anregend und aufheiternd auf mich gewirkt hätte, wie diese beredten Blätter. Unter den vielfachen Genüssen, welche sie mir verschaffen, muss ich den aesthetischen obenan stellen: Es trat mir daraus in allen Zügen das Bild der Niederträchtigkeit unübertrefflich wahr, weil durch sich selbst gezeichnet, entgegen, und des Fuchses oft wiederkehrende salbungsvolle fromme Zerknirschung. Ich sehe, wie mein tückischer Feind, dessen eigentliche Gesinnungen gegen mich ich nicht einmal ahnte, insgeheim zu den niederträchtigsten Kunstgriffen seine Zuflucht nehmen musste, um mir zu schaden. Sind es nun wirklich solche Knolliaden, welche unsere Regierungsmaschine in Bewegung setzen? Dann wehe dem Volke, wehe der Regierung, die sich ihrer bedient."[1]

Das Knoll'sche Handwerk gegen das czechoslavische Volk in den Regierungskreisen Wiens hat

---

[1] Památník na oslavu stých narozenin Fr. Palackého. S. 444—471. Prag 1898.

seitdem nicht abgenommen, sondern zugenommen. Denn jetzt arbeiten sämmtliche Judenblätter in Wien in Knoll'scher Manier und unter der Zuchtruthe der reichen Jüdin aus der Fichtegasse müssen sich auch die Rücken oesterreichischer Minister krümmen, und falls sie nicht willig gehorchen, dann wird ihnen bedeutet, dass Excellenz ausgedient hat. Wir müssten da ganze Bücher schreiben, um das Besagte näher zu beleuchten. Doch nur ein Beispiel müssen wir anführen, um der Welt klar zu beweisen, in welcher Weise bei uns die Judenpresse arbeitet.

Wir haben wörtlich angeführt, in welch niederträchtiger Weise die Palacký-Feier von der „N. Fr. Pr." behandelt worden ist. Nun wollen wir eine Gegenleistung dieses frechen Judenblattes aus der Fichtegasse den Lesern zeigen. Anlässlich des Turnerfestes in Hamburg brachte die Jüdin aus der Fichtegasse folgenden Leitartikel. („Neue Fr. Presse" 26. Juli 1898.)

„Mehrere Bezirkshauptleute in dem deutschen Gebiete von Böhmen haben es bekanntlich nöthig und zweckmässig befunden, dem Turnverein ihres Amtsbezirkes den Besuch des diesjährigen neunten deutschen Turnfestes in Hamburg zu untersagen. Gestern ist dieses gefährliche Fest in Hamburg eröffnet worden, und trotz des Verbotes sind die deutschen Turner aus allen oesterreichischen Kronländern, auch aus Böhmen, in stattlicher Anzahl erschienen und sind Gegenstand ganz besonderer Auszeichnung seitens der gastfreundlichen Hamburger gewesen.

Nachdem, wie billig, das Fest in Hamburg mit einem Hoch auf den Landesherrn, den deutschen Kaiser, eröffnet worden war, folgte wirklich und sofort eine Ansprache an die Deutsch-Oesterreicher, in welcher auch der Kampf, den die Deutschen in Oesterreich zu führen haben, nicht mit Stillschweigen übergangen wurde. Was war aber der Inhalt der Anrede, gegen deren verderbliche Wirkungen den deutschen Turnern aus Böhmen die Ohren mit Baumwolle verstopft werden sollen? Sie möchten in dem Kampfe deutsche Zucht und Sitte, deutsche Kraft und Treue bewahren, sich aber im Uebrigen auf die Klugheit und Gerechtigkeit des Kaisers Franz Joseph verlassen.

Die Anrede des Festredners gibt wohl eine hinlänglich deutliche Vorstellung von dem Geiste, der in Bezug auf Oesterreich das Hamburger Turnfest erfüllt, und von dem Tone, auf den das Zusammensein der oesterreichischen Turner mit den Stammesgenossen in Deutschland gestimmt ist, um sich ein richtiges Urtheil über die Verbote zu bilden, mit denen die Bezirkshauptleute gegen das Turnfest eingeschritten sind. Ist denn wirklich die ganze Verwaltung schon so verczecht, dass sie sich die unverschämte Verleumdung der czechischen Presse, die Deusch-Oesterreicher seien Hochverräther und Oesterreich könne nichts Besseres thun, als je eher, je lieber den czechischen Staat als Bollwerk gegen ihre pangermanischen Attentate aufzurichten, in Wirklichkeit suggeriren lässt? Scheut man sich nicht, den Deutschen die Beleidigung anzuthun, welche in solchen Verboten ruht, hält auch das Bündniss mit dem deutschen Reiche nicht davon ab, ein deutsches Fest, welches unter dem Ehrenprotektorate eines der höchsten Generale der verbündeten Armee steht, auf solche Art als vom oesterreichischen Standpunkte feindselig und hochverrätherich zu stigmatisiren? Dieselben Behörden, welche den Deutschen den Besuch des Hamburger Turnfestes verboten, haben es ruhig mit angehört, wie im vorigen Monate bei der Palacký-Feier in Prag der Festredner es als das höchste Verdienst Palacký's pries, dass er den Ausspruch that: „Wenn wir Czechen die Gleichberechtigung nicht erlangen, haben wir kein Interesse an der Erhaltung Oesterreichs."

Sie ertrugen mit unglaublicher Langmuth die hasserfüllten Reden des Russen Komarov, der die Unverfrorenheit hatte, mitten in Oesterreich den Czechen zu sagen: „Wir sehen ihre Angelegenheiten wie die unseren an, wir lassen keine Ungerechtigkeit zu!" und damit förmlich die russische Intervention in den inneren oesterreichischen Angelegenheiten androhte! Der alte Moskaupilger Ladislaus Rieger, der jetzt so gnädig ist, die Habsburgische Dynastie seines Wohlwollens zu versichern, weil er ihr die Aufgabe zuweisen zu können glaubt, „den germanischen Ansturm" abzuwehren, konnte in Prag nicht umhin, wohl in Erinnerung an seine eigenen Thaten, zu bemerken: „Wenn in früheren Zeiten zwischen den beiden Faktoren" — den Czechen und der Dynastie — „ein Missverständniss sich ergeben hat, so muss es vergessen werden." Die Deutschen aber brauchen nichts aus ihrer Vergangenheit der Vergessenheit anheimzugeben, sie haben keine Missverständnisse in Bezug auf die Dynastie zu bereuen, und doch sind alle Massregeln, die seit geraumer Zeit gegen sie ergriffen wurden, von der Art, als ob jede Laune der Czechen ein österreichisches Staatsinteresse wäre und als ob deshalb jede Bethätigung des nationalen Bewusstseins der Deutschen präventiv und repressiv mit allen Mitteln der Staatsgewalt unterdrückt werden müsste.

Das Verbot, das Hamburger Turnfest zu besuchen, ist typisch für die Behandlung, deren sich die Deutschen seit geraumer Zeit in Oesterreich erfreuen. Es ist auf demselben Baume gewachsen, wie das Verbot des Egerer Volkstages, des Farbentragens der deutschen Studenten, wie die Auflösung des Grazer Gemeinderathes. Das ungewohnte Schauspiel, dass die Deutschen auch einmal angefangen haben, sich ihrer Haut zu wehren, hat auf gewisse oesterreichische Staatskünstler keine andere Wirkung hervorgebracht, als dass sie, wie hypnotisirt, jede Bewegung nachmachen, welche die czechischen Agitatoren, Streber und Aemterjäger ihnen vorzumachen für gut finden. Und doch besteht der „pangermanische Ansturm" gegen Oesterreich nur darin, dass die Deutsch-Oesterreicher von ihren Stammesgenossen ermahnt werden, ihrem Kaiser, als dem höchsten und würdigsten Manne in Oesterreich, unbedingtes Vertrauen entgegenzubringen, und doch könnte der Vergleich der Prager Palacký-Feier mit dem Hamburger Turnfest auch minder Scharfsichtige über den Schwindel aufklären, vermittelst dessen das dynastische Gefühl für die Grossmannssucht fruktificirt wird. Die Deutschen sind keine Gefahr für den Staat, den sie trotz Allem gegründet haben. Wenn es aber möglich wäre, ihr deutsches Bewusstsein in einen

Gegensatz zu ihrem Oesterreicherthum zu bringen und „Missverständnisse" herbeizuführen, wie sie Rieger für seinen Theil vergessen zu machen wünscht, dann könnte es nur durch die verkehrte Politik ungerechtfertigten und verletzenden Misstrauens geschehen. welches mit der Zeit gerechtfertigtes Misstrauen erzeugen muss." So die „Neue Freie" im besagten langen Leitartikel.

Nur einige Glossen mögen uns gestattet sein. Zuerst die deutsch-oesterreichischen Turner sind trotz der Verbote zahlreich nach Hamburg gefahren. Ob man einen derartigen „Patriotismus" in Preussen dulden würde? Wo ist nun aber, fragen wir, der Posener Polizeipraesident, damit er sein bekanntes Verbot, über das Eindringen von Ausländern zu einem öffentlichen Fest in Hamburg erlasse? Droht da für Preussen keine Gefahr wie in Posen? Nein, wir lesen im Gegentheil, dass die deutsch-oesterreichischen Turner ein „Gegenstand ganz besonderer Auszeichnung seitens der gastfreundlichen Hamburger gewesen." Ja die Deutschen im Reiche haben sogleich den deutsch-oesterreichischen Turnern ihr Mitgefühl gezeigt, denn der Festredner gedachte sogleich in seiner Rede aller Leiden, welche die deutschen Stammesbrüder in Oesterreich zu erleiden haben, als da sind: Verbot des Egerer Volkstages, Verbot des Farbentragens deutscher Studenten, Auflösung des Grazer Gemeinderathes, wie die „Neue Fr. Pr." die Leiden der Deutsch-Oesterreicher aufzählt. Man sieht, dass die Deutschen in Oesterreich einen wahren dornenvollen Kreuzweg durchmachen müssen.

Nun schauen wir nach, was da in Hamburg gesprochen wurde. Die „Neue Freie" brachte folgende Nachricht:

Wien, 25. Juli. (Die Oesterreicher auf dem Hamburger Turnfeste.) „Beim Empfange der deutschen Turner in der grossen Festhalle in Hamburg durch den Festausschuss begrüsste der Präsident der Bürgerschaft, Hinrichsen, die Festgenossen und Bürgermeister Dr. Mönckeberg sprach den Toast auf den Kaiser Wilhelm. Sodann hielt Ober-Ingenieur F. Andreas die folgende Rede:

Ihr Festgenossen, deutsche Turner alle! Ihr seid hiehergezogen nicht nur aus den Marken des neuen deutschen Reiches, welches unter unserem herrlichen Hohenzollernstamme aufblüht! Euer Turnerreich geht weit darüber hinaus, weit hinaus, dahin, wo die deutsche Zunge, welche unserem Gott Lieder singt, besonders lieblich und traulich klingt. Aus dem stammverwandten Oesterreich, wo der Habsburger, der allverehrte Bundesgenosse der Hohenzollern, seit langen Jahren sein mildes Scepter führt, strömen grosse Turnerschaaren in unseren Norden, nicht als Gäste und Fremdlinge, sondern als **vollbürtige Hausgenossen** der deutschen Turnerschaft.

Wie euch Oesterreichern unser deutsches Herz entgegenschlägt, wie fest unsere Stammesgemeinschaft gewurzelt ist, das haben wir gegenseitig am besten in jener ernsten Zeit erfahren, als Nord und Süd durch die Konsequenzen unhaltbarer politischer Einrichtungen in zwei Lager gespalten waren. Kaum war der von beiden Seiten heiss ersehnte Frieden in Sicht, da reichten die oesterreichischen Turner denen der anderen deutschen Stämme schon wieder die Bruderhand! Nicht treuer können wir im Westen die Wacht am Rhein halten, als ihr Deutsch-Oesterreicher die Wacht haltet für das Deutschthum an der Ostmark bis in das ferne Siebenbürgen hinein.

Wenn jetzt der oesterreichische Thron umbrandet wird von der lebhaften Bewegung vieler um den Vorrang streitenden Nationalitäten und die deutschsprechende und fühlende Bevölkerung eine Kraftprobe machen muss, um den wilden Wellen zu widerstehen, so rufen wir euch zu: Ihr lieben Stammesbrüder haltet den alten Ruhm deutscher Gesittung und Zucht, deutscher Kraft und Treue hoch, wie er in Sage, Geschichte und Volkslied, vom Kaiser Max auf der Martinswand bis zu Andreas Hofer, allen Deutschen stets vorgeleuchtet hat! Wissen wir doch, dass euer Kaiser auch heute noch in all dem Wirrwarr der Meinungen als der höchste und würdigste Mann in Oesterreich anerkannt wird, dem man unbedingt Vertrauen entgegenbringt, wie es der Fürst Bismarck mir einst so treffend sagte: „Wenn der Kaiser von

Oesterreich reiten lassen will, so wird geritten." Ist sein Stamm doch hervorgegangen aus jener Habichtsburg in der deutschen Schweiz, welche nicht Wall, noch Mauern nöthig hatte, weil sie von der Männertreue beschirmt wurde.

So wollen wir dem Habsburger als dem Hort des Deutschthums aus dem vollen Herzen der aus allen Gauen Deutschlands und Oesterreichs hier versammelten deutschen Turnerschaft von neuem den deutschen Heilruf darbringen. Trotz aller modernen Neuerungssucht gehen doch die deutschen Lieder: „Gott erhalte Franz den Kaiser" und „Deutschland, Deutschland über Alles" immer noch nach einer und derselben Melodie! Se. Majestät der Kaiser Franz Joseph, er lebe hoch!"

Halten wir uns diese Leistung des Oberingenieurs Andreas in Hamburg vor Augen, so heben wir daraus folgendes hervor: „Die deutschen Turner aus Oesterreich sind in Hamburg nicht Gäste und Fremdlinge, sondern vollbürtige Hausgenossen. (Die czechischen Aerzte, die nach Posen kommen wollten, wurden dagegen mit dem preussischen polizeilichen Zwangsausweis bedroht!)

Wie die Turner im Reiche die Wacht am Rhein im Westen halten, so sollen die Deutsch-Oesterreicher die Wacht für das Deutschthum halten an der Ostmark bis in das ferne Siebenbürgen hinein."

Ich glaube, dass die Rede Komarov's in Prag ein Kinderspiel ist gegen diese Leistung. Da wird rundweg Oesterreich als Ostmark bezeichnet, nun mein Liebchen, was willst du noch mehr? Die oesterreichischen Turner aus der „Ostmark" haben auch anderweitig ihre Pflicht als oesterreichische „Patrioten" erfüllt. Die „Neue Freie" brachte folgende Telegramme:

1. Hamburg, 26. Juli. Allseitige Zustimmung fand der Trinkspruch des oesterreichischen Reichsraths-Abgeordneten Professors Kienmann aus Wiener-Neustadt. Derselbe dankte zunächst in warmen Worten für die überaus herzliche Aufnahme der österreichischen Turner, welche mit vollem Herzen an den Freuden Alldeutschlands theilnehmen. Er schilderte sodann die Bedrängniss der deutschen

Stammesgenossen in Oesterreich, welche in ihrem schweren Kampfe für den Bestand des deutschen Volkes in Oesterreich sehr wesentlich durch die Turnerei gestärkt werden. Der heutige Kampf sei von den Deutschen Oesterreichs nicht gesucht, sondern denselben aufgedrängt worden, und sie werden und müssen ihn mit eigener Kraft ausfechten. Dieser Kampf werde nur dazu führen, deutsche Volkskraft und deutsches Volksbewusstsein neuerlich zu stärken. Nie aber werde die österreichische Turnerschaft ihre Stammeszugehörigkeit zum grossen deutschen Vaterlande vergessen. Die Deutsch-Oesterreicher gehören der deutschen Turnerschaft an und wollen ihr auch weiter angehören. Reichsraths-Abgeordneter Kienmann schloss sodann seine Ausführungen mit einem Heil auf die volksstärkende Turnerei.

2. Hamburg, 27. Juli. Der „Hamburgische Correspondent" berichtet aus Friedrichsruh, 4 Uhr 40 Minuten: Die Gerüchte über eine ernste Erkrankung des Fürsten Bismarck beruhen leider auf Wahrheit. Die Familie befürchtete gestern das Schlimmste. Der Zustand ist auch heute noch sehr ernst, doch hofft man, nachdem der Fürst gut geschlafen, dass der Zustand sich allmälig zum Bessern heben wird, wenn man auch noch grosse Besorgniss hegt. Die Familie ist vollzählig im Schlosse versammelt. Gegen 3 Uhr machte Graf Rantzau mit seinen Söhnen einen Spaziergang. Graf Herbert um $1/_45$ Uhr mit seiner Gemalin eine Ausfahrt. Die vielen hier eingetroffenen Turner, namentlich aus Oesterreich und von Kaiserslauten, die gehofft hatten, den Fürsten begrüssen zu dürfen, mussten mit Rücksicht auf dessen leidenden Zustand zurückgewiesen werden."

Hoffentlich wird doch die „Neue Freie" nicht mehr so oft dem Dr. Rieger seine Moskaureise vorwerfen.

Die „Neue Freie" spricht von den „Leiden" der Deutschen in Oesterreich. Man sollte glauben, dass die Deutschen in Oesterreich wahre Märtyrer sind, wäre das, was das Judenblatt schreibt, wahr. Wie die Deutschnationalen und Schönerianer dulden und leiden wie arme Märtyrer, sehen wir aus folgenden

Thatsachen. Das „Vaterland" brachte im Januar 1898 folgende Nachricht:

Die gekündigte Wohnung des Bezirkshauptmannes. Der nationale Kampf in der Form von Wohnungskündigungen dauert im deutschen Gebiete Böhmens fort. Ein norddeutsches Lokalblatt erzählt, auch in Tetschen seien von deutschen Hausbesitzern ihren böhmischen Inwohnern die Wohnungen massenhaft gekündigt worden. Darauf habe sich eine Deputation der Gekündigten zum Bezirkshauptmanne begeben, um ihn um Rath zu fragen. worauf er erwidert habe, sie möchten in den Wohnungen verbleiben, bis sie die gerichtliche Kündigung erhalten haben würden. Das sei auch geschehen. Aber nun seien nicht blos den schon früher gekündigten Böhmen, sondern auch dem bis dahin nicht gekündigten Bezirkshauptmanne die gerichtlichen Wohnungskündigungen zugekommen. — Der Herr Bezirkshauptmann wird sich trösten; er wird schon wieder eine andere Wohnung in Tetschen erhalten. Aber von den anderen Gekündigten wird wohl Mancher sein Ränzlein schnüren und die ungastliche Elbestadt verlassen müssen, nicht etwa weil er unordentlich als Mensch und Zahler, sondern weil er ein Böhme ist. Und solches geschieht zu Ende des neunzehnten Jahrhunderts!

Am 11. Februar brachte das Blatt diese Nachricht:

Böhmen. (Boykottirungen von Staatsbeamten.) Wir berichteten seinerzeit von nationalen Zusammenstössen. welche in Havran bei Brüx vorgefallen waren. Die Fenster eines Gasthauses, in welchem eine deutsche Gesellschaft weilte, waren mit Steinen beworfen worden, und czechische Arbeiter der dortigen Fabrik wurden in Verdacht gezogen, dass sie die Thäter seien. Man drang in die Arbeiterhäuser, und es wurden mehrere Czechen misshandelt und verletzt. Inzwischen sind mehrere von den eingedrungenen Deutschen angeklagt und zu empfindlichen Strafen verurtheilt worden. Das Richterkollegium hatte aus drei Mitgliedern deutscher und einem Mitgliede böhmischer Nationalität bestanden, und das letztere wird nun boykottirt. Es ist ein Landesgerichtsrath. Seine gewöhnlichen Tischgenossen und die Besitzerin des Hotels, wo er zu verkehren pflegte, wurden ihrerseits mit Boykott bedroht, wenn sie diesen Landesgerichtsrath von dem Verkehr mit ihnen und bei ihnen nicht ausschliessen würden. Tags darauf fand der Herr Rath den Tisch, bei dem er sonst mittagmahlte, leer. Die Frau Wirthin theilte ihm mit, sie habe für ihn keinen Platz mehr, da ihr die übrigen Kostgänger angedroht hätten, ihr Gasthaus sonst zu meiden. Angeblich werden dem Herrn Gerichtsrathe auch die übrigen Gasthäuser geschlossen werden. Ein gleiches Los soll aber auch den Staatsanwalt Herrn Stegr, der im Havraner Processe die Anklage vertrat, bedrohen. — Der nationale Kampf nimmt von Tag zu Tag eine hässlichere Form an.

Am 27. Februar kam im „Vaterland" folgende Nachricht: „Böhmen. (Versetzungen böhmischer Eisenbahnbeamter.) Neuerdings liegt eine Meldung vor, wonach der im deutschen Gebiete Böhmens ausgeübte Wohnungsboykott Erfolg gehabt hat. In Tetschen, Bodenbach und Aussig wurden einer Anzahl von Eisenbahnbeamten und -Bediensteten die Wohnungen gekündigt, und da ihnen keine anderen vermiethet wurden, so waren sie bemüssigt, an ihre Direktionen die Bitte um Versetzung in das böhmische Gebiet zu richten. In den meisten Fällen fand diese Bitte Gewährung, und die betreffenden Angestellten der Eisenbahnen sind bereits aus den genannten Orten abgesiedelt. An ihrer Stelle trafen deutsche Beamte ein."

Wie gegen Staatsbeamte und Eisenbahnbedienstete gewüthet wird, so haben besonders czechische Priester den Hass der Deutschnationalen und Schönererianer zu verspüren. So schreibt das „Vaterland": „Aus dem nordöstlichen Böhmen, 3. Februar. (Orig.-Korr.) (Nationale Verhetzung.) Einen traurigen Beweis der nationalen Verhetzung, um nicht zu sagen Verwilderung der beiden Volksstämme in Böhmen gaben die in letzten Tagen erfolgten Unruhen bei der Einführung des neuen Langenauer Pfarrers Josef Kaplický. Derselbe ist ein Czeche von Geburt, hat sich jedoch seit 20 Jahren in deutschen Gegenden, und zwar im „geschlossenen" Gebiet, bei Karlsbad mit bestem Erfolge verwendet, so dass er von der deutschen Bevölkerung allgemein verehrt und geachtet wurde, und seine Pfarrkinder ihn nur ungerne scheiden sahen. Von der Patronin. Gräfin Rosina Czernin. die selbst deutsch und musterhaft katholisch ist. wurde dieser tadellose Priester im Hinblicke auf seine musterhafte Verwendung für die deutsche Pfarre Langenau bei Hohenelbe, Diöcese Königgrätz, präsentirt. Allein schon sein Name genügte zur Entfesselung der Leidenschaften.

Verhetzt — leider auch von einer Seite, wo man es am wenigsten erwartet hätte, — hat die Gemeinde dem Pfarrer erklärt, dass sie ihn nicht annehmen werde, und dass sie nur einen deutschen Priester haben wolle. Diese Drohung artete in einen förmlichen Ueberfall bei der ersten Ankunft des neuen Pfarrers am 30. Januar aus. Schon bei der heiligen Messe. als er das Evangelium verlesen wollte, ging ein Theil der Männer lärmend aus der Kirche ; und als der Pfarrer aus der Kirche in das Pfarrhaus zurückkehrte. wurde er von der Menge beschimpft und mit einem Hagel von Eisstücken beworfen. wobei der mitanwesende Patronatscommissär am Fusse verletzt und der Pfarrer selbst nur durch eine schnelle Wendung des Kopfes vor schwerer Verwundung bewahrt wurde. Wenn die deutschen Pfarrsprengel in der Diöcese nur mit deutschen Priestern besetzt werden sollten. so müssten vier Fünftel der Stellen vacant bleiben, da notorisch 80 Percent der deutschen Gemeinden von böhmischen Priestern zur vollkommenen Zufriedenheit der Eingepfarrten pastorirt werden. und dieser paradoxe Wunsch nur dahin führen müsste, dass die meiste Anzahl deutscher Gemeinden — keinen Priester haben dürfte. Soweit ist — hoffentlich das deutsche Volk doch nicht gekommen. Die angesuchte Untersuchung wird wohl die Rädelsführer der verdienten Strafe zuführen. allein. wäre es nicht schon hoch an der Zeit. die wild tosenden Wogen der nationalen Hetze nicht noch höher zu treiben? Jam proximus ardet Ucalegon!"

Am 12. Februar 1898 brachte das Wiener „Vaterland" diese Notiz: Aehnlich, wie dem hochw. Herrn Pfarrer Kaplický in Langenau erging es vorgestern dem schlesischen Landtagsabgeordneten Dr. Gruda, welcher jüngst Pfarrer in Katharein bei Troppau geworden ist. An dem bezeichneten Tage wurde Dr. Gruda, welcher bekanntlich böhmischer Nationalität ist und mit dem Troppauer Advokaten Dr. Stratil den überwiegend czechischen Troppauer Landgemeindenbezirk vertritt, installirt; dabei kam es zu einem Akte nationaler Feindseligkeit gegen ihn. Bei dem Empfange geschah es nämlich, dass eine Anzahl von Leuten den neuen Pfarrer mit Koth und Steinen bewarfen. Katharein hat eine zum grössten Theile böhmische Bewohnerschaft; von dieser Seite ist also wohl der Angriff nicht erfolgt.

Wie weit die Deutschnationalen in ihrem Hass gehen, illustrirt nachstehender Vorfall.

Anfangs März 1898 las der Kaplan Elis in Komotau den Hirtenbrief des Feldbischofs der Garnison in Komotau deutsch und böhmisch vor, weil auch Soldaten zuhörten, welche des Deutschen nicht mächtig waren. Wo Garnisonen in czechischen Städten sind, muss natürlich der Hirtenbrief auch in deutscher Sprache vorgelesen werden. Auf dieses Verbrechen des Kaplans Elis sammelte der Bürgermeister von Komotau, der Seifensieder Schiefer, über 100 Unterschriften, die er dem Leitmeritzer Bischof sandte, wo mit dem Abfall zum Protestantismus gedroht wird, sobald nicht P. Elis sogleich versetzt werde, da er in einer deutschen Stadt gewagt habe den Hirtenbrief des Feldbischofs auch czechisch vorzulesen. In der Charwoche ging Herr Schiefer mit einigen Stadträthen zum Stadtpfarrer von Komotau, Fr. Sendner, um anzufragen, wann endlich P. Elis fortkommen werde. Darauf antwortete Stadtpfarrer Sendner, dass dies bald geschehen werde. Damit aber die Person des armen P. Elis die Deutschnationalen nicht reize, wie ein rothes Tuch den Truthahn, nahm P. Elis nicht einmal Theil an der Auferstehungsprocession, um sich nicht öffentlich zu zeigen. Ob denn die Buschmänner in Centralafrika wohl bessere Menschen sind als manche Stadtväter von Komotau? Wie weit der Wahnsinn der Schönerianer und der Deutschnationalen geht, beweisen auch die Vorgänge in Graz. Am 8. Februar sprach im steierischen Landtag der Universitätsrektor Dr. Thaner folgendermassen:

„Dr. Thaner unterstützt in längerer oft mit Beifall gelohnter Rede die Anträge des Verfassungs-Ausschusses. Redner betont unter Anderem, dass mit seiner lieben Muttersprache von den Czechen ein Missbrauch getrieben wird, wenn dieselben von einer Gleichwerthigkeit der deutschen und der czechischen Sprache sprechen. Jedem Volke, jedem Menschen ist seine Muttersprache die werthvollste, in dieser Beziehung ist die czechische Sprache genau so viel werth als die deutsche, aber auch als die Sprache der Aschantis und der Congoneger. (Grosse Heiterkeit.) Es gibt aber einen anderen Werthmesser für die Sprache, nämlich die Bedeutung der Sprache als Verkehrs- und Verständigungsmittel. In dieser Beziehung werden die Czechen, Slovenen, Polen doch nicht behaupten können, dass ihre Sprachen gleichberechtigt sind mit der deutschen Sprache. Eine juristische Formel für die Sprachenverordnung kann nicht gefunden werden. Die Czechen lernen deutsch und verlangen nun von den Deutschen, dass sie czechisch lernen; sie sagen, das sei Gleichberechtigung, aber daraus wird die Verpflichtung und damit ist das Kunststück fertig. Es ist ein grosser Unterschied zwischen den Sprachen. Die europäischen Kultursprachen stehen mit den klassischen Sprachen, mit den Wurzeln der europäischen Bildung, im Zusammenhange. Dies ist bei den slavischen Sprachen nicht der Fall. Wenn der Deutsche eine slavische Sprache zu erlernen hat, wird er von seinem geistigen Niveau herabgedrückt. Die Petition werde der Regierung nicht imponiren: diese Petitionen werden wie Raketen aufsteigen in allen Formen, der Regierung wird das Feuerwerk gefallen, aber weiter wird es nichts helfen. Erst dann werden die Petitionen und die Wünsche wirken, wenn die Regierung sieht, dass es Feuersignale sind, welche das deutsche Volk zusammenrufen zu einer deutschen Eidgenossenschaft. Auf der Solidarität der

Deutschen, auf echter Gemeinbürgschaft solle das Auftreten der Deutschen im Reichsrathe basirt sein. Dann wird Oesterreich nicht zu einem Nebenstaate Ungarns werden." Zuletzt verlangte Dr. Thaner die Inkorporation Oesterreichs in die Monarchie der Hohenzollern. Abg. Walz erklärt, dass die Hochverräther in jenen Reihen zu suchen sind, welche das Vertrauen der Krone missbrauchen und die den Staat dorthin geführt haben, wo er sich jetzt befindet. Redner sehe Morgenroth, die Deutschen seien müde, sich fort und fort Rechte nehmen zu lassen. Der deutsche Michel hat seine Schläfrigkeit abgelegt und die geballte Faust erhoben, und wo die niederfällt, da gibt es Trümmer. (Stürmischer Jubel auf der Galerie.)

Aus diesen Beispielen ersehen wir zur Genüge, wie die preussische Phylloxera Dank dem Wirken der Schönerianer und Deutschnationalen in Oesterreich verbreitet ist. Wie man in den Rathhäusern von Reichenberg, Saaz, Eger, Asch vorgeht, ist unglaublich, noch unglaublicher ist die frappante Nachgiebigkeit oesterreichischer politischer Behörden. Hier das Beispiel. Die „Neue Freie Presse" berichtet: Reichenberg, 26. Juli. („Deutschland, Deutschland über alles.") Anlässlich der Zuschrift des Reichenberger Bezirkshauptmannes an die Zittauer Amtshauptmannschaft wegen der Absingung des Liedes „Deutschland, Deutschland über alles", durch Zittauer Schulkinder im Reichenberger Rathhauskeller, richtete in der heutigen Stadtverordneten-Sitzung der Stadtverordnete Herzog an den Bürgermeister eine Interpellation, in welcher es heisst: „Da unsere Gemeinde autonom ist, so hat der Herr Bezirkshauptmann unberechtigterweise einen unberechtigten Eingriff in die Selbstverwaltung unserer Gemeinde gethan, der mit aller Entschiedenheit zurückgewiesen werden muss. Ich stelle daher an den Herrn Bürgermeister die Anfrage, was er zu thun gedenkt, um in Hinkunft solche Ereignisse hintanzuhalten und die Autonomie unserer Stadt zu wahren." Bürgermeister Dr. Bayer erwiderte: „Ich finde es eigenthümlich, dass der Herr Bezirkshauptmann sich um eine Sache kümmert, die sich im Rathhauskeller unserer Stadt abgespielt hat, und über welche zu entscheiden, da wir die autonome Selbstverwaltung besitzen, nur die städtischen Organe berufen sind. Dies hat auch der Stadtrath in seiner Zuschrift an den Bürgermeister von Zittau zum Ausdrucke gebracht. Ich bin nicht gewillt, eine Kompetenz-Ueberschreitung, auch wenn sie von noch so hohen Regierungsorganen ausgeht, in dem uns gewährleisteten Wirkungskreise ruhig hinzunehmen, und werde diesbezüglich eine Beschwerde bei der k. k. Statthalterei einbringen."

Da hat man's schwarz auf weiss. Das ist die Sprache von Unterdrückten! Der Bürgermeister von Reichenberg Dr. Bayer hat das Recht im Rathhause auch die Proklamirung der Stadt Reichenberg als eine Vorstadt Berlins auszusprechen, und der Bezirkshauptmann, welcher die Regierungsgeschäfte im Namen Sr. Majestät führt, hat ihm nichts zu sagen, denn innerhalb des Rathhauses ist der Stadtrath und der Bürgermeister ganz autonom, unabhängig, da kann auch die Annexion an Preussen proklamirt werden. Wir sind neugierig, ob man im Zittauer Rathhauskeller eine oesterreichische Annexion proklamiren liese. Wir sind überzeugt, dass da der preussische Staatsanwalt seines Amtes walten würde. Aber wir sind eben in Oesterreich, in dem guten, alten und gemüthlichen Oesterreich, wo man nur den Ausnahmszustand, Bajonnete, Mannlicherkugeln gegen die Czechen, Polen und Slovaken zu handhaben versteht.

Die selbstbewusste Sprache des Bürgermeisters von Reichenberg klingt so, als ob er nicht unter dem Gesetze von Oesterreich, wohl aber unter Gesetzen Preussens stände. Die Preussenseuche ist bei uns in Oesterreich geradezu ein bedenkliches Symptom geworden. Während im Frühjahr 1898 Dresdner und Berliner Blätter öffentlich czechische Maurer und Zimmerleute boykottirten und verboten, es dürfe kein Bauunternehmer sie in Arbeit nehmen, zeigt man in Oesterreich den Ankömmlingen aus Preussen das höchste Zuvorkommen.

Preussische Angehörige haben in Troppau und Teschen Geschäfte, Fabriken, da geriren sie sich mit echt preussischer Aufgeblasenheit, die verbunden ist mit ostentativer Verachtung des armen czechoslavischen arbeitenden Volkes. In Znaim bekam Karl Bornemann die Koncession zur Errichtung einer Buchdruckerei, obzwar er kein gelernter Typograph ist und gibt das „Znaimer Tagblatt" heraus, wo das czechoslavische Volk auf das unverschämteste gehöhnt wird. Karl Bornemann ist heute noch kein Angehöriger Oesterreichs, er ist ein Preusse. In den ungeheueren Kohlenbecken der Länder der böhmischen Krone, Böhmen, Mähren, Schlesien gehören zahlreiche Kohlenbergwerke Reichsangehörigen, welche hier einen fabelhaften Raubbau einführen, Grund und Boden und den Besitz an Häusern gefährden, wie die furchtbaren Katastrophen von Brüx beweisen. Welch ungeheuere Mengen von Kohle nach Deutschland von Böhmen, Mähren und Schlesien aus eingeführt werden, geben folgende Zahlen an:

Deutschland kaufte oesterreichische, recte böhmische Kohlen ein:

im Jahre 1895 . . . . 79,375.064 Metercentner
„   „   1894 . . . . 76,765.507   „

Diese Mengen steigen von Jahr zu Jahr, und das alles bezieht Deutschland ohne Zoll! Ob das Preussen thun würde, ob Bismarck die Naturschätze Deutschlands ohne eine Entschädigung hätte ausrauben lassen, wie es bei uns geschieht? Die preussische Phylloxera zerfrisst in bedenklichem Masse das innere Mark Oesterreichs. Im städtischen Kasino in Graz werden fünf reichsdeutsche Tagblätter abonnirt, darunter zwei preussische Hetzblätter, und doch ist Vorsitzender dieses Kasino ein k. k. Hofrath und ein k. k. Oberlandesgerichtsrath. Dagegen wurde aus demselben Kasino ein gut patriotisches Blatt, das „Grazer Extrablatt" ausgewiesen.

Palacký's prophetischen Worte gehen heute in Erfüllung, dass sich in rein innere oesterreichische Verhältnisse Fremde einmischen werden.

Heute rufen die Schönerianer und Deutschnationalen fortwährend die Hilfe der Reichsdeutschen und nehmen ihre Geldgeschenke zu ihren Agitationen dankbar an. Schönerer könnte uns am besten sagen, woher die Blätter seiner Partei gespeist werden. Sollte auch da nicht eine Art berüchtigten Welfenfondes vorhanden sein? Draussen in Deutschland schreiben gewisse „wissenschaftliche Revuen" unverhohlen ihre Meinungen, deren Tendenz dahin geht, dass man in dem aufgeblasenen Berlin glaubt, die Preussen dürfen heute noch, wie nach der Schlacht von Königgrätz an die Strassenecken böhmischer Ortschaften Plakate ankleben, mit der Inschrift: „Königreich Neu-Preussen." In besagter Weise schreiben z. B. Harden in der „Zukunft" und die bekannten „Grenzboten".

So schreiben z. B. die „Grenzboten" im Artikel: „Der Nationalkampf in Böhmen" in Nr. 48 vom 29. November 1894 Seite 392 folgendermassen: „Da das deutsche Reich ein grosses und dringendes Interesse daran hat, dass in der oesterreichischen Monarchie den Deutschen die Vorherrschaft bleibe, so bedarf es wohl kaum des Hinweises, dass die Bestrebungen der deutschen Schutzvereine (Schulverein etc.) der Ostmark und vor allem der Sudetenländer der opferwilligen Theilnahme der Reichsdeutschen zu empfehlen sind." Das ist doch deutlich gesprochen. Nun sollen die massgebenden Kreise in Wien doch wissen, dass das arme Oesterreich es jetzt bis zur „Ostmark" des deutschen Reiches gebracht hat. Man geht aber in Berlin noch weiter. Als im Januar 1898 im Berliner Hoftheater das Stück „Burggraf" gegeben wurde, wo das czechoslavische Volk gehöhnt wird, da schrieb die Wiener „Reichswehr": „Derartige Ereignisse beweisen, dass man im deutschen Reiche nicht zufrieden ist mit der politischen Demüthigung, sondern dass man vorgehe zur realen Demüthigung Oesterreichs. Denn der „Burggraf" ist ein demonstratives Stück gegen Oesterreich. Das muss ein tiefes Bedenken erregen, dass ein derartiges Stück im Berliner Hoftheater zu Ehren des kaiserlichen Geburtstages bei Anwesenheit des oesterreichischen Botschafters Szögyöni (eines Magyaren) gegeben worden ist."

Ich glaube nun, genug Beweise erbracht zu haben, dass das angebliche Märtyrerthum der Deutschnationalen in Oesterreich ein kolossaler Schwindel ist.

Dass es den Deutschnationalen doch nicht darum geht, die Sprachenverordnungen aufzuheben, dass diese wahnsinnigen Agitationen gegen die Regierung doch einen anderen Zweck haben, darüber schreibt selbst das grosse Judenblatt der „Pester Lloyd" folgendermassen:

„Dass man die unseligen Sprachenverordnungen wieder aufgebe — es ist hundertmal gesagt worden, dass damit nichts geholfen sei, weil alsdann die Opposition und Obstruktion der Deutschen durch Opposition und Obstruktion der Czechen und ihrer Verbündeten abgelöst würde. Da gäbe es doch nur einen ausgleichenden, vermittelnden Gedanken: den oesterreichischen Gedanken, das Bewusstsein der Zusammengehörigkeit Aller in der historischen Idee, welche die erhaltende Seele dieses Gemeinwesens bildet: aber dieser Gedanke hat alle Macht über die Geister eingebüsst. Ueber die Geister — leider, dass dieses Wort nur wie eine schlecht angebrachte Metapher klingt, denn man kann bezüglich Oesterreichs allerdings von Instinkten und Leidenschaften, nicht jedoch von der Herrschaft des Intellekts, von genau abwägendem politischen Verstande sprechen. In den Niederungen ist er nicht anzutreffen, hier wüthet die nationale Gehässigkeit schrankenlos, aber auch auf den Höhen webt und waltet er nicht, die ohnehin nicht blendend helle Einsicht der Führer wird durch die Rechthaberei und Revanchegelüste der Parteimänner noch verdunkelt. Wäre dem anders, es hätte nimmer geschehen können, dass die Konferenzen des Grafen Thun mit den deutschen Parteihäuptern über die Sprachenfrage so schlechterdings resultatlos verliefen. Denn selbst angenommen, dass die Grundzüge in der Anlage verfehlt seien, so hätte es doch sicherlich nur der unvoreingenommenen Mitwirkung der Deutschen bedurft, um ein befriedigendes Substrat herzustellen — vorausgesetzt freilich, dass diese nicht von dem Gespenst der Czechisirung oder Slavisirung verfolgt sind. Wie lächerlich ist doch die Furcht, dass bei dem heutigen übermässig entwickelten Stammesbewusstsein der oesterreichischen Deutschen, genährt und gekräftigt durch den Zusammen-

hang mit den Deutschen im Reiche, und in dem Oesterreich, dessen Armeesprache die deutsche ist, dessen parlamentarische Sprache deutsch ist, und wenn man sich überhaupt verständigen will, deutsch bleiben muss, dass inmitten dieser lebensvoll wirkenden Verhältnisse und Elemente auch nur ein einziger deutsch-oesterreichischer Staatsbürger seiner Sprache oder seinem Stamme entfremdet und durch die czechische Kultur vergewaltigt werden könne! Doch vergeblich — die Konferenz ist gescheitert und Oesterreich marschirt nun dem Unbekannten entgegen."
(„Pester Lloyd", 27. Juli 1898.)

Ein ebenso grosser schamloser Schwindel wird getrieben mit den sogenannten Ueberfällen und Misshandlungen der Deutschen von Seite der Czechen. Sehen wir uns ein wenig das Handwerk der jüdischen Presse näher an. Die „Neue Freie" brachte in der Nr. vom 12. Juli 1898 folgende Nachricht: Troppau 11. Juli. (Original-Telegramm.) Czechischer Ueberfall auf deutsche Bürger. Palacký-Feier. Gestern veranstaltete der Troppauer Bürgerverein einen Ausflug in die städtischen Forste bei Skřip, an welchem auch der Bürgermeister Rochowansky und mehrere Gemeinderäthe theilnahmen. Im Ganzen haben sich circa 120 Personen an dem Ausfluge betheiligt. Auf dem Wege dahin mussten die Ausflügler mehrere czechische Ortschaften passiren. Der Ausflugsort wurde ohne Zwischenfall erreicht. Auf dem Rückwege wurden die deutschen Ausflügler, welche in zwei Partien zurückkehrten, bei Anbruch der Dunkelheit in dem zwei Stunden von Troppau entfernten Dorfe Bohučowic von einem czechischen Trupp überfallen und mit Steinwürfen derart misshandelt, dass mehrere Deutsche, darunter auch ein Gemeinderath, Verwundungen davontrugen. Als der erste Theil der Ausflügler hieher zurückkehrte und sich die Kunde von dem Ueberfalle verbreitete, bemächtigte sich der deutschen Bevölkerung grosse Aufregung, und man befürchtete, dass die Zurückgebliebenen noch ärger misshandelt würden. Um halb 11 Uhr Nachts trafen die letzten Ausflügler hier ein, welche in der That gleichfalls mehrere Verwundete mitgebracht hatten.

Kürzlich fand hier in Troppau ganz unbeanständet eine Palacký-Feier statt, die von der Polizei eifrig beschützt wurde."

Es ist auffallend, dass das Judenblatt keine Namen anführt von den Verwundeten. Es sind gewöhnlich paar freche Juden, die im bezechten Zustand ihre jüdische Frechheiten ausüben, und kommt es vor, dass sie ihre paar verdiente Ohrfeigen bekommen, dann wird sofort nach Wien telegraphirt: „Czechischer Ueberfall" etc.

In welch schamloser Weise das czechoslavische Volk von der Judenpresse verleumdet wird, wie frech die Juden den Nationalitäten-Hader nähren, davon gibt einen klaren Beweis folgender Vorfall. Am 3. August 1898 wurde der Grundstein zur neuen Steinbrücke in Prag gelegt, bei welcher Gelegenheit der Bürgermeister von Prag Dr. Podlipný in Gegenwart der Regierungsvertreter, der Bauunternehmung und anderer Festgäste zum Schlusse seiner kurzen Ansprache an den Stein klopfte, die Worte dabei sprechend: „Trotze den Fluthen, Stürmen und Wettern! Bleibe hart, wie auch der czechische Schädel hart bleiben möge." So berichtet das Prager Judenblatt „Prager Tagblatt", ganz richtig in der Nummer vom 4. August folgend: „Möge die Gründungsurkunde nie den Bau dieser Brücke künden, möge sie für immer in der Tiefe bleiben! (Výborně!) Die Brücke aber gereiche nicht nur dem heutigen Prag, sondern dem künftigen slavischen Gross-Prag, dem ganzen Königreiche zu Nutz und Frommen! Hierauf wurde die Metallkapsel verlöthet, dem Bürgermeister übergeben und von diesem in die Oeffnung des letzten Abdecksteins des Pfeiler-Fundaments mit den Worten gelegt: „Quod bonum, felix, faustum fortunatumque eveniat! Trotze den Fluthen, Stürmen und Wettern! Bleibe hart, wie auch der czechische Schädel hart bleiben möge!" Maurer vermauerten die Oeffnung, der erste Rustica-Quader wurde mittels eines Flaschenzugs auf die vermauerte Oeffnung des Fundamentsteines herabgelassen und der Akt der Grundsteinlegung war zu Ende."

In der Nummer vom 4. August brachte der „Pester Lloyd" aus Prag folgendes Telegramm: „Die Rede des Bürgermeisters Podlipný bei der heutigen Schlusssteinlegung der neuen Moldaubrücke schloss folgendermassen: „Trotzet den Deutschen und seid hart! Hart sei auch der böhmische Schädel!"

Dasselbe Telegramm brachte das Szeps'sche „Neue Wiener Tagblatt" und andere Wiener Judenzeitungen.

Auf diese Weise geht das Telegramm in die Zeitungen Deutschlands und andere ausländische Zeitungen, die nur aus diesen Judenblättern sich über die Vorkommnisse in Böhmen und Oesterreich überhaupt unterrichten. Wir wetten eins gegen hundert, dass an den „Pester Lloyd" und nach Wien die Zeitungsdepeschen der Zeitungsreporter der Jude Katz absendet.

Also wird durch freche jüdische Journalisten der Hass der Völker künstlich genährt, damit kein Friede, keine Verständigung, keine Ernüchterung eintrete, damit das tarnopoler Raubthier ruhig die dummen Christen, ob Deutsch oder Czechisch ausrauben könne.

So lange der Nationalitäten-Streit in Oesterreich dauern wird, so lange ist an eine Gesetzgebung nicht zu denken, welche sociale Verbesserungen zum Zwecke hätte. So weiss Israel die dummen Christen zu entzweien, damit es seine Schätze weiter anhäufen könne.

Man frage nur die diensthabenden Telegraphenbeamten bei der Telegraphendirektion in Prag und man wird erfahren, dass die meisten Telegramme und Telephonberichte an die Judenzeitungen der Zeitungsreporter Jude Katz abschickt. Kommt es nun vor, dass friedliche czechische Bürger sich die Gemeinheiten besoffener jüdischer Studenten nicht gefallen lassen wollen, alsdann wird gleich in alle Judenzeitungen telegraphirt: „Czechischer Ueberfall auf Deutsche." Das nun drucken mit besonderem Behagen alle deutschnationalen Blätter ab, mit der Absicht, der Regierung, der ganzen Welt zu beweisen: seht, das czechische Volk, ein rohes Volk, und das soll mit uns gleiche Rechte haben? So wird in einer frechen

Weise der Nationalitätenhader genährt und Volk und Land an den Abgrund des Verderbens gebracht, und Niemand ist, welcher dem Handwerk frecher Judenzeitungen ein Halt gebieten würde. Auf diese Weise wird Oesterreich durch seine eigene Schwäche der berufenen Regierungsorgane zu Grunde gehen, sollte nicht bald in massgebenden Kreisen eine bessere Einsicht platzgreifen.

XIV.

Oesterreichs Politik seit 1848 bis zum Jahre 1866 und das czechoslavische Volk.

Während der absolutistischen Regierung Metternich's vor dem Jahre 1848 war es in Böhmen für Angehörige des czechoslavischen Volkes gefährlich, ja unmöglich, das Volk öffentlich über politische Lage und Rechte der Nation zu belehren. Die damaligen Patrioten konnten sich nur auf die Pflege der Sprache und Literatur verlegen, aber auch das war der Regierung sehr verdächtig und „gefährlich". Ein Recht der Nationen gab es nicht. Der damalige Polizeipräsident von Prag, Herr Muth, sagte dem Dr. Rieger, als die Patrioten im Jahre 1841 ein Ballfest veranstalten wollten, zu welchem die Einladungen in czechischer Sprache gedruckt werden sollten, und die Ordner des Festes von dem Polizeipräsidenten aufgefordert wurden, auch den deutschen Text daneben drucken zu lassen, wo denn in Oesterreich ein Recht sei: „Ah, was ist Recht? Das Recht ist ein breiter Sack, in welchen man vieles hineinstecken kann." [1]

Damals arbeitete Oesterreich an der grossdeutschen Politik, und da waren czechisch gedruckte Einladungen zu einem Ballfest eine Staatsgefahr für Oesterreich, nach der Meinung der herrschenden Regierungsorgane. Seitdem aber haben sich die Dinge gänzlich

---

[1] Památník. S. 545.

geändert. Oesterreich hat eine schmerzliche Lektion durchmachen müssen, bevor die Wiener Diplomaten aus ihrem Wahn kurirt worden sind. Nur Schade, dass für die Verblendung mancher Menschen, welche die Fortuna auf höchste Stellen bringt, ohne dass sie es verdient haben, dass für diese Art Menschen Tausende haben ihr Leben hingeben müssen. Oesterreich hat eine blutige Widergeburt im Jahre 1866 durchmachen müssen, damit in Wien eine bessere Einsicht herrsche über die Staatsidee Oesterreichs. Und trotzdem haben sich die Dinge auf einer anderen Seite nicht sehr geändert.

Wie wir gesehn haben, ist im Laufe der Zeit, besonders seit dem Tage bei Sedan, bei uns in Oesterreich eine Sorte von Menschen entstanden, welche in allen möglichen Bierkneipen zum Hohn auf die oesterreichische Kaiserhymne nun bei jeder Gelegenheit „Deutschland, Deutschland über Alles" singen. Die Deutschnationalen und Schönerianer wollen die Regierung zwingen, Oesterreich solle als die „Ostmark" Deutschlands proklamirt werden.

Ob in den herrschenden Regierungskreisen die volle Erkenntniss der wahnsinnigen Verhetzung Wolf's und Schönerer's herrscht, darüber können wir allerdings nichts bestimmtes sagen. Aber es wird heilsam sein, wieder etwas in Erinnerung zu bringen, denn in Wien scheint man gar zu sehr das Jahr 1866 vergessen zu haben.

Vorigen Jahres ist in Stuttgart ein zweibändiges Werk erschienen aus der Feder Heinrich Friedjung's mit dem Tittel: „Der Kampf um die Vorherrschaft in Deutschland 1859 bis 1866".[1]) Es scheint, als ob dieses Werk vor dem Tode Bismarck's geschrieben wäre, zu dem Zwecke, dass nach dem Hingeschiedenen nicht zu viel Flüche nachgeschickt werden von denen, die ein verlorenes Leben aus 1866 und 1870—71 zu beklagen haben. Friedjung's Buch hat den Zweck, die Bismarck'sche Politik auf wissenschaftliche Weise zu rechtfertigen. Trotzdem dieser Zweck auf Kosten der Humanität, aus Liebe zur Mutter Germania ge-

---
[1]) Verlag Cotta.

schrieben ist, zaudern wir keinen Augenblick zu bekennen, dass wir wünschen möchten, es solle das Friedjung'sche Buch als Katechismus erklärt werden für jeden oesterreichischen Politiker und oesterreichischen Officier. Da wir natürlich nicht berechtigt sind die Arbeit Friedjung's zu plündern, beschränken wir uns nur auf den Eingang des Werkes. Friedjung schreibt: „Entschleiert war für einen Augenblick die Zukunft Deutschlands, als das erste deutsche Parlament am 3. April 1849 dem Könige von Preussen die Kaiserkrone anbot."

Damit beginnt Friedjung sein Buch, es ist der Frankfurter Bundestag, an welchen Palacký seinen bekannten Brief über die oesterreichische Monarchie schickte. Friedjung sagt nun: „Friedrich Wilhelm IV. war nicht etwa willens, sich den grossen Augenblick ganz entschlüpfen zu lassen. Doch hätte er dem Hause Habsburg, dessen älteres Recht ihn mit mystischer Scheu erfüllte, die deutsche Kaiserkrone gegönnt."

Weiss das Friedjung so ganz bestimmt? Es scheint, denn er schreibt weiter: „Wilhelm liess im Mai 1849 an Fürst Schwarzenberg folgenden Vorschlag schicken: Es sollte ein deutscher Bundesstaat unter Führung Preussens aufgerichtet werden, der dann mit Oesterreich ein unauflösliches völkerrechtliches Bündniss zu Schutz und Trutz schliessen könnte. Merkwürdig war die geplante Ausführung."

Wilhelm von Preussen hätte auf eigene Faust vorgehen können. Friedjung sagt darüber: „Mit Unterstützung der Revolution in Italien und Ungarn, die leicht zu entflammen gewesen wäre, hätte Oesterreich vielleicht überwunden werden können; doch diesen Gedanken wies Friedrich Wilhelm mit Abscheu von sich. Dazu erklärte sein Kriegsminister, General Stockhausen, dass das preussische Heer einem Zusammenstosse mit den im Kriege erprobten Truppen Radetzky's nicht gewachsen sei. Lieber verzichtete denn der König auf seine Pläne, und Manteuffel kehrte in Olmütz reumüthig zum deutschen Bundestage zurück."

Friedjung charakterisirt die damalige Machtstellung Oesterreichs, wie sie sich nach den Napoleonischen Kriegen darstellte, folgendermassen: „Als Fürst Felix Schwarzenberg am 5. April 1852 plötzlich starb, stand der konservative Bund zwischen Oesterreich, Russland und Preussen, dieses wichtige Erbstück der Metternich'schen Politik, indessen noch aufrecht; noch war der Gedanke, diese Staatenordnung zu zertrümmern, selbst im Kopfe Bismarck's nicht reif. Es kann nicht scharf genug hervorgehoben werden, dass auf diesen Bündnissen der Vorrang Oesterreichs in Deutschland und Italien beruhte. Metternich hatte die heilige Allianz nicht blos als Hort der konservativen Politik, sondern noch mehr als Grundpfeiler der Machtstellung seines Staates in Europa aufgerichtet.

Ein Jahrhundert lang, durch die Zeit des Prinzen Eugen von Savoyen zu den Tagen Friedrichs des Grossen, währte Oesterreichs Allianz mit den Seemächten England und Holland; nicht blos Belgien und Italien, vielmehr das gesammte Erbe Maria Theresias wurde mit Hilfe dieser Bunde vertheidigt. Wie es sodann Kaunitz verstand, zum Kampfe gegen Friedrich II. eine andere, furchtbare Coalition fast des ganzen Festlandes zustande zu bringen, ist das Meisterstück seiner ruhmvollen diplomatischen Laufbahn. Nicht geringere Erfolge erzielte endlich Metternich, indem er dieselben Bahnen beschritt und den 1813 mit Preussen und Russland geschlossenen Bund fortbildete. Als Metternich's unhaltbare innere Politik in der Revolution von 1848 zusammenbrach, rettete die von ihm gehegte Allianz mit den nordischen Mächten die im Kerne erschütterte oesterreichische Monarchie. Wenn der König von Preussen mitten in diesen Stürmen die deutsche Kaiserkrone angenommen, wenn der Car nicht sein Heer zur Niederwerfung Ungarns aufgeboten hätte, so wäre die Wiederaufrichtigung des Reiches schwer möglich gewesen. Fürst Schwarzenberg stellte nach einer schweren Krise diese Verbindung wieder her und hinterliess sie als sein wichtiges Vermächtniss seinem Nachfolger.

Jene Männer — denen sich später Graf Andrássy bei der Schöpfung des Bundes mit Deutschland und Italien anschloss — kannten die Schwächen ihres Staates genau. Sie wussten, dass er bei dem losen Zusammenhange seiner Theile, bei der durchschnittlich geringen Begabung der die Aemter füllenden Aristokratie, bei den Mängeln seines Heerwesens einem Ansturme von verschiedenen Seiten nicht gewachsen sei. Oesterreich konnte einen Verzweiflungskampf nicht wagen, wie etwa einer der geschlossenen Nationalstaaten. Seine Machtstellung, ja sein Bestand beruht auf Verträgen.

Von dieser klugen Regel altväterischer Staatskunst wich die oesterreichische Diplomatie vollkommen ab zur Zeit der Krimkrieges: schwer rächte sich dieses Verhalten in den Kriegen von 1859 und 1866 durch die Vereinsamung Oesterreichs. Die Wiener Diplomaten hatten es sich in den Kopf gesetzt, Oesterreich zur grossdeutschen Politik zu treiben, und hatten kein festes Recept dazu.

Die Habsburgische Monarchie schwankte. Zuerst schloss sie im April 1854 mit Preussen einen Neutralitätsvertrag; im Dezember verband sie sich mit Frankreich und England, aber sie leistete ihnen nicht früher die erwarteten diplomatischen Dienste, als bis Sebastopol gefallen war. So klagte ganz Europa über die Unzuverlässigkeit der oesterreichischen Politik. Kaiser Franz Joseph hatte das richtige Gefühl, dass sein Minister einen gefährlichen Pfad beschreite, er erhob Einspruch gegen die Allianz mit den Westmächten. Graf Buol aber erklärte, dann seine Entlassung geben zu müssen, und der übel berathene vierundzwanzigjährige Herrscher liess sich zum Abschlusse bestimmen. Schwer empfand Kaiser Nikolaus das, was er den Undank Oesterreichs nannte. Den Gesandten Oesterreichs, den Grafen Georg Esterhazy, soll er, wie Herzog Ernst von Koburg erzählt, gefragt haben: „Wissen Sie, wer die beiden dümmsten Könige von Polen gewesen sind?" Und als der Gesandte verlegen schwieg, beantwortete der Car die Frage selbst: „Das waren Sobieski und ich!" Beide, so meinte der Kaiser, hätten Oesterreich gerettet, ohne Dank dafür zu ernten.

Auch die deutschen Höfe wurden von Buol's Hochmuth unaufhörlich verletzt. „In der Verurtheilung Buol's," schreibt Bismarck am 21. Dezember 1855, „sind alle Stimmen in München und Stuttgart einig: am lautesten die Gegner der Russen, welche sagen, dass er die oesterreichische Politik übermässig ungeschickt geführt habe."

So war nach dem Krimkriege das diplomatische Werk Metternich's zerstört.

Während des Krimkrieges durchspähte Bismarck von Frankfurt aus die Fehler Oesterreichs. Er lernte die Gefahren kennen, denen er einst selbst begegnen sollte. Er gehörte zu denen, welche König Friedrich Wilhelm darin bestärkten, die schwankende Politik Oesterreichs nicht zu unterstützen, sondern sich getreu zu dem russischen Bundesgenossen zu halten! Darin liegt eben die ganze Schlauheit der preussischen Politik!

Ueber das durch die Schuld seiner Diplomatie isolirte Oesterreich brach 1859 ein schweres Schicksal herein. Als Napoleon III. sich mit Cavour zur Befreiung Italiens verband und Ungarns Haltung die oesterreichischen Staatsmänner beunruhigte, sah sich das Wiener Kabinet vergeblich nach Bundesgenossen um. Hier sollte nun Friedjung uns die Aufklärung geben, ob da schon nicht in Berlin erfolgreich gegen Oesterreich gearbeitet worden ist. Unter diesen Verhältnissen schrieb Bismarck am 12. Mai an den noch immer unentschlossenen Minister des Aussern, Freiherrn von Schleinitz, die späterhin oft angeführten Worte: „Ich sehe in unserem Bundesverhältniss ein Gebrechen Preussens, welches wir früher oder später ferro et ingni werden heilen müssen, wenn wir nicht beizeiten in günstigerer Jahreszeit eine Kur dagegen vornehmen." Und wann hätte der politische Kalender solchen Entwürfen günstiger sein können, als in dem Sommer, der Oesterreich die Niederlagen bei Magenta und Solferino brachte? Friedjung macht uns vertraut mit den Ursachen der Niederlagen Oesterreichs in Italien. Er enthüllt uns den alten Schlendrian. Offenherzig ist in den Berichten des Generalstabes die damalige Lage des oesterreichischen Heeres sowie die mangelhafte Kriegsverfassung geschildert. Man hatte sich genöthigt gesehen, das unzuverlässige Corps des Grafen Clam-Gallas, das zumeist aus Ungarn bestand, in das Innere Oesterreichs zurückzuschicken, ausserdem musste eine Division des zweiten Corps, dessen kroatische Grenztruppen sich als kriegsuntüchtig erwiesen, aufgelöst werden. Vergeblich hatten dem gegenüber die Nordslaven wie die Rumänen voll ihre Schuldigkeit gethan, die Deutschen den alten Ruhm der kaiserlichen Waffen durch neue tapfere Thaten erhöht. Der Bericht des Kriegsministeriums über den italienischen Feldzug, über die Tage von Magenta und Solferino lobt also die ungarischen Truppen nicht absonderlich.

In den Heereslisten waren 375.000 Mann Fussvolk verzeichnet, davon waren 255.000 Rekruten. Fast die Hälfte des gesammten Heeres bestand nach Einberufung der Urlauber aus ungeschulten Truppen: es war eben während des Friedens angenehmer gewesen, mit den länger dienenden Soldaten die Parade zu beziehen, als die Rekruten mühsam abzurichten. Grosse Unterschleife hatten die Verpflegung des italienischen Heeres verschlechtert; die mangelhafte, oft verderbte Kriegsverwaltung zeigte ihre Fehler: trotz des übermässig angewachsenen Kriegsbudgets waren die Zeughäuser leer, die nothwendigsten Festungsarbeiten im Minciovierech unvollendet. Man sieht den alten echt oesterreichischen Schlendrian.

In dieser inneren Zerfahrenheit Oesterreichs wurde Otto v. Bismarck am 23. September 1862 zum Ministerpräsidenten ernannt. Ernste Sorgen drückten zu derselben Zeit Kaiser Franz Joseph. Denn nach dem Zusammenbruche des Absolutismus musste der Staat neu aufgebaut werden. Nach der kurzen Zwischenregierung des Grafen Goluchowski wurde Schmerling im Dezember 1860 mit dem Amte des leitenden Staatsministers betraut. Der Stern Antons v. Schmerling war in Frankfurt aufgegangen, als ihn der Reichsverweser Erzherzog Johann zum Präsidenten des ersten deutschen Reichsministeriums ernannte. Während an der Spitze der oesterreichischen Regierung ein Schwächling stand, regierte das Ruder der preussischen Politik

Oesterreichs grimmigster Feind. Seit dem Krimkriege war Bismarck innerlich bereits zum Bruche mit Oesterreich entschlossen. Während Bismarck den festen Plan hatte Oesterreich nach Osten zu schleudern, lebte Schmerling in dem Gedanken, das centralisirte Oesterreich zum gebietenden Staate im Deutschen Bunde zu erheben.

Die folgenden Zeilen Friedjung's sollen wohl zur Entlastung Bismarcks dienen? Bismarck gehörte zu den wenigen, welche den Gegensatz zwischen Preussen und Oesterreich folgerichtig und bis zu Ende dachten; ihn anders als durch den Krieg zu lösen, schien ihm im letzten Grunde nach seinem Ausdrucke als eine „mathematische Unmöglichkeit". Deshalb setzte er sich auch von dem Tage seiner Ernennung zum Ministerpräsidenten an mit den ungarischen Emigranten in Verbindung, unter denen Graf v. Seherr-Toss und Herr v. Kiss seine Vertrauensmänner wurden.

Uebrigens hat ja schon der Grosse Fritz mit den unzufriedenen österreichischen Magnaten wegen eines Bündnisses unterhandelt. „Wenn wir siegen, wird auch Ungaren frei werden. Verlassen Sie sich darauf." Man hat also in Preussen die alten Freunde im Ungarnlande nicht vergessen.

Als Karolyi dem Bismarck einwendete, dass Oesterreich seinen traditionellen Einfluss auf die deutschen Höfe nicht aufgeben könne, erfolgte der Rath Bismarck's, Oesterreich möge „seinen Schwerpunkt nach Ofen verlegen". Dieser Rath Bismarck's war jedenfalls gesünder als der politische Wahn Schmerling's. Auf das eifrigste rieth Schmerling dem Kaiser zur grossdeutschen Politik. Er hoffte, durch die vollbrachte Reform der deutschen Verfassung das deutsch-centralistische System in Oesterreich zu befestigen und die Slaven und Magyaren mit grösserem Erfolge niederzuhalten.

Anfangs hatte Bismarck viel zu kämpfen, bis er den König von Preussen innerlich zum vollen Bruche mit Oesterreich brachte. Anders als der König blickte Bismarck kalt durch den Schleier, welcher durch die Scheu vor dem Herkommen über die Zukunft Deutschlands gebreitet war; in Worten, vor denen sich seine

Zeitgenossen zuerst entsetzten, wies er auf den Kern politischer Grösse, auf Waffen und Bündnisse hin; „Blut und Eisen" betrachtete er als die Bindemittel der uneinigen Stämme Deutschlands.

Dagegen ist zu sagen, dass die Deutschen seiner Zeit in Sentimentalität und Phrasen zu zerfliesen drohten; Bismarck riss sie aus ihren Träumen und erhob sie zu einem mächtigen Volke. In der That, das Bild der Welt ist seit ihm herber, männlicher geworden. Die übrigen Nationen mögen ihm das vorwerfen; die Deutschen, denen er ein einiges Vaterland schneller gab, als sie hoffen konnten, sind ihm zu Dank verpflichtet. Hier ist wohl die stärkste Verherrlichung Bismarcks im Buche Friedjungs angebracht.

Den Weg zur Demüthigung Oesterreichs fand Bismarck in der schleswig-holsteinischen Frage. Der Gedanke lag Bismarck ferne, gegen Dänemark lediglich nur idealer Zwecke willen zu Felde zu ziehen. Machtzuwachs für Preussen war sein Ziel, am besten durch direkte Einverleibung der Herzogthümer. Und diesen Plan Bismarck's hat die oesterreichische blinde Diplomatie nicht durchblickt. Rechberg täuschte sich in der Hauptsache: denn er wollte nur den Trotz der Dänen brechen und er erhoffte die allseitige Anerkennung des Londoner Vertrages als Schlussakt des politischen Dramas, Bismarck aber sah in dem gemeinsamen Kriege erst den Beginn des grossen Spieles. Herr von Biegeleben, der das Wiener Kabinet leitete, war ein David dem preussischen Goliath gegenüber. Biegeleben wirkte in diesem Amte unter den Ministern Buol, Rechberg, Mensdorff, Beust, bis er unter Andrássy im April 1872 von seinem „20jährigen Staatsschreiberthum" zurücktrat. So nannte er selbst seine Amtswirksamkeit, da er nahezu alle Staatsschriften und Depeschen verfasste, welche bis zur Auflösung des Bundes über die deutsche Frage aus der Wiener Staatskanzlei hervorgingen. An dieser Stätte waren seit jeher Männer aus dem Reiche zu den wichtigsten Arbeiten verwendet worden. Der einflussreichste unter ihnen war Bartenstein gewesen, der Strassburger Professor, welcher unter Kaiser Karl VI. und bis zum Emporkommen des Fürsten Kaunitz die Seele der äussern Politik Oesterreichs war. Das ganze Wiener Kabinet, Schmerling und sein Adjutant Biegeleben wurden von Bismarck gründlich genasführt. Täuschung lag nicht in Bismarcks Absicht; unverhohlen bekannte er sich zu seiner Absicht, Oesterreich die Qual der fatalen Mitherrschaft über Schleswig-Holstein empfinden zu lassen. Am 8. Februar drang Graf Karolyi, der oesterreichische Botschafter, abermals in ihn, an Stelle des provisorischen Zustandes in den Landen einen endgiltigen zu setzen. „Warum?" wandte Bismarck ein. „Weshalb könnte unser gemeinsamer Besitz nicht selbst ein Definitivum sein? Uebrigens beruhigen Sie sich," fügte er, als Karolyi bei diesen Worten auffuhr, ironisch hinzu, „wir halten Wort: wir werden unsere Bedingungen vorlegen ... Sehen Sie, wir stehen da vor der Frage über die Herzogthümer, wie zwei Gäste, die ein treffliches Gericht vor sich haben; der eine aber, welcher keinen Appetit hat und es nicht verzehren will, verbietet energisch dem anderen, den der Leckerbissen reizt, zuzulangen und zu schmausen. So warten wir denn, bis der Augenblick kommt; einstweilen befinden wir uns leidlich wohl in unserer Lage und werden sie erst ändern, wenn man uns befriedigende Bedingung bietet." Das war eine andere Sprache als damals bei der Zusammenkunft in Schönnbrunn. Auch diesmal handhabte Bismarck eines jener Bilder, die seine politische Phantasie so glücklich zu bauen verstand. Die Jagdbeute von damals war zu einem schmackhaften Gerichte zubereitet; es war eine unverantwortliche Bosheit Oesterreichs, dass es den Freund verhinderte sich an dieser Mahlzeit zu sättigen.

So leichthin und übermüthig auch Bismarck sprach, eine so wohlerwogene Absicht lag in diesem Auftreten. Er drohte nur, aber er glaubte die Drohung werde genügen.

So Friedjung. Wir glauben, dass selten ein Staatsmann die Diplomaten eines anderen Staates so gehänselt hat, wie Bismarck es hier gethan. Doch arbeitete Preussen unverdrossen an seinem Plane weiter. Friedjung schreibt: „Es ist nun in höchstem Grade bezeichnend, dass der Kriegsminister Roon sich am Tage der Ablehnung des preussischen Vorschlages, am 27. Februar, von Molkte ein Gutachten über die Streitkräfte Oesterreichs erbat. Offenbar hatte Bismarck den Amtsgenossen die Gefahren der Lage nahegelegt.

Um sein Besitzrecht durch eine sichtbare Thatsache zu betonen, befahl König Wilhelm im April 1865 die Verlegung der preussischen Marinestation von Danzig nach Kiel. Preussen richtete sich also in den Herzogthümern wie auf eigenem Boden ein. Damit war nun der erste Schlag gethan und Preussen warf sein Visier weg, es zeigte sein offenes Gesicht. In ganz bestimmten Worten stellte Bismarck den Streitfall nicht als eine Frage des Rechtes, sondern der Macht hin. Schon im Sommer 1865 äusserte er sich in diesem Sinne: „Wenn Oesterreich unser Bundesgenosse bleiben will, muss es uns Platz machen."

In dem preussischen Ministerrathe vom 29. Mai 1865 erwogen denn die Räthe der Krone nicht etwa die Rechtsfrage, sondern, ob es nützlich und vortheilhaft sei, die unbeschränkte Herrschaft über Schleswig-Holstein durch einen Krieg anzustreben. Bismarck setzte auseinander, dass man auf friedlichem Wege von Oesterreich die im Februar gestellten Bedingungen werde erreichen können, jedoch mit Ausnahme des Fahneneides, den der König von Preussen von den schleswig-holsteinischen Truppen verlangte. Aber er hielt den Augenblick für gekommen, um die volle Einverleibung der Herzogthümer durchzusetzen. Das bedeutete nun, da Oesterreich einen Ersatz an Land und Leuten verlangte, die Kriegserklärung. Da Bismarck indessen die Abneigung des Königs gegen diesen äussersten Schritt kannte, fügte er hinzu: „Ein Krieg mit Oesterreich wird früher oder später doch nicht zu vermeiden sein, nachdem die Politik der Niederhaltung Preussens von der Wiener Regierung wieder aufgenommen worden ist. Allein den Rath zu einem grossen Kriege gegen Oesterreich können wir Sr. Majestät nicht ertheilen: der Entschluss kann nur aus der freien königlichen Ueberzeugung selbst hervorgehen. Würde eine solche gefasst, so würde das gesammte preussische Volk ihr freudig folgen." Das letztere war zu bezweifeln, aber dem Grundgedanken traten mit Ausnahme des Finanzministers alle Kollegen Bismarck's bei. Dann aber folgten noch zwei Boten von grosser Bedeutung: Zuerst sprach Molkte mit vollster Sicherheit und bedingungslos für die Annexion, und wenn diese verwehrt würde, für den Krieg; ebenso bestimmt erklärte sich der Kronprinz gegen den Krieg und für die Einsetzung des Herzogs von Augustenburg.

Nachdem Preussen fest entschlossen war, Oesterreich aus Deutschland zu verdrängen, arbeitete nun Bismarck daran, Oesterreich zu isoliren. Er musste sich nun versichern, dass keine der europäischen Mächte störend dazwischentrete, wenn es bei der Aufrollung der deutschen Frage zum Duell mit Oesterreich käme. Russlands wohlwollender Neutralität war er als Lohn des gegen Polen gerichteten Vertrages von 1863 sicher, ebenso des Beistandes Italiens; England mischte sich nicht in festländische Händel. Aber es war unmöglich einem Kriege mit Oesterreich mit einiger Beruhigung entgegenzugehen, wenn nicht unterdessen durch eine Zusage Napoleons III. die Rheinländer von einer französischen Ueberfluthung sichergestellt waren. Ohne Sicherung der Flanke war der Krieg in der Front unmöglich; unmittelbar nach dem Vertrage von Gastein begann er daher die Unterhandlungen mit Napoleon III. für den Fall eines Krieges mit Oesterreich.

In unverbindlicher Form, so dass Napoleon ihn desavouiren konnte, hatte Lefèbre auf Belgien als Entschädigung hingewiesen. Um sich mit Napoleon persönlich zu verständigen, suchte ihn Bismarck im Oktober 1865 in Biarritz auf.

Da keiner der beiden sich binden wollte — Bismarck auch deshalb nicht, weil ja ein Nachgeben Oesterreichs immerhin möglich war, — so kamen sie höchst philosophisch darin überein: „Man müsse die Ereignisse nicht machen wollen, sondern reifen lassen; dieselben würden nicht ausbleiben und alsdann den Beweis liefern, dass Preussen und Frankreich diejenigen Staaten in Europa seien, deren Interessen sie am meisten auf einander anwiesen." So kennzeichnete Napoleon die Sachlage

Vorerst kam ein strenges Verbot seitens Oesterreich, in der Presse oder in den Vereinen dem Herzog von Augustenburg zu huldigen und Preussens Politik zu bekämpfen. Dann, als man in Wien übler Laune wurde über Bismarck's geheimnissvolle Reise nach Biarritz und noch mehr über den Abschluss eines Handelsvertrages zwischen Preussen und Italien, 31. Dezember, und über die Verleihung des Schwarzen Adlerordens an König Viktor Emanuel (29. Januar 1866), lockerte Oesterreichs Statthalter in Holstein die Zügel.

Am 13. März erliess der König von Preussen die Verfügung, dass Kerkerstrafe auf den Versuch gesetzt sei, an die Stelle der preussisch-oesterreichischen Zweiherrschaft eine andere Regierung zu setzen. Was Oesterreich durch seine Politik anstrebte, wurde im preussischen Machtgebiete als Landesverrath bezeichnet und bestraft.

Bis daher haben wir die Darstellung Friedjung's in Stichworten verfolgt.

Unsere Meinung über das Werk haben wir schon ausgesprochen. Nachdem das Wiener Kabinet die Staatsidee Palacky's über Oesterreich verworfen hatte, wurde es von Bismarck auf blutigem Wege dazu geführt, die grossdeutsche Idee aufzugeben. Man hat der Wiener Diplomatie mit Blut und Eisen den Weg nach Frankfurt auf immer versperrt.

Die Wiener Diplomatie glaubte im Fahrwasser der grossdeutschen Politik schwimmen zu müssen, weil sie fürchtete, die Deutschen in Böhmen fühlen sich unbehaglich in der Habsburgischen Monarchie. An derartigem Schmerzensgeschrei hat es von dieser Seite niemals gefehlt. So schreibt die „Politik" vom 14. Jänner 1866 folgendes:

„Deutsche Agitatoren und Zeitungsschreiber, Korrespondenzler aus Wien und der Josefstadt Prags haben neuerlich eine deutsche Frage in Böhmen wieder erfunden. Die Idee ist keine neue — analoge Elemente hatten dieselbe bereits im J. 1848 in ihr Programm aufgenommen. Als im Frühling jenes Jahres der Gedanke zum Durchbruch gelangte, das oesterreichische Völkerreich vertrage keine Hegemonie eines Volksstammes, als man damals anfing, den Blick nach Frankfurt a. M. zu richten und Böhmen vor allen solchen Tendenzen sich entgegenstemmte, als man in Folge dessen einen deutschen Schmerzensschrei in Böhmen in Scene setzte — da schilderten jene Elemente die Lage der Deutschen in Oesterreich als unerträglich und liessen den Wunsch laut werden, dass wenigstens die deutsch-böhmischen Theile des Böhmerlandes, die an der sächsischen Grenze liegen, dem Königreiche Sachsen einverleibt werden möchten. Schon wurden kühne Hoffnungen gebaut, die sich über die Grenze hinauserstreckten. Und als im Juni 1848 der Aufstand in Prag ausbrach, da ward nicht nur von einheimischen Agitatoren, sondern auch von der damaligen sächsischen zweiten Kammer die Mittheilung des sächsischen Ministers des Auswärtigen mit Jubel aufgenommen, dass sächsische Truppen nächstens gegen die Czechen in Böhmen einrücken würden. Das „Dresdner Journal" vom 23. Juni 1848 berichtet, dass die sächsische zweite Kammer auch sofort „die nöthigen Mittel gewährte, welche zum Schutze der deutschen Nationalität und Einheit erforderlich wären". Wir übergehen die Schilderung journalistischer und anderweitiger Thätigkeit, durch welche man damals die unschuldigen Sachsen gegen Böhmen aufzuhetzen bemüht war, wir können mit einer reichen Blumenlese dienen.

In ähnlicher Weise kriecht ein ähnlicher Gedanke da und dort heran, nachdem kaum vor wenigen Monden der Bann einseitiger, politisch nat'onaler Hegemonie allmälig zu weichen begann. Kaum wurden alle Völker zum Bau eines neuen, aber auf alten festen oesterreichischen Grundlagen ruhenden Staates aufgerufen, beginnt das alte Spiel politischer Fanatiker und Karrenzieher in der Tagespresse, welche den deutschen Volksstamm als Märtyrer hinstellen und mit läppischen Drohungen auftreten. Im „Korrespondent für Deutschland", in der „Neuen Frankfurter Zeitung", in schlesischen und anderen Blättern jammern Wiener und Prager Korrespondenten um deutsche Hilfe gegen die Czechisirung der Deutschen in Böhmen. Die „Kölnische Zeitung" aber ist glücklicher als alle übrigen, denn eine deutsch-böhmische Korrespondenz vertraut ihr bereits das Programm eines grossen Theiles der Deutschböhmen an; es wird ihr ohne weitere Umschweife mitgetheilt, dass es der allgemeine Wunsch der an der sächsischen Grenze gelegenen deutsch-böhmischen Kreise sei, vom Kaiserstaate losgetrennt und Sachsen inkorporirt zu werden. — Also ganz wie im J. 1848. Damit aber die Regierung in Wien ja bei Zeiten einlenke in die Bahnen Bach's und Schmerling's, schreibt eine Feder aus Prag an die alte „Presse", „dass es sich im Bewusstsein unserer Deutschen endlich festsetzt, wenn es eine czechische Frage in Oesterreich gebe, so existire auch eine „deutsche Frage in Böhmen", und die Lösung der letzteren werde schliesslich Europa und namentlich die deutsche Nation doch mehr ins Interesse ziehen; es sei zu konstatiren, dass die Deutschen Böhmens eine Anschauung der Dinge gewonnen, die allerdings sehr von der früheren Vertrauensseligkeit absticht."

Die damaligen Staatsmänner in Wien haben die Zeichen ihrer Zeit nicht verstanden und so ging die preussische Politik nach Bismarck's Willen mit eisernen Schritten vorwärts. In Vorahnung der Dinge, die da kommen werden, schrieb die „Politik" einen Leitartikel: „Preussen und wir" in der Nummer vom 18. März 1866, wo geschrieben wird: „Oesterreich ist ein höchst origineller Staat, sagt man, und wir können aus dem, was Oesterreichs Macht und auch aus dem, was seine Schwäche bedeutet, am allerwenigsten an der Richtigkeit jenes Ausspruches zweifeln. Originell sind auch die Bundes-Genossen dieses Staates, der originellste unter ihnen aber ist unstreitig Preussen, dem gegenüber die Geschichte des oesterreichischen Staates ein ununterbrochener stiller Kriegszustand ist. Seit mehr als einem Jahrhunderte spekulirt dieser deutsche Bundesgenosse auf Oesterreichs innere Verlegenheiten, und ob es Verlegenheiten in der Thronfolge oder Verlegenheiten in der Regierungsform sind. der deutsche Mann von der Spree ist immer bereit die Austria zu plündern bald als Wegelagerer, bald als Einbrecher. Die nationale Aufgeblasenheit dieses treuen Bundesgenossen hat für Preussen ein eigenes Programm, oder politisches Testament entworfen, das von der soliden Basis des Länderraubes ausgeht. Im Verfolge dieses politischen Programmes schlägt unser Freund Bismarck, dieser neueste Fähnrich in der Reihe preussischer Raubritter, bald mit dem Kopfe, bald mit den Füssen an das Gehäuse der staatlichen Individualität, das man den Grosstaat Preussen nennt, immer in der Absicht, sich auf „Regimentsunkosten" einzurichten. Oesterreich, das zum Leidwesen seiner Völker nur zu oft jener schläfrigen Politik das Wort sprach, die man einmal die Legitimität, das andermal die Friedensliebe, das drittemal den deutschen Beruf nennt, hat wiederholt diese preussische Zudringlichkeit, sonst deutsche Bundesgenossenschaft genannt, mit Erfolgen krönen lassen, die den preussischen Appetit nur noch reizten. Auch diesmal ist es wieder der „deutsche Beruf" Oesterreichs, der Preussen in einer Position befestigte, aus der die unsolide Politik der preussischen Staatsmänner, die innere Lage unseres Staates benützend, Ausfälle gegen Oesterreich macht und Pläne schmiedet, die abermals einen Länderraub zum Gegenstande haben."

Das erste Telegramm über die fieberhaften Vorbereitungen zum Kriege in Berlin brachte die „Politik" am 27. März 1866. Es lautet: „Berlin, 26. März. Der König arbeitete heute mit dem Kriegsminister von Roon, dem Generalstabschef Moltke und dem Militärkabinetschef General Treskow die ganze Nacht und konferirte sodann mit Bismarck. Die „Nordd. Ztg." meldet: „Die Nachrichten über ein Geburtstags-Glückwunschschreiben des Kaisers von Oesterreich an den König von Preussen seien unrichtig."

Es ist also das Bestreben Friedjung's, als hätte Bismarck mit Oesterreich ehrliche Politik getrieben. ganz unrichtig. Preussen war fest entschlossen Oesterreich auszuplündern und bereitete sich jahrelang dazu im voraus: schickte lange vor dem Ausbruche des

Krieges Spione nach Böhmen, hatte bessere Generalkarten als der oesterreichische Generalstab.

Diese für Oesterreich so furchtbaren Tage und die Lage der Monarchie schildert Friedjung folgendermassen: „Den Feinden Oesterreichs war es klar, dass sie in erster Linie mit den Deutschen des Reiches als dessen Stützen zu thun hätten: ausser den Ungarn hofften sie auch die Slaven durch die Aussicht auf grössere Unabhängigket von Wien für sich zu gewinnen. Die anderen Volksstämme ausser den Magyaren murrten wohl,[1]) indess ihre Treue wankte nicht."

Friedjung stellt durch diesen Satz den Slaven Oesterreichs ein glänzendes Zeugniss aus.

Nach dem Unglückstage von Königgrätz erliess König Wilhelm von Preussen folgende Proklamation an das czechoslavische Volk:

Einwohner des glorreichen Königreiches Böhmen!

In Folge des gegen unsere Wünsche vom Kaiser von Oesterreich herbeigeführten Krieges betreten wir nicht als Feinde und Eroberer, sondern mit voller Achtung für Euere historischen und nationalen Rechte Eueren heimatlichen Boden.

Nicht Krieg und Verheerung, sondern Schonung und Freundschaft bieten wir allen Einwohnern ohne Unterschied des Standes, der Konfession und Nationalität.

Lasset Euch von unseren Gegnern und Verleumdern nicht einflüstern, dass wir aus Eroberungssucht diesen jetzigen Krieg hervorgerufen! Oesterreich hat uns zum Kampfe gezwungen, indem es mit den deutschen Regierungen uns überfallen wollte: aber nichts liegt uns ferner als die Absicht Eueren gerechten Wünschen nach Selbständigkeit und freier nationaler Entwickelung entgegenzutreten.

Eingedenk der vielen, fast unerschwinglichen Opfer, welche Euch zur Vorbereitung für den jetzigen Krieg die kaiserliche Regierung bereits abverlangte,

---

[1] Friedjung II. 349.

sind wir weit entfernt. Euch weitere Lasten aufzuerlegen, und verlangen wir von Niemanden, dass er gegen seine Ueberzeugung handle, namentlich werden wir Euere heilige Religion ehren und achten, doch können wir offenen Widerstand nicht dulden und namentlich müssen wir hinterlistigen Verrath strenge strafen.

Wenn Ihr uns freundlich entgegenkommt, werdet Ihr uns nur als Freunde und nicht als Feinde kennen lernen.

Namentlich handelt Ihr thöricht, wenn Ihr aus Eueren Wohnungen fliehet und dieselben der Zerstörung preisgebet. Ihr thut besser, wenn Ihr die Soldaten freundlich erwartet und mit ihnen friedlich wegen Lebensmittel unterhandelt, welche durchaus nothwendig sind.

Die Militärbefehlshaber werden dann von Euch nichts mehr verlangen, als was durchaus nöthig ist, und Euer Eigenthum schützen, welches Ihr durch die Flucht dem Raube und der Plünderung preisgebet.

Das Uebrige überlassen wir mit voller Zuversicht dem Gott der Heerschaaren! Sollte unsere gerechte Sache obsiegen, dann dürfte sich vielleicht auch den Böhmen und Mährern der Augenblick darbieten, in dem sie ihre nationalen Wünsche gleich den Ungarn verwirklichen können.

Möge dann ein günstiger Stern ihr Glück auf immerdar begründen.

Das preussische Oberkommando.

Welche Treue und Aufopferung während der furchtbaren Drangsale des Krieges das czechoslavische Volk erwies, davon gibt uns ein Stimmungsbild die „Politik" vom August d. J. 1866, indem sie im Leitartikel schreibt: „Keine Heimsuchung, kein Unglück ist schwer genug, dass sie nicht welche Lichtseiten darböten. So drückend auch die Drangsale eines grossen Krieges das Königreich Böhmen trafen Eines leuchtet aus diesem Dunkel glänzend hervor, die Sieghaftigkeit des Princips der Autonomie. Man hat seit Jahren in Oesterreich, speciell in Böhmen nicht Gründe genug ins Feld führen können, um darzuthun, dass die Staatsgewalt hundert Dinge nicht aus der Hand lassen könne, dass die Bevölkerung nicht reif genug, nicht mündig sei, sich in weiterem Mass selbständig zu verwalten; man hat das von der Gemeinde, vom Bezirk, vom Lande behauptet, und es ist noch nicht lange her, dass im böhmischen Landhause centralistische Deputirte die Versehung der k. k. Bezirksämter als unentbehrlich hinstellten, deren Wirksamkeit, wo möglich, noch vergrössert sehen wollten. Der Beweis des Gegentheils konnte damals nicht überzeugend genug geführt werden, die Erfahrung hat gefehlt — die Zeit hat den Beweis geliefert, heute kann man auf Thatsachen hinweisen, die unbestreitbar sind und bleiben. Wo die k. k. Aemter vor den anrückenden preussischen Truppen geflohen waren — und das geschah eben überall, — musste der Bezirk, die Gemeinde Alles in die Hände nehmen, und heute herrscht eine Stimme darüber, dass in schwieriger Zeit die Betroffenen ihrer schweren Aufgabe vollkommen gerecht wurden. Se. Majestät selbst hat dem Lande diese Anerkennung zu Theil werden lassen."

Das hat Se. Majestät selbst im Handschreiben an Grafen Belcredi mit folgenden Worten ausgedrückt: „In Meiner treuen Grafschaft Tirol hat sich die ganze wehrhafte Bevölkerung in begeisteter Vaterlandsliebe zur heldenmüthigen Abwehr des Feindes erhoben und Mein theueres Königreich Böhmen hat unter den bittersten Leiden, den schwersten Drangsalen eine Haltung bewahrt, wie sie nur einem Volke eigen ist, welches, gleich den tapferen Söhnen Tirols, durch treue Liebe zum angestammten Herrscher, zum Reiche und zur Heimat, der Geschichte einen Glanz verleiht, der nie erbleicht." [1])

Seitdem sind nun mehr als 30 Jahre vergangen und der allseitig bewährte Arzt, die Zeit, hat so manches schon geheilt. Vergessen sind die furchtbaren Wunden des Krieges und Oesterreich blühte wieder auf. Seine Nationalitäten haben sich zur emsigen Arbeit emporgethan, um die Schäden des Krieges

[1] Politik vom 15. Oktober 1866.

zu heilen. Nun bedroht aber das altehrwürdige Reich der innere Zwist, abgesehen von den allgemeinen socialen Gefahren, welche auch in Deutschland nicht fehlen. Wie wird die oesterreichische Monarchie aus dieser Gefahr mit Ehren herauskommen? Doch nur wieder durch das Einlenken in die Politik, welche die grosse Kaiserin Maria Theresia befolgte, durch **Freundschaft an Russland!** Die deutsch geschriebene Judenpresse Wiens hat die eigenartige Manier über Russland in einer Weise zu schreiben, dass es geradezu auffällt. Woher die förmliche Wuth dieser Judenpresse gegen Russland? Woher die Abneigung der deutschgeschriebenen Judenpresse gegen den Nachbar, der uns doch nur Gutes gethan hat, wie bei Vilagoš?

Die Frage ist einfach zu beantworten. Es ist die Wuth des Juden in Wien, der in Gold schwimmt, dass sein Bruder in Podolien nicht dieselbe Freiheit zum Wucher habe, wie in Oesterreich. So schreibt der „Lloyd" (12. Juli aus Berlin): „Die Volkszeitung meldet, der letzte Rest der fürstlich Hohenlohe'schen Erbschaft in Russland, die Schlösser Werki und Lariboki, sollte jetzt verkauft werden. Der Verkauf an Grafen Kapnist schien sich glatt abzuwickeln, nunmehr macht aber die russische Regierung Schwierigkeiten, da Kapnist den Kaufpreis von seinem Schwiegervater dem Bankier Trabatti in Odessa vorgeschossen erhält, so dass dieser der thatsächliche Besitzer der Güter würde. Trabatti ist jüdischer Abkunft, ein Grund für Russland, ein Veto einzulegen." So der „Lloyd" vom 13. Juli 1898.

Da weiss die „Frankfurter Börsenzeitung" anderes zu berichten. Sie schreibt in der Nummer vom 1. August über diesen Gegenstand folgendes: „Die Hohenlohe'schen Güter. Mit dem Verkauf der grossen, unserem Reichskanzler zugefallenen Erbschaft scheint es doch nicht so rasch vorwärts zu wollen, als dies selbst der Carenregierung vielleicht aus Courtoisie recht wäre. Zunächst hies es bekanntlich, jene Güter seien von einem Bankier Trabatti in Odessa gekauft. Jetzt stellt sich aber heraus, dass, das berühmte Werki ausgenommen, aller jener Grundbesitz schliesslich in die Hände der Grossgrundherren Falz-Fein übergegangen ist. Fein entstammt einer Warschauer Bankfamilie. Bei dem Ankaufe durch Trabatti mussten die Behörden einschreiten, weil dieses Unternehmen nach Abschluss des Vorkontraktes ein vollständiges System für die Vernichtung der herrlichen Waldungen ausgearbeitet und sich mit Holzhändlern in Verbindung gesetzt, die in ungezählten Schaaren den Wald besichtigten und die Stämme zum Fällen bezeichneten. Die abgeholzten Flächen sollten parzellenweise verkauft werden. Es stand mithin eine regelrechte Ausschlachtung der herrlichen Güter bevor. So berichtet man wenigstens aus Odessa."

Weil nun Russland noch kein Judenstaat geworden, wie Oesterreich, Deutschland und gar Frankreich, von dem der „Pester Lloyd" schreibt:

(Französische Juden in hohen Aemtern.) Aus Paris berichtet man: Trotz der gegenwärtigen antisemitischen Strömung werden Juden nach wie vor in die höchsten Aemter berufen. So ist Néton in Paris zum Kabinetschef des Ministers des Auswärtigen, Delcassé, der Advokat Edouard Ignace zum Kabinetschef des Marineministers Lokroy ernannt worden." („Lloyd" 19. Juli.)

Darum der fanatische Hass gegen Russland, in welchen auch die oesterreichische Diplomatie einlenken soll.

Bismarck hat den oesterreichischen Staatsmännern eine blutige Lektion ertheilt über die Staatsidee Oesterreichs.

Aber die Deutschnationalen und die Schönerianer wollen aus Oesterreich eine „Ostmark" des deutschen Reiches machen. Und da hilft ihnen, welch bitterer Hohn des Schicksals, die Juden-Presse in Wien fleissig mit. Es gilt den Bundesgenossen Deutschland zu feiern und Hass gegen Russland auszusäen. Einen klaren Beweis davon liefert uns der Tod Bismarck's.

Die „Neue Freie" erliess sich in folgendem Saltomortale anlässlich des Absterbens Bismarck's aus („N. Fr. Pr." 31. Juli 1898):

„Die Kunde, welche in diesem Augenblicke über Welttheile und Meere hinwegfliegt, klingt wie der letzte Glockenschlag des verendenden Jahrhundertes. Bismarck ist todt! Der Held, der das deutsche Reich aufgerichtet, der Staatsmann ohnegleichen, der seiner Zeit den Charakter aufgeprägt, der, so lange er die Macht besass, auch das Schicksal Europas in seinen Händen hielt und darüber hinaus die Geister kaum weniger mächtig beeinflusste, tritt endgiltig vom Schauplatze ab, und damit ist, was auch der Kalender dagegen einwenden mag, das neunzehnte Jahrhundert zu Ende. Nicht blos in Deutschland, dem er die Verkörperung des Nationalgefühles war; so weit die menschliche Civilisation reicht, wird man diese Empfindung haben, denn sein Name erfüllt die Welt, den Schwarzen im Innersten von Afrika und den Chinesen am Yang-se-kiang ist er kaum weniger vertraut, als den europäischen Völkern, und mit diesem Namen verbindet sich fast Alles, was die Geschichte unserer Tage gross und denkwürdig gemacht hat. So eng ist diese Verbindung, so weit reicht in den letzen Ausläufern die Wirkung seiner Thaten, dass man Mühe haben wird, sich die Welt ohne den Mann im Sachsenwalde zu denken, der eine geistige Potenz, ja eine reale Macht war bis zu seinem letzten Athemzuge, obleich fast ein Jahrzent vergangen ist, seit er aufgehört hat, der Eiserne Kanzler des deutschen Reiches zu sein.

Wie er seine Werke geschaffen, ist das Geheimniss des Genies, was er geschaffen, davon legt die weltgebietende Stellung des deutschen Reiches Zeugniss ab, welches er aus der jämmerlichen Kleinstaaterei des deutschen Bundes vermittelst des nationalen Gedankens herausgebildet, mit Eisen geschmiedet, mit Blut gekittet hat, und das, seit es besteht, den Schwerpunkt Europas nach dem Centrum verlegt und damit ein friedenverbürgendes Gleichgewicht hergestellt hat.

Was durch Jahrzehnte in der Nation gelebt, was seit den Befreiungskriegen, in deren Zeit seine Geburt fällt, hundertfältig nach Ausdruck und Verwirklichung gerungen, der sehnsüchtige Wunsch, alle die reichen Gaben des deutschen Volkes in einer politischen Einheit zur Geltung zu bringen, alle seine

Stämme zusammenzufassen und ihnen aus Vaterländern und Vaterländchen ein Vaterland zu schaffen — das hat er begriffen, in That umgesetzt und verwirklicht. In zwei gewaltigen Sprüngen erreichte er dieses Ziel. Der erste war die Auskämpfung der alten Rivalität zwischen den beiden Vormächten des deutschen Bundes: Preussen und Oesterreich, die mit dem Ausscheiden Oesterreichs endete. Der andere war die Niederwerfung des französischen Kaiserreiches, durch welche er nicht blos den Primat Europas auf sein Deutschland übertrug, sondern zugleich die deutschen Stämme durch das gemeinsam vergossene Blut für immer zusammenkittete.

Es hängt damit zusammen, dass auch wir Oesterreicher Bismarck's Löwenpranke zu spüren bekamen im Schlimmen wie im Guten, dass auch alle Umwälzungen bei uns auf den Griff seiner Faust zurückzuführen sind. Seiner rücksichtslosen, auf dem Wege zu ihrem Ziel jedes Hinderniss niedertretenden Thatkraft musste zuerst unsere Stellung in Deutschland zum Opfer fallen, und er versetzte uns den furchtbaren Schlag von 1866, an dessen Folgen wir heute noch leiden. Alle unsere Kämpfe und Krisen sind darauf zurückzuführen, dass das Ausscheiden des deutsch-österreichischen Stammes aus Deutschland auch seine Stellung in Oesterreich grundstürzend veränderte und dass die österreichischen Staatsmänner bis zum heutigen Tage die richtige Formel für die geänderte Stellung nicht haben finden können. Aber dieselbe Hand, welche uns so tödtlich getroffen, streckte Bismarck nach Vereinigung der Rechnung Oesterreich freundschaftlich entgegen, und dreizehn Jahre nach Königgrätz entstand das deutschoesterreichische Bündniss, welches uns für die verlorene Stellung in Deutschland durch eine machtvolle Stellung in Europa entschädigte und der Pfeiler des europäischen Friedens geworden ist. Dieses Masshalten im Siege, diese Umwandlung eines alten, tiefverwundeten Gegners in einen verlässlichen Bundesgenossen wird immer als einer der meisterhaften Züge Bismarck'scher Staatskunst angestaunt werden."

So hündisch kriechend, wie die „N. Fr. Pr.", werden wohl über Bismarck's Tod nicht einmal die „Hamburger Nachrichten", das Blatt Bismarck's geschrieben haben. Im ganzen Artikel sieht man so recht die echt jüdische Uebertreibungssucht. Also ist das 19te Jahrhundert abgeschlossen, was wird erst geschehen; wenn Baron Albert Rothschild sterben wird? Dann wird wohl das 20ste Jahrhundert zu Ende sein. Woher denn die übergrosse Bismarck-Bewunderung in der Fichtegasse? Schade, dass das jetzige Redaktionspersonal der „Neuen Freien" nicht auch bei Náchod, oder Skalic, oder Königgrätz gestanden ist, eine Bleierbse aus den preussischen Zündnadelgewehren hätte da wohl einen kleinen Dämpfer aufgesetzt.

Die „Neue Freie" erwähnt doch den furchtbaren Schlag von 1866 und sagt, dass in Folge dessen die Deutschen in Oesterreich aus Deutschland ausgeschieden und so ihre Stellung in Oesterreich grundstürzend verändert worden ist und die oesterreichischen Staatsmänner haben bis heute noch die Formel für diese geänderte Stellung der Deutschen in Oesterreich nicht finden können. Diese Stelle der „Neuen Fr." ist ein Selbstbekenntniss köstlichster Art. Das Judenblatt lobt überaus das deutsch-oesterreichische Bündniss. Nun, dieses Bündniss ist ein Werk der Magyaren und der Deutschliberalen. Gerade dieses Werk ist für Oesterreich sehr theuer, denn es ist nichts anderes, als die Bezahlung der Zeche für Elsass. Oesterreich muss Deutschland mithelfen die Kriegsbeute aus 1870-71 zu hüten und da müssen die Steuerzahler jährlich 140 Millionen Gulden auf das stehende Heer, 13 Millionen Gulden auf die Marine, 23 Milionen auf die Landwehr und 18 auf die Honvédarmee zahlen, macht zusammen ein nettes Sümmchen von rund 190 Millionen Gulden. Hätten wir ein Bündniss mit Russland, könnten wir sicher wenigstens 30 Millionen jährlich vom Kriegsbudget streichen und könnten auf diese Weise in 40 Jahren die Staatsschuld tilgen, wenigstens die Papiere, welche die reine Schuld darstellen, während doch Eisenbahnobligationen und Salinenscheine ja wirkliche Werthe darstellen. Dieses Bündniss ist nur eine konsequente

Frucht des Dualismus, es ist die Zweiherrschaft der Magyaren und Deutschen, in welche die slavischen Stämme nichts dreinzureden haben.

Der Beweis ist leicht erbracht. Nach dem Abbruche der Verhandlungen des Grafen Thun mit den Deutschliberalen aus Böhmen, schrieb „Budapesti Hirlap" folgendermassen: „Die zweite Frage ist die, welche Stellung Ungarn dem zusammengebrochenen Oesterreich gegenüber einzunehmen hätte." Die erste Frage beantwortet der Artikel mit einer Rückschau auf die Entwicklung von Hohenwart bis Taaffe und Badeni. Das Blatt zollt dem Auftreten des Grafen Julius Andrássy zur Zeit der grossen Krise unter Hohenwart die höchste Anerkennung und bezichtigt Koloman Tisza mit seiner Politik der Nichtintervention während der Aera Taaffe der Mitschuld an den Entwicklungen in Oesterreich. „Es war der Ausfluss der höchsten politischen Weisheit, den Dualismus auf dem Grundsatze der Hegemonie der Deutschen in Oesterreich und der Magyaren diesseits der Leitha zu stellen. Die slavische Hochfluth kann nicht ohne Rückwirkung auf Ungarn bleiben, wie es erst kürzlich die Palacký-Feier in Prag bewiesen hat. Die Antwort auf die Frage, welche Stellung Ungarn einzunehmen habe, kann keine andere sein als die, der Politik Franz Deák's und Julius Andrássy's unverbrüchlich treu zu bleiben. Der wirthschaftliche Ausgleich, den man diesseits und jenseits als eine Staatsnothwendigkeit ersten Ranges bezeichnet, schrumpfe angesichts dieses grossen politischen Momentes zu etwas ganz Nebensächlichem zusammen. Heute haben sich die Verhältnisse bereits dahin entwickelt, dass die Frage nicht mehr so stehe, ob Zollbündniss oder Zolltrennung, ob Reichsrath oder § 14, sondern dass die Frage lautet: „Kann Ungarn mit einem slavischen Oesterreich in einem innigen Verbande bleiben?" Das Deutschthum in Oesterreich ist für Ungarn weder bedrohlich noch gefährlich, während das slavische Oesterreich unabsehbare Gefahren für Ungarn in sich birgt. Diese Auffassung ist nicht das Ergebniss feigen Kleinmuthes oder der Furcht, denn das tausendjährige Ungarn hat schon genug der Gefahren siegreich überdauert. Allein es wäre sträflicher Leichtsinn, die Schwierigkeiten und Hindernisse für die Erstarkung des einheitlichen ungarischen Nationalstaates zu vermehren. Deák und Andrássy haben uns den richtigen Weg gewiesen: Ungarn kann keinen anderen Pfad betreten. Auch die gegenwärtige Regierung kann keinen anderen Weg beschreiten. Baron Bánffy hat während seines nahezu vierjährigen Regimes den Ungarn feindlich gesinnten Grafen Kálnoky gestürzt, was geschickt und muthig war. Jetzt aber wäre die Gelegenheit zur grössten politischen Geschicklichkeit und zu einem gleichen Muthe gegeben. Der ungarische Minister-Präsident müsste nach oben wie nach unten in gleicher Weise für die Ueberzeugung eintreten, dass Ungarn, treu der Politik Franz Deák's, mit einem slavischen Oesterreich in keiner innigen Gemeinschaft leben kann, dass die slavische Politik keine andere Folge haben könne als die vollständige Trennung, die reine Personal-Union, die ausser der Gemeinsamkeit des Herrschers keine andere Gemeinschaft kennt. Das ist keine inkompetente Einmischung in die inneren Verhältnisse Oesterreichs, denn in dem Augenblicke, in welchem die oesterreichische Politik die höchsten Interessen Ungarns so empfindlich berührt, handelt es sich nicht mehr um eine lediglich innere Angelegenheit Oesterreichs."

Anlässlich der Palacký-Feier äusserte sich dasselbe Blatt folgendermassen: So lange man in dem goldenen Prag ein historisches Fest feierte, so lange habe man es mit einer inneren Angelegenheit zu thun gehabt. Wenn die Czechen aber die Politik als Slaven unter russischer Protektion für Oesterreich-Ungarn machen wollen, so müssen wir dagegen Protest erheben und mit der grössten Entschiedenheit reklamiren. Es ist die wesentliche politische Voraussetzung des im Jahre 1867 geschlossenen Dualismus, dass neben Oesterreich auch die Zukunft und staatliche Entwickelung Ungarns sichergestellt werde. Die grossartige Schöpfung des Dualismus beginnt aber in dem Augenblicke zu wanken, in welchem die officielle oesterreichische Politik diese Grundbedingungen nicht des entsprechenden Respektes theilhaftig werden lässt oder sich als unfähig erweist, ihr diesen Respekt zu verschaffen. Das Prager Fest wurde zu einer politischen Demonstration ausgebeutet, welche nicht nur geeignet ist, die inneren Zustände Oesterreichs völlig umzustülpen, sondern überdies auch das staatliche Ansehen Ungarns zu verletzen, welche den Dualismus angreift, den Credit der Grossmachtstellung der Monarchie und die wesentlichsten Voraussetzungen des Dreibundes kompromittirt. Wir glauben nicht, dass auf oesterreichischem Territorium jemals eine so tollkühne, so vermessene panslavistische Rede gesprochen worden ist, als diejenige des Generals Komarov. Diese Rede ist ein gellendes Siegesgebrüll über die Niederlage der deutschen Nationalität in Oesterreich und ein Schlachtruf gegen die germanische Welt. Da werden nicht nur die Deutschen Oesterreichs angegriffen, sondern die ganze deutsche Race. Es ist unmöglich, diese Rede ohne Entrüstung zu lesen. Wie denn? Ist die staatliche Macht in Oesterreich wirklich schon so weit gelangt, dass auf ihrem Territorium die deutsche Race und das verbündete deutsche Reich auf solche Weise beleidigt werden dürfen? Entweder der Dualismus besteht oder er besteht nicht. Wenn er besteht, dann muss sich die Staatsgewalt in Oesterreich nicht blos an den Buchstaben des Gesetzes, sondern auch an jene Voraussetzungen halten, auf welchen die Institutionen des Dualismus beruhen. Entweder der Dreibund besteht oder er besteht nicht. Wenn er existirt, dann muss die Regierung in Oesterreich demselben anhängen, wie es die ungarische Nation ohne den geringsten Widerspruch thut. Für die oesterreichische Regierung ist die Stunde der Entscheidung gekommen. Die Prager Ereignisse sprechen lauter, als alles Andere. Wenn man Oesterreich slavisiren will, so ist die Gelegenheit da; wenn man es aber nicht will, so ist die Stunde des Handelns gekommen, dann muss die slavische Politik auf der ganzen Linie abgeblasen und die Wiederherstellung der Einheit Oesterreichs mit den stärksten Mitteln begonnen werden. So wie bisher geht es nicht weiter. Wenn es aber weiter gehen sollte, dann müsste Ungarn mit dem ganzen

Schwergewichte seines Einflusses gegen diese Politik aufmarschiren, die nicht nur Oesterreich, sondern die ganze Monarchie zu Grunde richtet. (Nach „Neue Freie Presse," 22. Juni.)

In der auswärtigen Politik Oesterreichs spielt Budapest die erste Geige, Wien muss tanzen nach der Pfeife in Budapest. Dass sich die Magyaren aus Wuth für Világos um die Freundschaft Russlands nicht bewerben, ist begreiflich. Aber in Wien sollte man doch anderer Ansicht sein. Ob das Werk Bismarck's auch in Deutschland selbst allseitig bewundert wird, ist sehr fraglich. Denn Deutschland ächzt unter den furchtbaren Militärlasten und der Protest gegen diesen Moloch, der eigene Kinder aufzufressen droht, sind eben die social-demokratischen Wahlen. Durch Militarismus ist Deutschland gross geworden, es wird aber an demselben selbst zu Grunde gehen, da braucht kein äusserer Feind die Hand anzulegen.

Ende 1897 hatte Preussen eine Schuldenlast an seinem Boden von 7280 Millionen Mark. Das sind Hypothekarschulden nur der ländlichen Gemeinden, wo ausschliesslich Landwirthschaft getrieben wird. Im Jahre 1887 waren diese Landgemeinden Preussens blos 5180 Millionen Mark schuldig, also in 10 Jahren um 2100 Millionen Mark mehr Schulden! Man sieht, dass auch auf Deutschland das Sprichwort anzuwenden sei, dass vieles faul sei im Staate Dänemark, und die Zukunft wird lehren, ob das Werk Bismarck's Stand halten wird. Wie lange das Werk Bismarck's Stand halten wird, wer kann es wissen? Gerade so, wie in Oesterreich-Ungarn die Staatsausgaben wachsen, so ist es noch mehr in Deutschland der Fall.

Die Ausgaben des Deutschen Reiches beziffern sich für das Jahr 1898 auf 1441·5 Millionen Mark, also auf 836 Millionen Gulden oest. Währung.

Die Staatsausgaben Deutschlands stellen sich in den letzten 5 Jahren folgendermassen:

Jahr	Heeresausgabe	Kriegsmarine	
	Millionen	Mark	
1894	1336·9	482·2	50·8 [1]
1895	1307	472	58·5
1896	1365·7	472·8	56·5
1897	1372·8	493	59·4
1898	1441·5	511	62·7

Die Verzinsung der Reichsschuld erforderte im Etatsjahre 1898 den Betrag von 73·6 Millionen Mark. Ende 1875 betrug die Reichsschuld 120 Millionen Mark. Wie rasch sind doch die 5 Milliarden französischer Kriegsbeute verschwunden. Der dritte Bundesgenosse, welcher die Kriegsbeute zu hüten mithilft, Italien, hat eine Jahresausgabe für das Finanzjahr 1898 im Betrage von 1712·4 Millionen Lire. Die Staatsschuld Italiens betrug am 30. Juni 1898 Nominalwerth 12.899·6 Millionen Lire, mit einem Zinserforderniss von 581·5 Millionen Lire.

Hier ist das kurze Bild der Lasten der drei Bundesgenossen. Am frühesten wird wohl der Krach in Italien eintreten, wann bei uns und in Deutschland, wird die Zukunft lehren. Bismark's Erbe ist, wie wir sehen, sehr schlecht bestellt. Denn es wird sich doch bewahrheiten, dass auch in der Politik Ehrlichkeit zu gelten habe: Justitia fundamentum regnorum. Die Gerechtigkeit ist der Grundstein der Reiche.

XV.

Die Socialdemokratie und der Nationalitätenkampf in Oesterreich.

Sokrates dankte täglich den Göttern, dass er Mensch und nicht Thier, Mann und nicht Weib, Grieche und nicht Barbar sei.

Um dieses „Gebet" des grössten Weisen des Alterthums zu verstehen, müssen wir einige Erklä-

---

[1] Statistisches Jahrbuch für das Deutsche Reich, Jahrg. XIX., Seite 192. Berlin 1898.

rungen hinzufügen. Die Griechen bildeten kleine Einzelnstaaten, sie waren verbunden durch Gemeinsamkeit der Sprache, Sitten, Götterwesen und Nationalvorzüge; als solche fühlten sich alle Griechen im Gegensatz gegen die Barbaren, das heisst gegen alle nichtgriechischen Völker. Die Griechen hielten sich hocherhaben über alle anderen damals lebenden Nationen und darum das obige „Gebet" des Sokrates. Die griechischen Dichter sagten dem Volke, dass es von den Göttern dazu bestimmt sei, über die Barbaren zu herrschen. Die Griechen kannten darum kein Völkerrecht, bei ihnen war höchstens üblich die Schonung fremder Gesandten. Es galt überall das Recht des Stärkeren. Thucidides begründet dies mit den Worten, dass es echt menschlich sei, Andere zu unterdrücken, damit man selbst nicht unterdrückt werde.

Perikles sagte den Athenern, man solle getrost den Hass Anderer verachten, wenn man nur von ihnen gefürchtet werde.[1]) Dieselben Grundsätze hatte das grösste Volk des antiken Heidenthums, die Römer. Nach der Ansicht der Römer stehen die Menschen, die nicht zu demselben Staate gehören, sich als „hostes" (Feinde) einander gegenüber; der Fremde hiess in ältester Zeit bei den Römern hostis. Zwischen Römern und Nichtrömern galt daher das Recht des Stärkeren; der Stärkere war berechtigt den Anderen zu unterjochen, sein Eigenthum zu rauben, ihn und seine Leute in Sklaverei zu werfen.[2])

So war auch die Politik der römischen Kaiser, die Nationalitäten zu brechen, sie wenigstens in ihren wesentlichen Unterschieden abzuschleifen, vom fast vollständigen Erfolge begleitet. Nur die Juden, Egypter und Griechen widerstanden dem Zwange römisch zu werden.[3])

Wer nicht die lateinische Sprache verstand, und redete, konnte nicht Bürger des römischen Reiches sein. Nun kam Christus, der Sohn Gottes, die Men-

---

[1]) Döllinger. Heidenthum und Judenthum. Seite 666. Regensburg 1857.
[2]) Döllinger 697.
[3]) Döllinger 83.

schen zu belehren, dass sie alle von einem einzigen Elternpaare abstammen, dass sie alle nur einen Vater im Himmel haben, der die Sonne über alle aufgehen lasse, der über alle regnen lasse, dass kein Unterschied sei vor Gott, ob ein Grieche oder Barbar. Natürlich musste die Lehre Jesu Christi ganz andere Anschauungen in den Menschen hervorbringen und darnach auch andere Pflichten, Rechte und Tugenden. Die heidnischen Römer und Griechen verwarfen die Grundsätze der Nächstenliebe der christlichen Religion.

Die Römer warfen darum den ersten Christen vor, dass sie Feinde des Vaterlandes sind. Ueber den Grund, warum ihnen das vorgeworfen wurde, wusste selbst Tacitus nichts anzugeben, ausser den, dass sie dem Volke verhasst waren. Darum vertheidigt Tertullian die Christen mit den Worten: „Ihr nennt uns Feinde des Kaisers, weil wir nicht auf seine göttliche Würde schwören wollen, ihr, die ihr euch kein Gewissen daraus macht, auf seine Göttlichkeit falsche Eide abzulegen! Wer sind denn die, die uns als Feinde der römischen Herrscher verschreien? Jene Cassius, Niger, Albinus sind es, die für das Wohl des Weltherrschers opfern, indess sie bereits Unterricht im Fechten nehmen, um ihn sicher auf den ersten Stoss in die Kehle zu treffen.[1])

Man sieht, dass der Vorwurf, welcher heute den „Klerikalen" sowohl den deutschen, wie den czechischen, gemacht wird, nicht neu ist. In Wahrheit liebt der Christ das Fleckchen Erde, auf dem seine Wiege stand, wo die süssen Klänge der Sprache ertönen, in welchen er zuerst Vater, Mutter zu sprechen lernte, wenn es auch unter dem rauhen Himmel des Nordens liegt, mehr als die zauberischen Ufer der Dardanellen. Christi Religion verpflichtet seine Bekenner, Steuern und Abgaben gewissenhaft zu entrichten. (Paulus an die Römer 13, 7.)

Gerade die ersten Christen waren im römischen Heere die tapfersten Soldaten. Christi Religion verpflichtet, nicht nur sich selbst, sondern den Nächsten

---

[1]) Tertullian. Apologet. 37

zu lieben, für das Wohl der Gemeinschaft zu sorgen, der man angehört.

Unmöglich, sagt der hl. Thomas von Aquin, kann jemand gut sein, welcher nicht zum Gemeinwohl das Seinige beiträgt. Jeder muss tugendhaft leben, weil das Wohl der Gesammtheit davon bedingt ist. Für das Vaterland darf uns kein Opfer zu schwer sein; nicht blos Vermögen, sondern selbst das Leben müssen wir für den Dienst desselben hingeben, wenn es dessen bedarf.[1]

Die Geschichte gibt uns auch glänzende Beweise von der Liebe zum Vaterlande, wie sie in gefahrvollen Zeiten die Diener Christi aller Nationen an den Tag legten. Der greise Papst Leo, nicht achtend seines Lebens, trat vor Attila, dem Gottesgeisel und rettete so Europa vor Verwüstung. In der furchtbaren Türkennoth war der beste Freund und Tröster des bedrängten Kaisers Leopold I. der schlichte, unerschrockene Kapuzinerpater Marco d'Aviano.

Der Jesuit Plachý vertheidigte mit seinen Zöglingen die Karlsbrücke in Prag gegen die Schweden.[2]

Die Liebe zum eigenen Volke, zum Vaterlande ist eine selbstverständliche Tugend eines jeden Christen. Sie ist aber getragen von der Nächstenliebe auch zu Menschen anderer Nationalität. Das Nationalitätsprincip, wie es die Cavour'sche und Bismarck'sche Politik eingeführt, wie es die Schönerianer practicirt wissen wollen, ist in seinem Wesen heidnisch, es würde, wenn es von allen Völkern angenommen, alle Kultur zerstören.

Es würde dahin führen, wie Grillparzer sich ausdrückte: von der Humanität zur Nationalität, von Nationalität zur Bestialität.

Jeder Druck erzeugt einen Gegendruck. Da in den westeuropäischen Völkern die Religion Christi in einem so tiefen Verfall gerathen, da in den Herzen so vieler Menschen Christus gestorben ist, darum wüthet der Abgott der Nationalität und verleitet die Menschen zu bestialischen Werken. Diesem wüthenden

---

[1] Thomas, Summa I., Quaestio 60.
[2] Weiss, Apologie des Christenthums I, 511.

Nationalismus stellt sich in allen Ländern die socialdemokratische Partei entgegen. Der Jude Marx hat mit Engels im Jahre 1847 zu London das kommunistische Manifest verfasst, wo es lautet: „Die Arbeiter haben kein Vaterland. Man kann ihnen nicht nehmen, was sie nicht haben. Mit dem Gegensatze der Klassen im Innern der Nation fällt die feindliche Stellung der Nationen gegeneinander."[1] Diese Prophezeiung des Juden Marx hat sich bis dato schlecht erfüllt und wird sich nie erfüllen. Die socialdemokratische Partei verspricht ihren Anhängern die Beseitigung der Vermögensunterschiede, und damit wird auch der Unterschied der Nationalität wegfallen. Wann der Tag der Auftheilung der Güter kommen wird, haben uns leider Bebel, Liebknecht und Adler noch nicht gesagt, also wissen wir auch nicht, wann es der socialdemokratischen Partei gelingen wird, die Nationalitäten in ihrem gegenseitigen Hass zu besänftigen.

Vorläufig müssen sich die czechoslavischen Genossen dem Kommando in Wien unterwerfen. Dazu wurden sie frühzeitig angehalten. Der Genosse Scheu kanzelt die czechischen Arbeiter in seinem Organ „Die Gleichheit" in der Nummer v. 15. August 1874 folgendermassen herunter: „Der böhmisch-slavischen Socialdemokratie mögen die Herren treu geblieben sein. Das Programm der allgemeinen oesterreichischen Arbeiterpartei wurde verletzt, denn unserer Ansicht nach ist es nicht Sache der Arbeiter, sich für ein Nationaltheater zu begeistern, die socialdemokratische Partei kennt keinerlei Nationalinteressen.[2]

Hier wird kurz und bündig den Arbeitern untersagt, Sammlungen auf das czechische Nationaltheater unter den Arbeitern abzuhalten, denn das ist Sache der Bourgeois. Am Parteitage zu Hainfeld, wo das erstemal die Socialdemokraten Oesterreichs ohne Unterschied der Nationalitäten zuzammentraten (30. und 31. Dezember 1888), wurde ausgesprochen: „Die

---

[1] Das kommunistische Manifest. Deutsche Ausgabe. Berlin 1891. „Vorwärts." Seite 22
[2] Dr. Rud. Meyer, Emancipationskampf. II. Seite 84. Berlin 1875.

socialdemokratische Arbeiterpartei in Oesterreich ist eine internationale Partei, sie verurtheilt die Vorrechte der Nationen, ebenso wie die der Geburt und des Geschlechtes, des Besitzes und der Abstammung, und erklärt, dass der Kampf gegen die Ausbeutung international sein muss, wie die Ausbeutung selbst."

Die socialdemokratische Partei in Oesterreich wäre nie so angewachsen, weder in Wien noch in Reichenberg, Mähr.-Ostrau, kurz wo immer, wenn sie nicht genährt wäre durch den ungeheueren Zuwachs czechischer Arbeiter. Man gehe in die socialdemokratischen Versammlungen in Wien und Umgebung, der grösste Theil der Anwesenden sind czechoslavische Arbeiter. Ohne sie wäre Dr. Adler ein General ohne Heer. Das bekennt auch offen der Bericht des Parteitages von Wien, abgehalten im Jahre 1892. Derselbe sagt: „Besonders erfreulich ist die Entwickelung der czechischen Socialdemokratie und deren immer nähere und festere Verbindung mit unserer Partei. Auf dem Parteitage der czechoslavischen socialdemokratischen Partei — wenn sie diesen Namen überhaupt verdient, — der im Jahre 1893 zu Budweis abgehalten, wurde beschlossen:

1. „Das Parteiprogramm kann nur von der gesammtoesterreichischen Partei abgeändert werden. 2. Die Taktik vereinbart die czechoslavische socialdemokratische Partei mit der gesammtoesterreichischen, die Art ihrer Organisation bestimmt sie sich selbst. 3. Die ordentlichen gesammtoesterreichischen Parteitage werden von der czechoslavischen Partei regelmässig beschickt. Diese Sätze: Einheitlichkeit des Programms, Vereinbarung der Taktik und Selbstständigkeit der Organisation, verbürgen ebenso die solidarische Verknüpfung und einheitliche Aktionsfähigkeit der gesammten oesterreichischen Socialdemokratie, als sie für die besonderen Bedürfnisse der Organisation den nöthigen Spielraum gewähren. In der That gestalten sich auch die praktischen Beziehungen zwischen der czechischen und unserer Organisation immer enger, je mehr Kraft und Selbstständigkeit die czechische Organisation gewinnt. Wie an den oesterreichischen Arbeitern deutscher und

polnischer Zunge die Lockrufe der nationalen, sich noch so demokratisch und socialreformerisch geberdenden radikalen Bourgeoisparteien ohne jeden Erfolg abprallen, ebenso hat sich die Principientüchtigkeit und Klarheit der czechischen Genossen in sehr schwieriger Zeit bewährt." [1])

Die Arbeiter czechischer Abstammung, soweit sie also der Adlerischen Armee angehören, sind für das czechoslavische Volk verloren. Sie fühlen sich nicht als Söhne des czechischen Volkes. Die Sache ist auch ganz natürlich. Das hängt nothwendig mit dem Wesen der Socialdemokratie zusammen. Es gibt in Oesterreich 17 Banken, welche sich mit der Lebensversicherung abgeben, und 50, welche gegen Feuerschäden Versicherungen mit dem Publikum schliessen. In den meisten dieser Banken sind die Juden Herren. Aber die grösste und wichtigste jüdische Versicherungsbank ist die Socialdemokratie. Denn diese hat die ungeheure und wichtige Aufgabe mittels der erkauften Arbeitermassen das in kurzer Zeit durch Gaunerei den dummen Christen abgewonnene Vermögen vor Neid und vor Angriffen zu schützen, weil die jüdische Presse dazu nicht mehr ausreicht. Zuerst müssen wir den Generalstab durchmustern. In Deutschland sind oberste Heerführer Singer, Arons, Quark, Braun, Schönlank, Stadthagen, Gradenauer, Goldstein, Kohn, Schippl. Von diesen Herren wird wohl keiner getauft, sondern alle werden wohl beschnitten sein.

In Frankreich sind es die Juden Lafargue, Guesde, Vaillant. In England der Jude Aveling, in Belgien der Jude Anseele, in Italien der Jude Barzilai, in Spanien der Jude Iglesias.

Nun überblicken wir den Generalstab in Oesterreich. In Galizien haben wir die Generäle Daszynski, Mendelssohn, Rapaport, in Wien haben wir den Oberbefehlshaber Dr. Adler, dann seine Adjutanten Ellenbogen, Ingwer, Beer, Verkauf, Brod, Ornstein, Austerlitz, Pollatschek, Reichenfeld, Ehrentraut, Jacobi und Jeiteles.

---

[1]) Verhandlungen des IV. oesterr. socialdemokr. Parteitages. Wien 1894. Brand, Seite 4 u. 5.

Diesem Generalstabe ist die czechische Organisation unterworfen. Sehen wir uns die Führer der czechischen Organisation an. Berner, Jud, war früher Supplent, da es ihm zu dumm war, Prüfungen abzulegen, verliess er das undankbare Lehramt und wurde Abgeordneter. In Brünn sind Kommandanten die wohlbeschnittenen Genossen Czech, Morgenstern, Khaczer. In Mähr.-Ostrau ist Herr der schon citirte Jude Berner. Die polnische socialdemokratische Presse wird bedient von den Juden Haeckler, Kleinberger, Suesser, Frieling, Kaner, Herstal, Sisuche, Probstein und anderen mehr.[1]

Damit haben wir zur Genüge bewiesen, dass die socialdemokratische Partei von Juden befehligt wird. Nun schauen wir uns die Ansichten der Genossen über den Nationalitätenkampf an. Darüber belehrt uns der Genosse Fritz Austerlitz in der „Arbeiter-Zeitung" vom 20. und 21. Juli 1898. In zwei Artikeln der citirten Nummern der „Arbeiter-Zeitung" des Herrn Dr. Adler sagt das Blatt Folgendes:

„Der Kampf um das sprachliche Recht, der in Oesterreichs Entwicklung immer einen breiten Raum einnahm, seit anderthalb Jahren aber alle anderen Sorgen und Fragen weit in den Hintergrund gerückt hat, ist heute nicht mehr ein simpler Streit um das Ausmass nationaler Gleichberechtigung, sondern er enthält im Kern den Kampf um eine Neuordnung Oesterreichs. Scheinbar kämpfen Deutsche und Czechen um ihr nationales Recht; in Wirklichkeit treffen sich hier seit langem zwei Strömungen verfassungsrechtlicher Natur. Wie wollen die Czechen die Sprachenfrage lösen? Sie fordern ihre einheitliche, gleichmässige und uniforme Regelung für ganz Böhmen, eigentlich auch für Mähren und Schlesien als Bestandtheile der Länder der sagenhaften böhmischen Krone; für Deutsche und Czechen soll das gleiche und dasselbe Recht herrschen, und im ganzen Lande soll nur Ein Recht sein. Das ist der Standpunkt der absoluten Doppelsprachigkeit, der, bis in

---

[1] Rud. Vrba, Národní sebeochrana, Seite 252, Prag 1898.

die letzten Konsequenzen durchgeführt, die Badenischen Sprachenverordnungen waren. In ganz Böhmen und Mähren soll jeder Beamte beide Landessprachen sprechen, und jedem Bürger soll an jedem Punkte in der Sprache geantwortet werden, deren er sich selbst bedient oder bedient hat. Das ist der Standpunkt der Czechen. Der Standpunkt der Deutschen hat im Laufe der Zeit eine bemerkenswerthe Aenderung durchgemacht. Sie fordern heute wie früher die Anerkennung des deutschen Sprachgebietes. Die Nationalitäten leben in Böhmen nicht ineinandergemengt, sondern neben den gemischtsprachigen Bezirken, die von Deutschen und Czechen bewohnt werden, neben dem grossen rein czechischen Gebiet ist ein deutsches Sprachgebiet zu erkennen, das wohl kleiner und stellenweise mit czechischem Element durchsetzt, sich doch immerhin als ziemlich geschlossenes Verwaltungsgebiet darstellt. Für dieses deutsche Sprachgebiet verlangen die Deutschen die deutsche Administration; dieser Theil von Böhmen soll behandelt werden wie etwa eine rein deutsche Provinz. Die Wandlung, die die Deutschen durchgemacht haben, bezieht sich auf das czechische Gebiet. Der alte, centralistische Liberalismus wollte den Czechen nur eine scheinbare Gleichberechtigung gewähren; im czechischen Sprachgebiet sollte die czechische Amtssprache wohl im äusseren Verkehr, im Verkehr mit den Parteien gelten, wogegen auch in diesem nur von Czechen bewohnten Gebiete, aus angeblich staatlichen Gründen, die innere deutsche Amtssprache, die deutsche Sprache für den inneren Verkehr der Behörden beibehalten werden sollte. Die Badeni'schen Sprachenverordnungen haben da eine tiefgehende Umänderung erzeugt; die Deutschen fordern heute für ihr Gebiet die rein deutsche Administration, gestehen nun aber den Czechen auch für das ihre die rein czechische Verwaltung zu. Die früheren staatlichen Einwendungen gegen die ganz czechische Verwaltung des czechischen Gebietes sind längst aufgegeben: die Deutschen als Staatspartei existiren nicht mehr.

Der Standpunkt der Czechen ist ein staatsrechtlicher; sie wollen es nicht gelten lassen, dass Böhmen „zerrissen" werde, dass das böhmische Königreich behandelt werde wie eine österreichische Provinz, die man einrichtet nach den Bedürfnissen des realen Lebens. Dieser böhmisch-centralistische Standpunkt hat zweierlei Gründe. Erstens drückt sich darin das Sehnen eines Volkes aus, das einst eine staatliche Selbständigkeit besessen hatte, sie im Laufe der Geschichte verlor und sie nun sucht wie die Idee ihre Verkörperung. Zweitens aber ist dieser mechanische, eigentlich antinationale Standpunkt das Resultat der fehlerhaften Politik der Deutschen in Oesterreich, die den Czechen nie geben wollten, was der Czechen gutes Recht war: die rein czechische Verwaltung in jenen Theilen Böhmens und Mährens, die von Czechen bewohnt sind. Die Gleichberechtigung besteht nicht blos darin, dass jeder Czeche in ganz Böhmen sein Recht in seiner Muttersprache findet, sondern es gibt auch gegenüber der staatlichen Gesammheit ein Recht des Volksstammes. Die Czechen haben das gute Recht, zu verlangen, dass die Deutschen nicht besser behandelt werden als sie, sie nicht schlechter als die Deutschen. Wenn es gegen die nationalen Interessen der Deutschen ist und sie angeblich demüthigt, czechisch zu lernen, so kann der Staat von den Czechen nicht verlangen, dass sie um einer mysteriösen Staatsnothwendigkeit willen deutsch lernen. Ein kulturell entwickeltes Volk wird sich auf die Dauer das Zugeständniss nicht erpressen lassen, dass seine Sprache für den Staat weniger wichtig sei als die einer anderen Nationalität, und es ist eine komische Zumuthung, von den Czechen zu erwarten, sie werden, um die Ungerechtigkeit zu vermeiden, dass deutsche Beamte czechisch verstehen müssen, die Selbstdemüthung auf sich nehmen, ihre Sprache in dem Lande, wo sie die Mehrheit bilden, zur zweiten Violine zu verurtheilen. Nebst der staatsrechtlichen Tendenz, die sich in dem bekannten Standpunkt von der Untheilbarkeit des Königreiches Böhmen ausspricht, drängt die Czechen zu dem Verlangen nach absoluter Doppelsprachigkeit das Bedürfniss, ihre Sprache gleichsam zu legitimiren: sie wollen den Deutschen, indem sie sie zwingen, czechisch zu lernen, die traditionelle **deutsche Verachtung** gegen die czechische Sprache austreiben. Präcis ausgedrückt, steht die Sache folgendermassen: Die Deutschen haben nie czechisch lernen wollen, die Czechen aber gezwungen deutsch zu lernen; erst jetzt, wo sie aufgehört haben, staatliche Gesichtspunkte ihren nationalen Interessen voranzustellen, ist jene Wandlung eingetreten, von der wir gesprochen: dass sie nämlich den Czechen ihr Recht ganz und unverkümmert zugestehen. Die Rechnung der Czechen ist anders, sie kalkuliren so: Wir müssen deutsch lernen; um nicht zurückzustehen, müssen wir also durchsetzen, dass die Deutschen wiederum czechisch lernen müssen. Das ist ein arger Fehlschluss; denn nicht nur dass die Sprachenfrage so geregelt werden kann, dass jeder Volksstamm in dem von ihm bewohnten Gebiete, in seiner Heimat, eine einsprachliche Verwaltung und Rechtsprechung besitzt — die Czechen sind heute auch kulturell so entwickelt, dass sie als Nation die Deutschen ebensowenig brauchen wie die Deutschen sie.

Die Sprachenfrage kann also nur auf zweierlei Weise geregelt werden. Da die Czechen dasselbe Recht besitzen wie die Deutschen, nicht ungünstiger behandelt werden dürfen wie die Deutschen, und diese nicht günstiger wie die Czechen, so gibt es keinen anderen Ausweg, als entweder den zur absoluten Doppelsprachigkeit der ganzen Verwaltung in Böhmen, oder die Zertheilung Böhmens nach dem sprachlichen Gebiet und die gleiche Behandlung des deutschen und des czechischen: deutsche Administration im deutschen, czechische Administration im czechischen — wobei die Nebenfrage, wie das sprachliche Bedürfniss der andersnationalen Splitter gewahrt werden soll, vorläufig ausgeschieden werden kann. Das ist im Grunde genommen der deutschböhmische Sprachenstreit, dessen Lösung trotz aller Anstrengung nicht gelingen will, weil er eben mehr ist als die Frage nach der praktischesten Eintheilung der Dinge, sondern eine Machtfrage zwischen den herrschenden Klassen zweier Völker darstellt. Ueber die Stellung der Socialdemokratie zu diesem ernsten Problem hat unser Genosse Fritz Austerlitz im letzten Hefte der „Akademie" einen Aufsatz geschrieben, den wir ob der aktuellen Wichtigkeit im Nachfolgenden reproduciren wollen. Genosse Austerlitz schreibt:

Die Socialdemokratie hat den nationalen Wirren gegenüber nur Einen Standpunkt: Die Ueberzeugung von der Gleichberechtigung aller der Volksstämme, die in Oesterreich leben und Oesterreich ausmachen. Sicherlich ist das ein richtiger, ein ausgezeichneter Grundsatz; nur schade, dass er für die Lösung der nationalen Fragen blutwenig bedeutet.

Austerlitz meint, die Sprachenfrage in Oesterreich würde verschwinden, wenn es hier keine deutsche Sprache gäbe. Dann sagt er weiter:

„Die hochmüthigen Deutschen verachten die Slaven, und die Slaven zahlen es ihnen mit tiefem Hass heim: das sind die Gefühle der „Oesterreicher" untereinander. Deswegen steht nirgends die Frage nach dem wirklichen Bedürfniss, nach dem nationalen Recht, sondern die Politik erschöpft sich hierzulande in dem Bestreben, der anderen Nationalität eine Kränkung zuzufügen; das erscheint jedem werthvoller als ein für die eigene Nationalität errungener Vortheil. Dass unter solchen Umständen die Forderung nach der deutschen Staatssprache ein aufgelegter Muthwille ist, liegt auf der Hand. Die deutsche Staatssprache hat mit den nationalen Forderungen und Bedürfnissen der Deutschen in Oesterreich natürlich nichts zu thun; sie ist vielmehr eine Forderung des oesterreichischen Staates, indem durch sie dieses auseinanderfallende Oesterreich halbwegs wieder zusammengeleimt werden soll. Aber welche nationale Partei wäre fähig, Opfer zu bringen um eines abstrakten Oesterreichs willen? Ausser ein paar einbalsamirten Hofräthen weiss niemand mehr von diesem Oesterreich, und ein „oesterreichischer Patriot" ist so ziemlich das ärgste Schimpfwort in diesem lächerlichen Staate geworden. Die dreissig Jahre oesterreichischer Verfassung lassen sich in Einem Satze ausdrücken: „Weil die Deutschen niemals den Nichtdeutschen geben wollten, was deren Recht war, so haben die Nichtdeutschen ihnen niemals gegönnt, was nicht immer ein nationales Vorrecht, sondern oft nur eine natürliche Wirkung der Verhältnisse gewesen. Aber jetzt sind die Zeiten einer „Staatssprache" längst vorüber, nicht zum wenigsten deshalb, weil wir ein Staat nicht mehr sind. So lange Oesterreich absolut regiert wurde, konnte die Fiktion eines „Oesterreich" aufrechterhalten werden: die sprachliche Verschiedenheit der Völker änderte nichts daran, dass sie alle Unterthanen des Chefs des Hauses Habsburg waren. Aber die Revolution begrub nicht blos den Absolutismus in Oesterreich, sie läutete auch die Todtenglocke dem oesterreichischen „Patriotismus", der Vorspiegelung, dass es etwas gibt, was die Völker zu einer Einheit bindet, wenn auch die Sprache sie trennt. Es liegt ein tiefer Sinn darin, dass mit dem Absolutismus auch „Oesterreich" verschwand, dass wir nicht mehr „Oesterreich", sondern nur die „im Reichsrathe vertretenen Königreiche und Länder" sind. Was hätte man auch nach dem Falle des Absolutismus, der Einheit für alle Volksstämme, noch weiter „Oesterreich" nennen sollen? Nichts war da, was den Begriff des Staates bildet: weder ein Volk, noch eine Sprache, weder eine gemeinsame Kultur, noch eine gemeinsame Geschichte, nichts als eben die Thatsache, dass alle diese Gebiete von Einem Monarchen regiert werden. Nun sollte der „Reichsrath" das Einigende sein; den „Königreichen und Ländern" blieb nichts gemeinsam, als dass sie eben im Reichsrathe „vertreten" waren.

So lange die sprachlichen Verschiedenheiten nur ein Ding waren, davon die Statistik berichtet, die slavischen Nationalitäten jung in der Kultur und in den Ansprüchen, konnte das Unmögliche des oesterreichischen Staates, wie ihn der Konstitutionalismus gebaut, verborgen bleiben. Dreissig Jahre sind für einen Staat eine sehr kurze Frist, aber dennoch: der ausgeklügelte oesterreichische „Reichsrath", mehr noch, das künstlich ersonnene „Oesterreich", das weder ein oesterreichisches Volk noch eine oesterreichische Sprache zur Grundlage hat, musste sich in dieser kurzen Spanne Zeit zu Tode leben. Es war nur denkbar, so lange es möglich war, die nichtdeutschen Nationalitäten zu unterdrücken: ihre Entwicklung zersprengte die Form, in der sie künstlich eingebaut worden waren. Oesterreich war allerdings nie ein deutscher Staat; im Gegentheil, die wirklichen nationalen Interessen der Deutschen in Oesterreich sind vielleicht dabei am schlimmsten weggekommen, als sie in den Dienst jenes „Oesterreicherthums" gestellt wurden. Aber die oesterreichische Verfassung war dennoch nur so lange möglich, als die Unterdrückungsmöglichkeit gegenüber den nichtdeutschen Volksstämmen gegeben war. Jetzt ist dieses merkwürdige „Oesterreich" an zwei Todesursachen verschieden: Die Czechen haben sich so stark entwickelt, dass es nicht mehr möglich ist, sie ungünstiger als die Deutschen zu behandeln, und die Deutschen haben auf die fragwürdige Ehre verzichtet, Magddienste für die nebelhafte oesterreichische Staatsidee zu leisten. Ein Staat, der eine besondere „Staatspartei" braucht, ist an sich schon eine Rarität, die man ausstellen kann, denn dass sich die Parteien, gleichgiltig, welches politische Glaubensbekenntniss sie besitzen, im Staate als im Vaterlande immer zu Hause fühlen, ist sonst überall die Regel. Oesterreich freilich hat eine besondere „Staatspartei" nöthig, weil hier die Regel ist, dass die Völker von „Oesterreich" leidenschaftlich wegstreben. Aber diese „Staatspartei" gibt es nicht mehr; nicht die grösste und nicht die kleinste Nationalität wird ihre nationalen Interessen den Interessen eines imaginären „Oesterreich" aufzuopfern gewillt oder fähig sein.

Ein Staat, als die lebendige Einheit aller in einer Volksgemeinschaft wirkenden Kräfte, kann Oesterreich überhaupt nicht werden: wir werden neben Nationalstaaten immer nur Parias sein. Was aber möglich ist, das ist die Herbeiführung eines Zustandes, wo sich jede Nationalität, jedes Volk kraft der Summe seiner Begabung frei entwickeln kann. Wir brauchen einen ernsten Föderalismus — freilich nicht den „historischen" der Länder, sondern den realen der Nationen. Aber daneben brauchen wir einen wirklichen Centralismus, wieder nicht den eines schattenhaften und wesenlosen Reichsrathes oder den einer fast absolutistischen Regierung, sondern den eines kraftvollen Centralparlaments, das eine ernste Machtpotenz der Völker verkörpert. Die traditionelle oesterreichische Halbheit hat beide Nothwendigkeiten verzerrt, und ihre Karikaturen sind die Landtage und der Reichsrath Das oesterreichische „System" ist im Grunde das Bestreben, die Slaven durch die Deutschen regieren zu lassen und die Deutschen durch die Regierung zu beherrschen; alles zur höheren Ehre des legendenhaften „Oesterreich". Aber diese Künste versagen nunmehr, und das oesterreichische Problem lautet nun, einen Zustand zu schaffen, wo sich alle Nationalitäten selbst regieren und verwalten, jede ihre Angelegenheiten allein und ihre gemeinsamen alle zusammen. Oesterreich kann nur bestehen bleiben, wenn es eingerichtet wird für die Völker, die dieses Gebiet bewohnen Die Möglichkeit, es gleichsam als ein Fideikommiss einer Familie zu verwalten, ist von der Entwicklung der Dinge nun wohl endgiltig beseitigt worden.

Deswegen, vielleicht deswegen allein, sind alle Bestrebungen, die den heutigen Zustand erhalten und verschärfen wollen, gegen die Nothwendigkeiten der Zeit, ein Rückschritt zu überlebten, unmöglich gewordenen Formen, und deshalb antisocial. Das heutige „Oesterreich" ist ein Unding, aber das böhmische Staatsrecht, ein Oesterreich im kleinen, ist es ebenso, und das aus denselben Gründen. Der Zersetzungsprocess Oesterreichs vollzieht sich durch die Gewalt der Dinge, und keine „Staatspartei" vermöchte zu retten, was dem Tode geweiht. Die Socialdemokratie will es aber nicht retten, sie will hier stossen, was fallen soll. Die Erhaltung der historischen Länder ist antinational und eben deshalb auch antisocial, und darum ist es das ureigendste Interesse des Proletariats, die Formen ohne Triebkraft zu zerbrechen und das Recht der Nation an ihre Stelle zu setzen. Wenn der Umgestaltungsprocess Oesterreichs möglich ist, so kann er nur durch das Proletariat erreicht werden. Indem sich das Proletariat zum bewussten Träger einer nothwendigen Entwicklungstendenz macht, vollzieht es auch hier die Aufgabe, die ihm die Geschichte auf allen Gebieten überwiesen hat."

Soweit Austerslitz. Man sieht, dass der ganze Artikel der Kritik gewidmet ist, die manches wahre Wort enthält. Aber der Schluss ist kurz. Genosse Austerlitz sagt nur, dass das Proletariat berufen ist, die Sprachenfrage zu beseitigen, aber das „Wie" hat uns Austerlitz noch verhüllt gelassen.

Die Socialisten, als blinde Diener der goldenen jüdischen Internationale, berauben die czechoslavischen Arbeiter der letzten Reste der Liebe zur Muttersprache, zu ihrer Heimat. Den rothen Socialisten ist auf der Welt nichts heilig, am allerwenigsten also das Volk, die Sprache, die Mutter, die Heimat, der sie entstammen. Die rothen Socialisten, als blinde Judenknechte, hassen den katholischen Priester und die katholische Religion. Das ist die erste Pflicht, die sie im Auftrage ihrer jüdischen Patrone vollführen müssen. Die socialistischen Blätter sind mit Schmähungen gegen Priester und Religion vollgefüllt. Das czechisch geschriebene Tagblatt der rothen Partei „Právo Lidu" hat den Genossen zur Direktive angeordnet: Den Priestern darf man nichts glauben, nichts geben, dann werde die Religion selbst verschwinden. In Klattau sagte der socialistische Agitator Vrátný, er wolle lieber einem Juden den Absatz küssen, als einem Bischof die Hand. In Königgrätz beschimpfte der Agitator Svěcený öffentlich die Christen, indem er sagte, auf einen jüdischen Dieb kommen vier christliche.

Die rothen Socialisten hassen alle Einrichtungen einer christlichen Gesellschaft, die ihnen sittliche Pflichten und Gebote auferlegen. So vor allem die Ehe. Ihre Patrone geben ihnen gutes Beispiel. Der Jude Aveling war verheiratet, lebte aber, wie bekannt, mit der Tochter Marx's in wilder Gemeinschaft. Das bekennt „Vorwärts" Nr. 164 l. J. Man gehe in die Wohnungen socialistischer Arbeiter, selten findet man diese Menschen kirchlich getraut. Man schaue die Genossinen an, wie sie früh abgealtert sind vom ausschweifenden, unsittlichen Leben, wie die meisten Fabriksarbeiterinen uneheliche Kinder besitzen, und man wird sich mit grösstem Abscheu von diesem menschlichen Gelichter abwenden müssen. Man gehe in die Wirthshäuser am Abend von Samstag auf Sonntag und von Sonntag auf Montag. Da findet man die Genossen vollzählig. Was in der Woche verdient wird, das wird zuerst vertheilt an den Agitationsfond, Pressfond, Wahlfond, das übrige wird vergeudet; das Weib kann als Wäscherin und Bedienerin sich und die Kinder vor Hunger schützen. Der Genosse Bebel hat ja ohnedies in der „Frau" die staatlichen Gebär- und Erziehungshäuser in Aussicht gestellt, also kann es schon jetzt practicirt werden.

Ich rathe Niemanden in der Nähe von Gasthäusern zu wohnen, wo die rothen Genossen zusammenkommen und ihre Sonntage verbringen, denn die ganze Nacht von Samstag auf Sonntag und von Sonntag auf Montag ist dieses Gesindel auf der Strasse.

Die Socialdemokratie ist eine Religion des Bauches, sie kennt keine höheren Güter, als die, welche die alten Epikuräer mit dem bekannten Satze ausdrückten: „Edere, bibere, post mortem nulla voluptas": esst und trinkt, nach dem Tode ist kein Vergnügen, keine Wollust.

Der Abgeordnete Socialist Zeller sagte am 9. August in Budweis vor seinen Wählern, er huste auf die Nationalität. Eine andere Leuchtkugel aus seiner Rede ist: er habe keine Ursache, gegen die Juden aufzutreten. In dieser Versammlung waren auch zahlreiche Lehrer deutscher Zunge zugegen.

Während die Agitatoren und Führer der rothen Partei aus den Geldern, die sie der Arbeiterschaft herausschwindeln, prächtig leben, darben die verheirateten Genossinen und in wilder Gemeinschaft lebenden Arbeiterinen in Noth und Elend. Man schaue die Fabriksarbeiterinen und ihre Kinder an, wie sie vor Schmutz starren, wie ihre Gesichter blass, mager, durchfurcht sind in Folge schlechter Wohnung und Nahrungsnoth.

Die rothe Partei schont auch das Vermögen der armen Arbeiter nicht. Wir könnten eine lange Reihe von Dieben bezeichnen, welche die Krankenkassen der Arbeiterschaft beraubt haben. Als die Krankenkasse in Prag noch nicht in die Hände der rothen Partei gerathen war, hatte diese Kassa im Jahre 1894 ein Vermögen von 90 Tausend Gulden. Seitdem sie aber in die Hände des Steiner und Šturc gerathen ist, weiste sie Ende 1897 eine Schuldenlast von 40 Tausend Gulden. Das socialistische Blatt „Freiheit" zählte folgende Defraudationen der Krankenkassen zusammen: Genosse Günther in Wien, Typograph, defraudirte den Typographen 9000 fl., Genosse Baumann, Vorstand des Tyroler Typographenvereines, defraudirte 2560 fl., Genosse Czermak in Brünn wurde 15. Juni 1895 verurtheilt wegen Unterschlagung anvertrauter Gelder. Der Genosse Pförtner in Nürnberg verschwand 1896 mit der Kassa. Genosse Hager in Fürth defraudirte 9000 Mark. Genosse Kampe, Kassier des Unterstützungsvereines socialdemokratischer Hutmacherarbeiter in Berlin, verschwand mit 10.000 Mark. Berner und Cinger hatten 7000 fl. für die Bruderlade „Prokop" in Mähr.-Ostrau zu verwalten, konnten sich aber nicht ausweisen, wo die Summe sei, wie ihnen öffentlich der Arbeiter Lukáščik bewies.

Während also die armen Arbeiter von ihrem Verdienst hergeben müssen, Kind und Weib zu Hause darben, während die Agitatoren die Kassen ausrauben, sammeln die obersten Generäle der Rothen ganz fabelhafte Vermögen. So brachten zahlreiche Zeitungen Mitte Juli folgenden Bericht: „Theorie und Praxis sind oft grundverschieden, aber selten gehen sie so weit auseinander, wie bei den „Führern" der Socialdemokratie. Eine neue Illustration hierzu bildet die Schilderung von Bebel's Villa am Züricher See. Der nach Schweiz flüchtig gewordene Redakteur O. Knorr schreibt: „Schon von weitem leuchtet der unmittelbar am See gelegene imposante Prachtbau mit seinem riesigen, bluthrothen Ziegeldache dem sich zu Dampfer Nähernden entgegen. Nach dem See zu befindet sich ein hübscher grosser Garten mit

Lauben und Pavillons. Dieses Gartenland ist aber nicht etwa natürliches Uferland, sondern durch enorme Geldaufwendungen in den See aufgeschüttet. Vor der dreistöckigen Villa nach der Strasse liegt ebenfalls ein grosser Garten, in der Mitte von einem breiten Wege durchschnitten, der direkt auf das Hauptportal von „Bebels Ruh" führt. Der ganze Garten ist als Weinberg eingerichtet, mit Tausenden von edlen Reben. Von der Strasse wird das Gut durch eine feste, aus Granitquadern errichtete Mauer mit über der Mauer emporragenden schräg abgestumpften Pfeilern abgeschlossen. Das Bebel'sche Weingut mit seinem stolzen Herrensitz repräsentirt einen Werth von etwa einer halben Million Mark." Und das ist der Mann, der so ritterlich gegen die Wohlhabenden loszieht und gegen dieselben die niederen Klassen aufhetzt. Wenn die Anhänger dieser Leute nicht so verblendet wären, so würden sie sich ohne Zweifel mit Widerwillen von ihnen abwenden. Man hat dort viel schöne Worte für den Arbeiter in Bereitschaft; aber anders ist es in der Theorie und weit, weit anders in der Praxis.

Auch von dem grossen Schreier in der französischen Kammer, von Jaurés brachte der „Peuple" in Nr. 153 recht interessante Nachrichten. Der „Peuple" zählt auf, welche Sinekuren Jaurés im Staate und in der Gemeinde einnehme. Rochefort zählt im „Intransigeant" vom 6. Juni die Häuser auf, welche Jaurés in Bassoulet, Chiffeulie und Bougoulie besitzt und hat dazu 120 Hektar Bodenbesitz. Jaurés wüthete gegen Rochefort, aber dieser sagte ihm ganz kühl: „Genosse! Sie waren früher Bonapartist, dann Oportunist, jetzt sind Sie Socialist, weil es am meisten einbringt." [1])

Abgeordneter Zeller sagte, er habe als Socialist keine Ursache gegen die Juden aufzutreten. Wir haben die socialistische Partei als die grösste jüdische Versicherungsbank bezeichnet. Wie kommt es, dass kein einziger Redner der socialistischen Partei die Millionen des Rothschild angreift? Wie kommt

---

[1]) „Dělnické Noviny" Nr. 21, Jahrg. III.

es, dass kein einziger Arbeiter die Redner fragt, wann denn die socialistische Produktionsweise eingeführt wird, wann also die jüdischen Fabriken in den Besitz der Arbeiter übergehen werden. Die armen Verführten! Sie wissen nicht, welch schändliches Geschäft die Agitatoren mit dem General Adler an der Spitze mit der armen Arbeiterschaft betreiben. Wie kann die rothe Partei die kommunistische Produktionsweise einführen, da ihre Redner und Zeitungen von jüdischen Fabrikanten und Grosshändlern regelmässige grosse monatliche Beiträge erhalten?

Anfangs Juli cirkulirte in allen czechoslavischen Zeitungen mit Ausnahme der socialistischen folgende Mittheilung des Kustos der Prager Krankenkassa Johann Vodička. Er schrieb: Ich bin aus der socialistischen Partei ausgetreten. Ich glaubte an eine reformatorische Mission der Socialdemokratie. Die Enttäuschung, die ich erlebte, ist furchtbar. Ich habe erkannt, dass die Socialdemokratie das Gegentheil thut von dem, was sie thun soll. Es ist ein wissentlicher Betrug der Arbeiterschaft, dass dieselbe die Wahrheit nicht erkenne, dass sie nicht durchblicke, für wen sie sich schlage. Die Reden der Agitatoren sind ein frecher Schwindel, eine Mausefalle für arme, gutgesinnte, aber nichts durchschauende Arbeiter. Nur der Schwindel erhält die Socialdemokratie bei Macht. Der Jude Berner verlangt für jede Rede 25 fl. Honorar und das aus den Kreuzer-Sammlungen, die blutig von armen Arbeitern verdient werden müssen. Die Socialdemokratie ist unterstützt und in Verbindung gerade mit solchen deutsch-jüdischen Millionären, welche für den czechischen Arbeiter gerade die grösste Verachtung haben und die ihn am meisten ausbeuten.

Bald darauf veröffentlichte Herr Vodička in dem Brünner Arbeiterblatt „České dělnické Rozhledy" das Verzeichniss jener jüdischen Firmen und Fabrikanten, bei welchen er regelmässig jeden Monat beträchtliche Beiträge für die czechisch-sprechende socialistische Parteiorganisation mit dem Sitze in Prag und für deren täglich erscheinendes Blatt: „Pravo Lidu" sammelte. Es sind folgende Firmen: Jacob Wolf,

Johann Samec, Handschuhfabrikant, Gut, Stein, Rybarz & Comp., Neumann und Blass, Sigmund Federer, Frank, Jakob Pollak, Carl Popper, Teweles und Coppelmann, Wilhelm Raudnitz etc. Es sind im Ganzen 300 Firmen und Fabrikanten, sämmtlich Juden in Prag.

Diese Thatsachen haben wir alle angeführt, um den Beweis zu erbringen, dass Menschen, denen weder Religion, noch Ehe, noch Eigenthum des Nächsten heilig ist, um so weniger die Muttersprache, das Heim lieben. Die Agitatoren der socialistischen Partei, die Heerführer, sind demnach Menschen, die moralisch genommen viel verwerflicher sind als die Verbrecher in den Strafhäusern. Die rothe Partei hat alles Gesindel auf ihrer Seite, welches nichts arbeiten will und sein Leben in Wirthshäusern zubringen möchte. Die rothe Partei hat alle Wüstlinge auf ihrer Seite, welche verrätherisch Weib und Kind verlassen, um mit anderen Personen nach Bebel's Recept zu leben. Die rothe Partei hat endlich auf ihrer Seite arme, gutmüthige Arbeiter, die in Noth und Bedrückung von Adler, Ingwer, Popp Heil erwarten. Und das muss öffentlich konstantirt werden, dass in allen deutschen Fabriksstätten der grösste Theil dieser jüdischen Armee Arbeiter czechischen Ursprunges sind.

Warum findet man im arbeitenden Volke so eine Verachtung der Muttersprache? Die Frage ist einfach zu beantworten. In der Sorge um das Brod tritt alles Andere in den Hintergrund. Wenn der Magen leer ist, wenn Noth und Hunger droht, dann frägt man nicht nach der Sprache, nach der Nationalität, man frägt nach Brod und Arbeit. Darum sind dem arbeitenden Volke die nationalen Hetzereien eigentlich fremd und das sowohl bei den Deutschen, wie bei den Czechen. Das Volk blickt ganz gut durch, dass der Nationalitätenhader für Manche geradezu ein Beruf, ein Geschäft ist. So brachten Zeitungen die Nachricht, dass Wolf für seine Rede in Neutitschein 1000 fl. erhalten habe und zwar vom Fabrikanten Rückel 600 fl., von der Firma Weiss und Rotter 400 fl. Uebrigens ist bekannt, dass Wolf bald von der Stadt

Komotau, bald von Trautenau. Reichenberg Ehrengaben von 4000 und noch mehr Mark erhält.

Nun, das ist doch ein ganz famoses Geschäft, da kann man schon öfters gegen die Regierung über die Schnur hauen, macht nichts, man wird eingesperrt wird dann Nationalmärtyrer und dann kommen Ehrengaben. Das arbeitende Volk sieht gut durch, dass das Treiben der Schönerianer, der jüdischen Zeitungen nichts als frecher Schwindel ist. Dieses Urtheil ist wohl richtig. Denn was von diesen oft geleistet wird, grenzt an Wahnsinn. So brachte die „Neue Freie" vom 3. August 1898 folgende Nachrichten anlässlich des Todes Bismarck's:

Kundgebung aus Oesterreich. Wien, 3. August. Die „deutschvolklichen Vertrauensmänner Wiens" haben gestern eine Berathung darüber abgehalten, wie ihre Parteigenossen die Trauer um Bismarck kundzugeben haben. Sie haben eine Reihe von Beschlüssen gefasst, die heute in der „Ostdeutschen Rundschau" veröffentlicht wurden und denen wir Folgendes entnehmen: Als äusseres Trauerzeichen ist eine schwarze Binde am linken Arme und gleichzeitig eine natürliche Kornblume zu tragen, und zwar bis zur Abhaltung der officiellen Trauerfeier in Wien, welche erst nach der Bestattung Bismarck's veranstaltet wird. Festliche Veranstaltungen haben in dieser Zeit zu unterbleiben, zulässig sind nur ernste nationale Veranstaltungen. Der Vertrauensmänner-Ausschuss Wiens wird beauftragt, die Vertretung der Deutsch-Nationalen Wiens beim Leichenbegängnisse zu übernehmen und eine Kranzspende namens derselben am Sarge niederzulegen. Es ist selbstverständlich, dass die einzelnen nationalen Körperschaften auch selbstständige Beileidskundgebungen an den Fürsten Herbert Bismark absenden. Weiters wurde festgesetzt: Das Jahr 1898 (nach deutschvölkischer Rechnung 2011 — nämlich seit dem ersten Auftreten der Cimbern und Teutonen im Jahre 113 v. Ch.) hat als Trauerjahr zu gelten, und haben sich deshalb die Volksgenossen der Theilnahme an allen Festlichkeiten (mit Ausnahme solcher, die deutschvölkischen Zwecken dienen) zu enthalten. Der Vertrauensmänner-Ausschuss hat sich diesbezüglich mit den Volksgenossen in der Provinz ins Einvernehmen zu setzen. Die deutschnationalen Gemeinderäthe Wiens werden aufgefordert, in der nächsten Sitzung des Gemeinderathes den Antrag einzubringen, es sei eine der Hauptstrassen Wiens Bismarckstrasse zu benennen und in der Wallnerstrasse am Palais Pálffy (in welchem Bismarck bei seiner letzten Anwesenheit in Wien wohnte) eine Gedenktafel auf Gemeindekosten anzubringen. Jene, die beabsichtigen, sich seinerzeit am Leichenbegängnisse persönlich zu betheiligen, werden aufgefordert, dies ehestens dem Obmanne des Vertrauensmänner-Ausschusses, Herrn W. Ph. Hauck, anzuzeigen. Der D. C. der Wiener Burschenschaften hat beschlossen, anlässlich des Ablebens des Fürsten Bismarck tiefe Couleurtrauer zu tragen."

Die Judenzeitung das "Prager Tagblatt" brachte am selben Tage folgende Nachrichten:

Reichenberg, 2. August. (Priv.) Die gestern hier abgehaltene Vertrauensmännerversammlung des Deutsch-nationalen Vereines sandte nach einer tiefergreifenden Rede des Abgeordneten Prade an den Fürsten Herbert Bismarck eine Trauerkundgebung.

Brünn, 2. August. (Priv.) Aus Anlass des Ablebens des Fürsten Bismarck fand heute in der Gemeindeausschussitzung eine Trauerkundgebung statt.

Graz, 1. August. Die deutsche Studentenschaft beschloss, einen Kranz am Sarge Bismarck's niederzulegen und zum Zeichen der Trauer durch vierzehn Tage schwarze Armbinden zu tragen. Die "Deutschvolklichen" in Graz beschlossen, schwarze Armbinden, Kornblumen und Erica durch acht Tage und während weiterer vierzehn Tage nur den Blumenschmuck anzulegen. — Die in Moellbrücken in Kärnten versammelt gewesenen Mitglieder des Volksvereines für Kärnten haben nach einer auf Bismarck's Tod bezüglichen Rede Professor Steinwender's eine Trauerkundgebung beschlossen.

Welch ein frecher Schwindel in dem Nationalitätenhader von Leuten getrieben wird, die daraus einen Profit haben, geht auch daraus hervor, wie gegen die armen czechischen Arbeiter in deutschnationalen Zeitungen gewüthet wird. Darüber schreibt der „Pester Lloyd" in der Nummer vom 28. Juli 1898, wo er mit einem „Deutschböhmen" polemisirt, folgendes: „So behauptet beispielsweise der Verfasser des besprochenen Zeitungsartikels, welcher sich für einen Deutschböhmen ausgibt, dessen Wiege jedoch vor noch nicht so vielen Jahrzehnten in der grünen Steiermark stand, dass die nordböhmischen Distrikte von czechischen Arbeitern ausgesogen werden. Nun ist es eine allbekannte Thatsache, dass die nordböhmische Industrie sich fast ausschliesslich in den Händen der Deutschen befindet, welche jedoch froh sind, dass sie die czechischen Arbeiter zu billigen Arbeitspreisen haben können. Ohne die czechischen Arbeiter wäre die Konkurrenz der nordböhmischen Industrie mit Deutschland, insbesondere mit Sachsen, unmöglich. Deutsche Arbeiter gibt es dort nur sehr wenige, da die Deutschen dort zumeist wohlhabende Bauern sind, welche, wenn sie sich ausnahmsweise zur Arbeit verdingen wollen, dieses lieber jenseits der schwarzgelben Pfähle thun, wo sie höhere Löhne bekommen. Wenn es einen Punkt gibt, wo die Czechen den Deutschen gerade grosse Dienste leisten, so ist es Nordböhmen. Versuchet nur die czechischen Arbeiter einmal von dort zu vertreiben und ihr werdet sehen, wohin es mit der nordböhmischen Industrie kommen wird. So liesse sich Punkt für Punkt nachweisen, wie das Leben von den politischen Theorien der deutschen Gemeinbürgschaft grundverschieden ist.

Fragt man also, wer an der gegenwärtigen Lage in Oesterreich schuld ist, so darf man unter vielen Schuldigen einen nicht vergessen: die Unkenntniss der Verhältnisse, welche im deutschen Lager leider noch immer das grosse Wort führt."

So das grosse Judenblatt. Welche Wunden der Nationalitätenhader dem arbeitenden Volke zufügt, da daraus Geschäftsstockungen hervorgehen und folglich Noth für den Arbeiter, darüber äusserte sich am 4. Februar 1898 der Wiener Kreditorenverein.

Das Judenblatt das „Prager Tagblatt" schreibt darüber (5 Februar) Folgendes:

„**Die Ursachen der Geschäftsstockung in Oesterreich**. Der Wiener Creditoren-Verein hielt vorgestern seine diesjährige ordentliche Generalversammlung. Der Bericht des Vorstandes wirft Eingangs einen Blick auf die misslichen, Handel und Gewerbe lahmlegenden wirthschaftlichen und politischen Verhältnisse in Oesterreich und fährt fort: „Der Unternehmungsgeist ist gelähmt, das Kapital in Furcht versetzt. Während andere Staaten die Gebiete ihres Aussenhandels mit Aufwand aller Kräfte zu erweitern bestrebt sind, werden wir im traurigen Gegensatze fast überall und insbesondere auf dem seit altersher uns zugewiesenen und von uns behaupteten Verkehr mit der Levante, den Balkstaaten etc. zum grossen Theile durch fremde Industrie und Handelskräfte ersetzt. Mag uns dabei der Vorwurf eigenen Verschuldens auch nicht erspart bleiben, so finden wir den Hauptgrund dieses Verfalles doch in der inneren Politik und dem socialen und nationalen Zwiste. Die unglückseligen Verhältnisse bedrohen unsere Handelsthätigkeit selbst innerhalb der Grenzen unserer Monarchie, welche, wenn sich die Tendenzen einiger Parteien Geltung verschaffen, durch die Errichtung der Zollinie zwischen den beiden Reichshälften eingeschränkt würde. Dazu kommt die noch immer nicht durchgeführte Regulirung der Valuta, die ungünstige Handelsbilanz, die seit Jahren versäumte Obsorge der Transportverhältnisse, welche die wichtigsten Bedürfnisse des Verkehres, zum Beispiel den Donau-Oderkanal, die Tauernbahn, fast gar nicht in ernste Verhandlung zieht; durchwegs traurige Motive unserer trotz der langjährigen Friedenssegnung stagnirenden, ja retrograden Volkswohlfahrt." Als Beleg für diese durch die faktische Lage gerechtfertigten Klagen wird die Thatsache angeführt, dass die im abgelaufenen Jahre den Verein betreffenden 911 Insolvenzen einen Betrag von mehr als $5^{1}/_{2}$ Mill. Gulden umfassten."

Der Abgeordnete Pacák hat aus Wien an die Zeitung „Hlasy z Podřipska" einen Brief gerichtet, wo er besonders den furchtbaren Streit zwischen der ungarischen und oesterreichischen Hälfte mit den

Worten kennzeichnet: „Ob nun Pest oder Wien gewinnt, Prag wird immer der geschlagene Theil sein. Die Gelder werden aus Prag verschwinden, unsere schöne Heimat wird verarmen, wogegen andere Städte reich werden; und während wir weiterhin ringen werden um das Recht unserer Sprache, wird man uns den letzten Groschen aus der Tasche nehmen."

Darüber sagt nun das „Prager Tagblatt" (21. Juli 1898) folgendes: „Wir fühlen uns gelaunt, in diesen Stosseufzer des Herrn Dr. Pacák, sowie in seine melancholischen Betrachtungen einzustimmen. Nur zu wahr ist es, dass aus dem nahezu vierzigjährigen Kriege zwischen Deutschen und Czechen in Böhmen zuerst die Ungarn, dann die Polen Vortheile gezogen haben und sich anhaltend diese Vortheile zu sichern bestrebt sind. Was läge da näher, als dass Herr Dr. Pacák einmal versuchen wollte, sich von den Fesseln der Parteidogmen wenigstens insoweit loszumachen, dass er sich ernstlich Mühe nimmt, dem deutschen Standpunkte so objektiv als möglich Würdigung angedeihen zu lassen? Hängt denn, so muss man fragen, die ganze Glückseligkeit und Existenz des czechischen Volkes davon ab, dass in Eger, Asch, Kaaden, Falkenau, Bodenbach u. s. w. überall czechische Eingaben angenommen, czechisch verhandelt und czechisch erledigt werden?"

Damit haben wir die Ursachen klargelegt, warum das arbeitende Volk dem Nationalitätenhader abhold ist und warum also der czechische Arbeiter der Führung der jüdischen Socialdemokratie zur Beute wird. Das Proletariat wird aber den Hass der Nationalitäten nicht beseitigen, denn es hat nicht die Eignung dazu, wie es auch nicht die socialen Wunden heilen wird. Gauner und Diebe haben doch noch niemals die Welt verbessert.

Aus allem dem ersehen wir, dass einzig und allein die christliche Religion auf die Gemüther der Menschen heilbringend wirken kann. Das Gebot: „Du sollst den Nächsten lieben wie dich selbst, ob er Jud, Samaritan, ob Grieche oder Barbar." dieses Gebot wird von den Menschen verachtet, mit Füssen getreten, und darum wird der wilde Kampf nicht nur um das Brod, sondern auch um die Zunge, um die Sprache geführt.

XVI.
Die sociale Gefahr.

Der Dulder Job kennzeichnete das menschliche Leben mit kurzen Worten: „Das Leben des Menschen auf Erden ist ein Kampf und seine Tage sind wie die Tage eines Taglöhners." (Job 7, 1.) Er beschreibt die Kürze und das Elend des Lebens: „Der Mensch aus dem Weibe geboren, lebt nur eine kurze Zeit erfüllt von vielem Elend. Wie eine Blüthe geht er auf, wird vernichtet, entflieht wie ein Schatten, bleibt nie im selben Zustand." (Job 14, 1. 2.) Die Worte Job's werden ihre Wahrheit niemals verlieren.

Das irdische Leben der meisten Menschen hier geht auf in Nahrungssorgen. Es gibt nur wenige Menschen, welche von Geburt aus mit dem Glücke versehen, nie verkosten, was es bedeutet, sich um das tägliche Brod sorgen zu müssen. So machen wir die Erfahrung, dass der Mensch überall so handelt und spricht, damit er seinem Wohle nicht schade, sondern fördere. Der Magen im Menschen entscheidet bei den meisten Menschenkindern, er befiehlt, und die Zunge, das Herz, der Verstand, die Gesinnung müssen weichen, müssen gehorchen. Alle die Kämpfe, die wir unter den Menschen beobachten, sind im tiefsten Grunde nur Existenskämpfe. Fühlt sich jemand in seinen Interessen bedroht, dann greift er seinen Gegner rücksichtslos an, er greift zur Wehr, ja er geht weiter, er sucht seinen Gegner unschädlich zu machen, ja zu vernichten. Warum zum Beispiel die Lehrerschaft an den Lehrertagen gegen die konfessionelle Schule kämpft und das Kleinod, die Hasnerische Schule so zähe vertheidigt, ist der tiefste Grund doch nur materiell. Die Lehrer fühlen sich bedroht in ihrer Existenz, in den Einkünften, in ihrer

Bequemlichkeit und Unabhängigkeit, falls dem Ortspfarrer ein Einfluss auf die Schule eingeräumt würde, sie fühlen sich bedroht in der Existenz, falls die Schulfrequenz auf 6 Jahre reducirt würde. Das Herabdrücken des Bildungsniveaus des Volkes ist doch nur Nebensache.

So ist auch der Nationalitätenkampf ein Existenzkampf, und derjenige muss in ihm unterliegen, der arm ist, der Brod suchen muss bei einem Anderen. der ihm dann befiehlt, seine Kinder in die deutsche Schule zu schicken, wie es die deutschen und jüdischen Fabrikanten in Nordböhmen und überall thun. Auf diese Weise werden die Kinder des armen czechischen Arbeiters schon deutsch. Einen solchen Ursprung haben die „Urgermanen" Kolisko, Woperschalek und tausende ähnliche, mit denen die Haupt- und Residenzstadt Wien voll gefüllt ist. Wien verdankt seinen ungeheueren Aufwuchs dem Zuströmen czechoslavischer Bevölkerung. Wien ist die grösste czechoslavische Stadt.

Es wird sich darum Niemand heute wundern, wenn der arme czechische Arbeiter seine Sprache aufgibt, wenn es sich um sein Leben handelt. Keine Nation kann darum ihre Sprache. ihre Nationalität bewahren und schützen, wenn sie nicht zugleich dafür sorgt, dass sie Besitzerin von Grund und Boden, dass sie ihren Söhnen ein sicheres Brod geben kann.

Bei der heutigen drohenden socialen Noth ist darum der Nationalitätenkampf nur ein Deckmantel für gewisse anrüchige Elemente, welche im öffentlichen Leben, sei es bei den Deutschen, sei es bei den Czechen, sich breit machen, um sich emporzuthun. Der Nationalitätenhader ist das Turnierfeld für gewisse Advokaten, Abgeordnete, Zeitungsschreiber. Wirthshausbesitzer, Bezirksvorstände, um sich in der Arena vorzuthun, um ein Mandat zu erhaschen, um Klienten für die Advokatenkanzlei heranzuziehen.

Es ist sicherlich ganz blöd, wenn der Podersamer Bezirk, die Advokaten, Gemeinderath ein indianisches Wuthgeheul erheben, dass in Podersam ein czechischer Bezirksrichter eingesetzt ist, da nun ein Deutscher nicht zu haben ist. Der Bezirksrichter wird sein Amt verwalten und sein Gehalt beziehen, mehr wird nicht geschehen. Wenn sich aber in einer deutschen oder czechischen Gemeinde ein Jude niederlässt, der bald darauf das ganze Dorf ausraubt, bewuchert, da ist über allen Wipfeln Ruhe, da rührt sich kein Mensch, weder Deutsche, noch Czechen. Wir haben konstatirt, dass der Nationalitätenhader obskure Menschen ernährt. Verschiedenartige Gauner spielen als Patrioten grosse Rollen.

Wir geben hier zwei Beispiele. Im November 1896 wurde über das Vermögen der Záložna des Křivokláter Bezirkes der Konkurs verhängt und vom Konkursmassa-Verwalter ein Deficit von 47.446 fl. festgestellt. Der Hauptschuldige, der Kassier Karl Salač, welcher gleichzeitig Sekretär des Bezirksausschusses war, endete durch Selbstmord, als er erfuhr, die von ihm seit sechs Jahren betriebenen Malversationen seien aufgedeckt worden. Die Staatsanwaltschaft klagte die zwölf Mitglieder des Direktoriums und die drei Revisoren wegen Vergehens der Krida an, und die Schlussverhandlung, die schon einmal vertagt worden war, wurde nun auf den 26. August 1898 anberaumt.

Dieser Salač spielte lange Jahre die erste Rolle als Politiker und Patriot im Bezirke. Er hat (nach dem Berichte des „Čech" Nr. 277, Jahrg. 1896) seinen kathol. Glauben abgeworfen, wurde Protestant, um die katholische Ehe zerreissen zu können, um eine andere zu schliessen.

Das zweite Beispiel. Franz Winkler, der dreissig Jahre Kassier der Bezirksvorschusskassa in Mělník und Bezirkssekretär war, wurde bald nach der Affaire in Křivoklát in Untersuchung genommen, denn es hat sich beim Durchforschen der Bücher ein Deficit von 550.000 fl. ergeben. Nachdem die Rechnungen genauer vorgenommen wurden, war das Deficit nahezu an eine Million Gulden gestiegen. Dieser Mann hat tausende Familien an den Bettelstab gebracht, dabei war er der erste Mann in der Stadt, arme Leute küssten ihm auf der Gasse die Hände, er war kandidirt als Abgeordneter, alles beugte sich vor ihm, und nun steht er da als ein ganz gemeiner Betrüger.

So hat jedes Volk seine Panamisten, das sind gewöhnlich die grössten Schreier auf den Versammlungen, im Parlamente. Sie sind die besten Patrioten, dabei füllen sie ihre Taschen, stopfen ihren Bauch, befriedigen ihre Wollust, und das blöde Volk geht ihnen nach. So wird heute mit dem Volke, mit der Nationalität frecher Schwindel getrieben. Da kann man zu den Magyaren, Deutschen, Franzosen, Italienern, zu den Czechen gehen, es gibt eben nur einen Daniel O'Conell, nur einen Greuter, nur einen Windhorst, es gibt wenige ehrliche Menschen.

Ich sage, es werde mit der Nationalität ein frecher Schwindel getrieben bei allen Völkern im Westen Europas. Die Sache ist doch klar. Was nützen die grossen Reden im Parlamente, die hetzenden Zeitungsartikeln, was nützen die Turner- und Sokoltage, was nützt der Abgott der Nationalität, wenn das Volk an Leib und Seele zu Grunde geht? Was nützt die Zunge, wenn der Magen nichts zu essen hat? Zuerst leben, und dann philosophiren. Der Nationalitätenkampf verschärft darum die sociale Gefahr, weil er den Hass der Menschen mehrt. Zu dem Gegensatz zwischen Reich und Arm, zum Gegensatz zwischen Arbeiter und Fabrikant tritt noch der Gegensatz der Sprache. So wird der czechische Arbeiter vom reichen Fabriksherrn doppelt verachtet, das „czechische Gesindel" ist darum doppelt verhasst.

Die sociale Gefahr droht von allen Seiten. Der Erste, der das Rad zur Revolution der Massen treibt, das ist der moderne Staat, mit seinem riesig anwachsenden Staatsbudget, mit seinen furchtbar wachsenden Militärlasten und Staatsschulden, für deren Zinsen die Steuerträger aufkommen müssen. Die Staatsschuldscheine sind aber in den Wertheimer Kassen der Kapitalisten und so kehrt das Geld, welches der Staat durch Steuern aus dem Volke aussaugt, nicht zum Volke wieder zurück, es staut sich an in den Bankgeschäften der Juden und Kapitalisten

Die Finanzverwaltung unterstützt mit ihren reichen Mitteln nicht den Bauer, nicht den Handwerker, und wenn, so doch nur in geringem Masse. Dafür werden Kapitalisten ausgiebig unterstützt. Der Zucker wird dem Volke vertheuert, damit den armen Zuckerfabriksherren 9 Millionen Gulden jährlich an Zuckerprämien gezahlt werden können. Am flottesten geht es in dieser Beziehung in Ungarn zu. Während die Feldarbeiter mit Gensdarmen und Kerker in Zucht gehalten werden, bekommen jüdische Fabrikanten staatliche Unterstützungen zur Errichtung und zum Betriebe der Fabriken. Wenn dann der Fabriksjude genügend reich geworden, bietet er die Fabrik einem anderen zum Verkauf an. So lesen wir im „Lloyd" vom 3. August folgendes Inserat:

„Fabriksverkauf: Eine in der Nähe Budapests seit 20 Jahren bestehende, vollkommen maschinell eingerichtete, im Betrieb befindliche, **staatlich unterstützte** Fabrik eines lukrativen, leicht absetzbaren Gewerbeartikels ist aus freiem Willen zu verkaufen. Die Fabrik besitzt einen Ia. Kundenkreis, welcher in beliebiger Weise erweitert werden kann. Gefällige Anfragen sind an die Administration dieses Blattes unter Chiffre „F. S." zu richten."

Die Folgen dieser Wirthschaft des Staates sind überall schon fühlbar. Der Bauernstand, die Grundlage des Volkes, ist überall in Abnahme begriffen. Die Flucht vom Lande in die Städte ist seit dreissig Jahren wie ein Lavastrom, wie eine Epidemie. Wir können hier nicht in Details gehen, sondern geben nur Zahlenübersichten und beschränken uns hier nur auf unsere inneren Verhältnisse.

Nach Rauchberg's über die Bewegung der Bevölkerung Oesterreichs in der statistischen Monatsschrift veröffentlichten Zahlen betrug in Oesterreich die von der Agrikultur sich ernährende Bevölkerung in absoluten Zahlen:

im Jahre 1869 . . . . 7,506.395 Personen
„   „   1880 . . . . 6,161.246   „
„   „   1890 . . . . 8,469.223   „

An diesen absoluten Zahlen erkennen wir natürlich nicht die Abnahme des Bauernstandes. Dagegen erkennen wir es sofort aus den relativen Zahlen.

Von tausend Personen, welche sich selbst das Brod verdienten, also Beschäftigung hatten, gehörten dem Bauernstande an:

im Jahre 1869 . . . . 671·8 Personen
„   „   1880 . . . . 625·2   „
„   „   1890 . . . . 624·1   „

Also unter tausend berufsthätigen Personen im Jahre 1869 gehörten 671 dem Bauernstande an, zwanzig Jahre später sind unter ebensoviel beschäftigten Personen nur 624 Bauern zu treffen, also fast um 30 weniger. Was die Volkszählung vom J. 1900 bringen wird, das wissen wir allerdings nicht. Erfreuliches wird sie sicherlich wenig bringen. Unter zehntausend Personen, die eigenen Beruf hatten, sind im Laufe besagter 20 Jahre in Böhmen 759, in Mähren 522, in Schlesien 750 Bauern von der Oberfläche verschwunden. Interessant ist auch, die Abnahme des bäuerlichen Gesindes zu beobachten. Es wurden zusammengezählt:

	im J. 1869	im J. 1890
beschäftigte Personen	11,173.082	13,569.287
abhängige	8,404.063	9,869.849
Dienstboten	817.835	456.277

Die Dienstboten haben sich im allgemeinen im besagten Zeitraume fast um die Hälfte verringert. Auch davon kann man den Grad abmessen, wie der „Wohlstand" vorwärts geht und wie viel Haushaltungen sich einen Dienstboten erlauben dürfen.

Während im Jahre 1880 auf 505 selbstständige Bauernwirthschaften 27 Dienstboten kamen, konnten im J. 1890 in 634 Bauernwirthschaften nur 3 Dienstboten angetroffen werden. Diese Zahlen beweisen zur Genüge die bei uns um sich greifende wilde Landflucht. Das zweite traurige Kapitel wäre über den schwindenden Handwerkerstand zu schreiben. Auch da können wir natürlich nicht ins Detail gehen. Die Volkszählungstabellen führen keine Rubriken für Gewerbe. Es sind in dieser Rubrik alle enthalten, welche überhaupt Erwerbsteuer zahlen, also auch die Fabrikanten. Wir haben deshalb keine Gewerbestatistik im eigentlichen Sinne. Eine Arbeit darüber veröffentlichte das Handelsministerium in den „Nachrichten über Industrie, Handel und Verkehr", Band 54. Hier sind genaue Details angegeben über die Abnahme und Verschiebungen aller Gewerbezweige in Oesterreich. Wir führen nur ein Beispiel an. Es wurden Gewerbetreibende gezählt in:

	Böhmen	Mähren	Schlesien
im Jahre 1862	125.293	54.774	12.352
„ „ 1890	130.801	46.786	11.753

Man sieht an diesen absoluten Zahlen die kolossale Abnahme der Gewerbe. Dagegen zeigen uns die Zahlen der Handelsgewerbe eine riesige Zunahme. So waren Handelsgewerbe aufgezählt in:

	Böhmen	Mähren	Schlesien
im Jahre 1862	50.319	22.581	4488
„ „ 1890	68.790	24.386	5864

Im Laufe von 30 Jahren haben in Böhmen allein die Handelsgewerbe absolut um mehr als 18 Tausend zugenommen.

Es kommt wohl daher, dass viele gewesene Landwirthe oder Handwerker, denen noch ein kleines Kapital übrig blieb, einen Krämerladen aufmachen. Geradezu rapid ist die Zunahme der Schnittwaarengeschäfte. Im Jahre 1862 waren in Böhmen 3304, im 1890 aber 7254 Schnittwaarengeschäfte. Davon sind die grössten protokollirten Firmen über 2000 an der Zahl jüdisch.

Man sieht hier den dämonischen Zuwachs des jüdischen Mamons. So geht die Gesellschaft der modernen westeuropäischen Staaten der Proletarisirung unaufhaltsam entgegen. Vergleichen wir die Resultate der Volkszählung von 1869 und 1890 summarisch, erhalten wir folgendes Bild. Es wurden in Oesterreich gezählt selbstständige Existenzen, also Menschen, die eigenes Brod assen,

im Jahre:	1869	1890
	2,483.620	2,919.188
Angestellte mit fixem Gehalt	99.260	168.091
Arbeiter	7,698.817	9,107.911

Im Laufe der 20 Jahre war ein Zuwachs an selbstständigen Landwirthen, Unternehmern, Gewerbetreibenden von nur 435.568 Personen zu verzeichnen, dagegen die Zahl der Arbeiter, welche also das Brod bei anderen suchen müssen, ist um 1,409.094 Personen gewachsen. So theilt sich die Gesellschaft in zwei Lager, auf der einen Seite die Kapitalisten, die Unternehmer, auf der anderen das Proletariat.

Die ehrliche Arbeit bringt heute Niemandem ein sicheres Auskommen. Wir sehen überall Betrug, Schwindel, die Jagd nach Gewinn, wobei ehrliche Wege nicht betreten werden. Alles will rasch reich werden und den Mamon geniessen. Daher die grossartigen Betrügereien öffentlicher Gelder, die riesigen Konkurse in der Geschäftswelt. In Oesterreich nehmen die Konkurse geradezu epidemischen Charakter an. Es hatten die Gläubiger bei den Fallirten in Oesterreich folgende Forderungen:

Jahr		
1876	58,941.000 fl.	
1877	61,272.000 „	
1878	90,683.000 „	
1879	43,729.000 „	davon wurde faktisch
1880	39,614.000 „	ausgezahlt nur
1891	33,800.000 „	3,052.000 fl.
1890	23,750.000 „	2,570.000 „
1892	21,432,000 „	2,424.800 „
1893	33,713.000 „	3,004.000 „
1894	40.943.000 „	2,644.000 „ [1])

Die grössten Falliments bringen zu Wege nur Juden. Hier ein Beispiel. Anfangs März 1898 fallirte die Kottondruckerei Winternitz und Friedmann in Königinhof. Diese zwei Juden schuldeten: dem Fabrikanten Mattausch in Bensen 1,300.000 fl., der Firma Borkenstein 19.000 fl., Rowland & Comp. 34.385 fl., Richter in Warnsdorf 11.000 fl., Landesberger 27.000 fl., Limburger in Leipzig 12.580 fl., den Gaswerken in Augsburg 11.845 fl., Gebrüder Jerusalem in Wien 12.400 fl., Fr. Preidl 15.378 fl., Goldschmidt 20.700 fl., der We-

---

[1]) Statist. Handb. Jahrg. XV., S. 278.

berei in Bělohrad 64.800 fl., Marbach 28.910 fl., Riedl 42.592 fl., der Weberei in Tannwald 21.595 fl., Schenk 17.758 fl., Mautner 19.000 fl., Grab 19.552 fl., Hellmann 52.000 fl., Moritz Zweig 45.000 fl., Schnabl 26.600 fl., Die Passiva dieser zwei Juden betrugen also 1,803.500 fl. Vor zwei Jahren hatte Mattausch fast 2 Millionen fl. zu fordern!

Wo ist das Geld hin? Das werden die beiden Juden Winternitz und Friedmann am besten wissen. Der Fabrikannt Mattausch kam um die Summe von 600.000 fl. So wird man reich. Wenn man Millionär wird, so kann man sich dann Champagner und Maitressen spendiren. Die Genusssucht, deren sich die oberen Zehntausend hingeben können, greift aber die unteren Schichten an, welche natürlich jede Basis zur Existenz verlieren. Der Arbeiter, der seinen Wochenlohn am Sonntag vergeudet, wird niemals ein eigenes Heim haben. Darin besteht auch der teuflische Plan der Socialdemokratie, die Arbeiter zur Genusssucht zu verleiten, denn nur der Proletarier, der nichts hat, ist ein vollständiger willenloser Sklave des jüdischen Fabrikanten. Einen Beweis der umsichgreifenden Genusssucht gibt uns der Alkoholgenuss in Oesterreich. Es wurde Bier erzeugt in ganz Oesterreich

Jahr		
im Jahre 1876	11,671.278	Hektol.
1880	11,530.280	„
1891	14.038.234	„
1895	17,275.348	„
1897	19,239.995	„

Setzen wir den Konsumpreis für einen Hektoliter Bier für das konsumirende Publikum auf 12 fl., so wurde in Oesterreich für Bier ausgegeben im Jahre 1876 ein Betrag von rund 137 Millionen Gulden, im Jahre 1895 aber rund 207 Millionen Gulden, im Jahre 1897 rund 230 Mill. Gulden. Ebenso schrecklich ist der Konsum von Branntwein. Im Jahre 1876 wurde erzeugt Alkohol

in grossen Brennereien	695.829	Hektoliter
„ kleinen „	238.405	„
„ bäuerlichen Brennereien	21.484	„
	955.718	Hektoliter

Von dieser erzeugten Alkoholmenge werden mindestens 80% zur Bereitung des Schnapses verbraucht. Aus einem Hektoliter Alkohol werden durch Zugiessen von weichem Wasser 5 Hektoliter gemeinen Schnapses erzeugt. Es haben also die Schnapstrinker im Jahre 1876 in Oesterreich mindestens 3,822.870 Hektoliter Schnaps verzehrt. Ein Hektoliter Schnaps wird verschenkt zu 28 fl., das macht also eine Summe von rund 107 Millionen Gulden. Im Jahre 1895 wurde erzeugt

Konsumalkohol	1,354.772 Hektol.
in bäuerl. Brennereien	181.790 „
	1,536.562 Hektol.[1]

Schlagen wir 20 Percent ab, welche zu anderen Zwecken verwendet werden mögen, erhalten wir die Mindestmenge von Alkohol zur Bereitung des Schnapses von 1,229.249 Hektl. Daraus bekommen wir die Menge des konsumirten Schnapses von 6,146.245 Hektoliter zu 28 fl. Konsumpreis, erhalten wir die runde Summe von 170 Millionen Gulden. Natürlich geben uns diese Zahlen nur ein approximatives Bild, denn in Wirklichkeit wird sicher für den Schnaps noch mehr ausgegeben. Leider können wir nicht das Anwachsen der Branntwein-Schank- und Verkaufsstätten für einen grösseren Zeitraum hier angeben.

Es waren derartige Lokale vorhanden

	im Jahre 1891	1895
Niederoesterreich	14.506	17.713
Oberoesterreich	5.114	5.067
Salzburg	1.489	1.618
Steiermark	6.646	7.122
Kärnten	2.160	2.215
Krain	2.210	2.449
Küstenland	1.406	1.393
Tirol und Vorarlberg	6.250	6.321
Böhmen	30.408	31.220
Mähren	11.483	12.238

[1] Stat. Handbuch, Jahrg. XV. und I. Seite 141 u. 162.

Schlesien	3.750	4.093
Galizien	20.062	20.226
Bukovina	2.246	2.158
Dalmatien	1.167	1.231
Summe	108.984	115.094[1])

Die Zahl der Schank- und Verkaufsstellen von Branntwein hat in 5 Jahren um 7906 zugenommen. Den stärksten Zuwachs weisen auf die Länder der böhmischen Krone. Nehmen wir noch dazu den Weinkonsum, so bekommen wir dann den ganzen Verbrauch alkoholhältiger Getränke in Oesterreich. An fremden Weinen wurde nach Oesterreich eingeführt im J. 1895 für einen Betrag von 10,978.000 fl., ausgeführt wurde für 5,764.000 fl., bleibt also Nettokonsum für 5,000.000 fl. Der Eigenbau lieferte im selben Jahre 3,582.771 hl Wein. Setzen wir den Konsumpreis von Wein per hl zu einem Minimalpreise von 30 fl. und setzen wir die jährliche Mindestmenge zu 3,500.000 fl. hl, so erhalten wir die Summe für den jährlichen Weinkonsum von rund 105,000.000 fl. Der Alkoholgenuss erfordert demnach in ganz Oesterreich jährlich eine Riesensumme von mindestens 470,000.000 fl. Das Anwachsen des Tabakkonsums ist schon früher mitgetheilt worden. Nehmen wir noch die riesenhafte Zunahme von Wirthshäusern, die wir leider statistisch nicht mittheilen können, das Wirthshausleben der Männer, die Tanzvergnügungen der weiblichen Welt, so haben wir ein trauriges Bild der schrecklich um sich greifenden Genusssucht, welche den Wohlstand von Tausenden und Millionen Menschen jährlich untergräbt.

Die Tanzvergnügungen nehmen geradezu einen epidemischen Charakter an. Man bekommt eine Vorstellung davon, dass in Prag im Verlaufe eines Jahres an fünftausend Tanzvergnügungen in den Wirthshäusern veranstaltet werden. Wir bekommen also auf jeden Sonn- und Feiertag rund 70 Tanzvergnügungen für eine Bevölkerungsmenge von nicht einmal 300.000.

---

[1]) Stat. Handbuch J. XV., Seite 163.

Mit dem wachsenden Alkoholgenuss und Zunahme der Unsittlichkeit hängt eng zusammen das Anwachsen der Irrsinnigen. Die Zunahme des Irrsinns muss einen jeden Menschenfreund mit Schaudern erfüllen.

Im Jahre 1868 waren in sämmtlichen 13 Irrenhäusern 2554 männliche und 2252 weibliche Irren, zusammen also 4806 Irren. Im Jahre 1875 waren in sämmtlichen 22 öffentlichen Irrenhäusern in Oesterreich 7925 Irrsinnige in Behandlung. Im Jahre 1894 waren in 37 Irrenhäusern 19.026 Irrsinnige behandelt. Im Laufe von 20 Jahren hat sich der Irrsinn fast verdreifacht! Die Zahl der stillen Irrsinnigen, die im Kreise der Ihrigen leben, wird auf das Zweifache geschätzt von denen, die in öffentlichen Anstalten geborgen sind.

Damit hängt auch die Selbstmordepidemie eng zusammen. Wollte man ein Jahr aus den Zeitungen alle Selbstmordnachrichten, die im Verlaufe eines Jahres in Oesterreich sich zutragen, zusammenfassen, so würde man ein dickes Lexikon erhalten. Die Menschen, welche an nichts glauben, an kein Jenseits, an keine Gerechtigkeit und Redlichkeit, für die hat das Leben, wenn sie nichts mehr geniessen können, keinen Werth. Der Wüstling erschiesst sich, wenn sein Körper von Syphilis durchfressen ist. Das geschändete Mädchen ertränkt sich oder vergiftet sich, wenn sie schwanger ist und vom Verführer im Stiche gelassen wird. Das geschieht regelmässig. Der Mann geht nur darauf aus, seine Wollust zu befriedigen, hat er das erreicht, so sucht er wieder eine andere Beute. Ganz, wie es Herr Bebel vorschreibt. Im Jahre 1867 waren in allen Reichsrathsländern 1407 Selbstmorde vorgefallen.[1]) Im Jahre 1868 waren 1556 Selbstmorde, im Jahre 1869 waren 1375. Im selben Jahre betrug die ganze Bevölkerung Oesterreichs 20,217.531 Einwohner, es kam daher ein Selbstmord auf 14.704 Einwohner. Um 10 Jahre später wird das Bild schon ganz anders. Im Jahre 1879 waren in den

---

[1]) Stat. Handbüchlein, Jahr 1868, Seite 11 etc.

Reichsrathsländern 3469 Selbstmorde vorgekommen, 2760 männliche, 709 weibliche Personen.

Das Anwachsen der Selbstmorde sehen wir an folgenden Zahlen.

Es waren Selbstmorde

im Jahre 1875 2741
1876 3376
1877 3598
1878 3480

Gehen wir noch um 10 Jahre weiter, so bekommen wir noch schrecklichere Zahlen. Es endeten in Oesterreich mit Selbstmord Personen

im Jahre 1889 3733
1890 3715
1891 3888
1892 3854
1893 4091
1894 4018

Im letzten Jahre 1894 waren von den Selbstmördern 3080 männlich, 938 weiblich. Vergleichen wir den Abstand von 1869 und 1894, also 25 Jahre, so kommen auf die Bevölkerung Oesterreichs zu Ende des Jahres 1894 an Zahl von 24,789.932 Einwohner 4018 Selbstmorde. Es kam also im Jahre 1894 ein Selbstmord auf 6169 Einwohner. Es hat die Selbstmordepidemie relativ zur Bevölkerung in Oesterreich innerhalb 25 Jahren um 250 Percent zugenommen, also fast verdreifacht!

In Anbetracht der um sich greifenden Glaubenslosigkeit, öffentlich und privat verübten Betrügereien, des sich stets wilder gestaltenden Existenzkampfes, wo keiner den anderen schont, wo der raffinirte Schurke über den Ehrlichen siegt, steigt auch das Verbrecherthum. Die Statistik der Gerichtsbarkeit kann natürlich nicht den Anspruch machen, als ob sie ein Spiegel wäre des Gewissens, der Moralität der gesammten Bevölkerung. Ist doch erwiesen, dass in den Strafhäusern nicht die gefährlichsten und grössten Gauner eingesperrt sind, die grössten Schurken, die Panamisten und Millionenbetrüger gehen ja straflos aus, für diese Art von Schurken hat man noch nirgends ein Strafhaus gebaut.

So ist der grösste Schurke, der Jude Herz, der ganz Frankreich ausgeraubt hat, in grösster Ruhe gestorben. Die höchsten Herrschaften von ganz Frankreich kamen an sein Krankenlager, um sich zu erkundigen, wie es seiner Excellenz — ansonst ein ganz frecher Gauner — ergehe. Das muss selbst die „Neue Freie Presse" zugestehen, indem sie im Leitartikel vom 7. Juli 1898 Kornelius Herz einen der ansehnlichsten Spitzbuben titulirt. Also sehen wir, dass die Strafhäuser eigentlich für die gemeinen Verbrecher und Diebe hergerichtet sind. Es wird immer von liberaler Seite, besonders von der liberalen Lehrerschaft in der Oeffentlichkeit gesagt, dass das Volk in Folge gesteigerter Bildung moralischer, gesitteter geworden ist. Aber die Gerichtshäuser sprechen das Gegentheil. Sollen nun die Zahlen der k. k. statistischen Centralkommission über die Rechtspflege unter Mitwirkung des Justiz-Ministeriums mehr Wahrheit beanspruchen als die Worte eines halbgebildeten jungen Lehrers, so steht die Zunahme des Verbrecherthums ausser allem Zweifel. Hiemit ist auch erwiesen, dass die sittliche Verwilderung fortschreite. Der Bericht über die Ergebnisse der Strafrechtspflege in den im Reichsrathe vertretenen Königreichen und Ländern vom Jahre 1894 sagt im Eingange[1]: Seit dem J. 1887 hat die Zahl der Geschäftsstücke in Strafsachen, mit einer einzigen Unterbrechung im Jahre 1893, zugenommen. Der Bericht sagt, dass die Zunahme der strafgerichtlichen Exhibiten bei den Gerichtshöfen Budweis um 10·4%, Zloczow um 11·4%, Reichenberg um 11·5%, Trient 13%, Pilsen 16·5%, Feldkirch 22·7%, Wels 25%, Chrudim 35·2% zu konstatiren sei.

Die Zahl der eingelaufenen strafgerichtlichen Exhibiten war folgende:

---

[1] Die Ergebnisse der Strafrechtspflege von 1894. Oesterreichische Statistik, Band XLVII. Wien, Staatsdruckerei 1897.

Jahr	bei den Gerichtshöfen	bei den Staatsanwaltschaften
1887	698.870	398.528
1891	747.388	410.999
1892	786.305	431.011
1893	779.739	426.512
1894	811.994	442.233

Die Zahl der angeklagten Personen war:

Jahr	
1884	47.655
1888	43.187
1890	45.029
1891	44.814
1892	48.129
1893	45.210
1894	48.536

Ueber das Strafverfahren vor den Bezirksgerichten sagt der Bericht: „Die schon seit dem J. 1888 andauernde Zunahme der Geschäftsstücke in Strafsachen, welche im J. 1893 eine Unterbrechung erfahren hatte, hat im Gegenstandsjahre wieder ihre Fortsetzung gefunden.

Die Zahl der in Strafsachen eingelangten Geschäftsstücke bei sämmtlichen 926 Bezirksgerichten war folgende:

Jahr	
1888	3,188.073
1890	3,252.290
1891	3,366.437
1892	3,483.585
1893	3,459.490
1894	3,478.209

Zahl der bei den Bezirksgerichten verurtheilten Personen:

1884	502.105
1888	532.749
1890	532.157
1891	546.262

1892 . . . . . 537.284
1893 . . . . . 522.699
1894 . . . . . 521.426

Interessant ist die Vertheilung der verurtheilten Personen nach der Einwohnerzahl, sie gibt einen Gradmesser zur Beurtheilung der Sittlichkeit der einzelnen Länder. Auf 10 Tausend Einwohner fielen im Jahre 1894 verurtheilte Personen:

wegen Verbrechen:	Im Ganzen mit Hinzurechnung von Vergehen und Uebertretungen:
Niederoesterreich . . . . 13·1	245·3
Oberoesterreich . . . 12·5	130·7
Salzburg . . . . . . 15·5	220·9
Steiermark . . . . . 18·1	158·2
Kärnten . . . . . . 18·3	189·3
Krain . . . . 20·8	195·7
Küstenland . . . . 14·3	194·4
Tirol . . . . 11·5	158·6
Vorarlberg 15	126·2
Böhmen . . . . . . 9·3	200·0
Mähren . . . . . . 14·8	217·3
Schlesien . . . . . 16·4	250·2
Galizien . . . . . . 10·5	282·1
Bukovina 13	374·0
Dalmatien 16	195·5

Man sieht, dass die niedrigste Gesammtziffer bei Vorarlberg mit 126, bei Tirol und Oberoesterreich mit 158 steht, und das sind Länder, deren Bevölkerung noch am meisten die katolische Religion bewahrt hatte, das sind die „übelberüchtigten" klerikalen Länder, denen die Strafstatistik ein so glänzendes Zeugniss ausstellt.

Einen sehr interessanten Vergleich stellt der Bericht über die Zahl der Verurtheilten im fünfjährigen Zeitraum vom 1865 bis 1869.

Darnach betrug die Anzahl der verurtheilten Personen:

Im Zeitraum von

	1865—69	1890—94
	Verbrechen	
Schwere körperliche Beschädigung	13.981	22.704
Betrug	7.955	14.424
Widersetzlichkeit gegen obrigkeitliche Personen	4274	10.010
Nothzucht	1129	5.000
Religionsstörung	194	615
	Vergehen	
Krida	21.68	4.206
Beleidigung der gesetzlich anerkannten Kirche	273	1151

Dieser Vergleich liesse sich noch mehr im Detail verfolgen, um mathematisch nachzuweisen, wie die sittliche Verrohung der jetzigen menschlichen Gesellschaft fortschreitet.

So haben die Verbrechen gegen die Sittlichkeit im Verlaufe von 25 Jahren im schrecklichen Masse zugenommen. Vertheilen wir diese Verbrechen auf die schon einmal citirte Einwohnerzahl, so fiel im Jahre 1869 ein Verbrechen gegen die Sittlichkeit auf 89.457 Einwohner, im Jahre 1894 aber auf 24.789 Einwohner; es haben sich darnach im Laufe 25 Jahre die Verbrechen wider die Sittlichkeit fast vervierfacht! Und da hat man noch den Muth, von einer Besserung der Sitten, der Bildung zu reden! Bei diesem Umstande sei noch erwähnt, dass die wenigsten Unzuchtfälle vors Gericht kommen. Eine viel grössere Zahl bleibt verborgen.

Die traurigste Rubrik bilden die jugendlichen Verbrecher, deren stetig wachsende Zahl jeden Menschenfreund mit banger Sorge für die Zukunft des Volkes erfüllen muss. Die Zahl der jugendlichen Verbrecher gibt der Bericht folgendermassen an:

Jahr	vom 11.—14. Lebensjahre	vom 14.—20. Lebensjahre
1881	460	5405
1882	525	5258
1883	525	5256

Jahr	vom 11.—14. Lebensjahre	vom 14. 20. Lebensjahre
1884	579	5538
1885	566	5249
1886	546	5287
1887	625	5358
1888	593	5241
1889	614	5617
1890	578	6001
1891	650	5779
1892	803	6238
1893	842	5959
1894	826	6378

Stellen wir einen Vergleich. Im Jahre 1868 war die Zahl jugendlicher Verbrecher von 14 bis 20 Jahren 3637.[1] Nach 25 Jahren, also im J. 1894, ist diese Zahl jugendlicher Verbrecher auf 6378 gestiegen. Vertheilen wir diese Verbrecher auf die einmal schon citirte jeweilige Bevölkerung, erhalten wir folgende Zahlen. Im J. 1868 kam ein jugendlicher Verbrecher auf 5559, im J. 1894 auf 3886 Einwohner, es hat sich im Laufe von 25 Jahren die Zahl jugendlicher Verbrecher also fast verdoppelt. Vergleichen wir nun ins Detail die beiden Abstände. Es wurden verurtheilt wegen Verbrechen Personen:

	im Jahre 1868	1894
Hochverrath	1	30
Majestätsbeleidigung	225	275
Beleidigung der Mitglieder des kaiserlichen Hauses	—	29
Störung der öffentlichen Ruhe	—	21
Sonstige politische Verbrechen	136	—
Oeffentliche Gewaltthätigkeit	1.942	4.776
Verfälschung von Kreditpapieren und Münzfälschung	146	58
Religionsstörung	—	166
Nothzucht, Schändung	194	1.097
Mord	279	117
Kindesmord	—	95

[1] Statist. Handbüchlein von 1868, Seite 20.

	im Jahre	
	1868	1894
Todtschlag	274	230
Abtreibung der Leibesfrucht	—	82
Weglegung des Kindes	—	36
Schwere körperliche Beschädigung	2.832	4.765
Brandlegung	167	176
Diebstahl	16.478	14.165
Veruntreuung	485	592
Raub	235	98
Betrug	1.672	3.030
Zweifache Ehe	—	17
Verleumdung	—	158
Verbrechern geleisteter Vorschub	—	48
Summe der wegen Verbrechen verurtheilten Personen	24.681	30.133

Die Rubriken des statistischen Handbüchleins und des Berichtes über das Strafverfahren von 1894 decken sich nicht ganz genau, wie man aus angeführter Specifikation sieht. Eine wesentliche Verschiebung in den Verbrechen sehen wir bei der Rubrik öffentliche Gewaltthätigkeit, Religionsstörung (ganz neu), Verbrechen gegen die Sittlichkeit, schwere körperliche Beschädigung, Betrug, welche Verbrechen im Laufe von 25 Jahren sich vervielfacht haben.

Vertheilen wir die Zahl der wegen Verbrechen verurtheilten Personen auf die jeweilige Bevölkerung besagter beider Jahre, erhalten wir folgendes Verhältniss: im Jahre 1868 kam eine wegen eines Verbrechens verurtheilte Person auf 819 Einwohner, im Jahre 1894 auf 829 Einwohner. Wir haben diese Zahlen deswegen gebracht, um endlich der liberalen Lehrerschaft den Mund zu stopfen, dass sich in Folge der Schulbildung die Sittlichkeit der Bevölkerung gehoben habe. Die Zahlen der Strafjustiz sprechen das Gegentheil. Die moralische Zerrüttung und der sittliche Bankerott der modernen Gesellschaft lässt sich nicht mehr zudecken, er ist eine offene, blutende Wunde. Neben der socialen Noth, neben der glaubenslosen, meist jüdischen Presse, welche Religion, Tugend, Ehrlichkeit verhöhnen, neben der verwahrlosten Familie ist die religionslose Neuschule ein Hauptfaktor, der zur sittlichen Zerrüttung der jetzigen Generation mitwirkt. Es sind jetzt 30 Jahre verflossen, da diese Schule wirkt. Es kommt nun die aus ihr erstandene Generation an die Reihe. Die, welche aus dieser Schule hervorgegangen, haben schon Kinder, sind schon selbst Väter und Mütter und man merkt von da an, besonders vom Jahre 1890, ein rapides Anwachsen jugendlicher Verbrecher, aber es wird noch ärger kommen, darüber kann kein Zweifel vorherrschen.

Uebrigens haben wir schon erwähnt, dass die Strafstatistik kein vollständiger Spiegel der Sittlichkeit ist. Es gibt Pflichten, es gibt Tugenden der Nächstenliebe, der Gerechtigkeit, auf deren Ausübung das Wohl und Wehe der Gesellschaft ruht. So ruht das Glück der Familie auf der ehelichen Treue der Eltern und auf der Liebe und dem Gehorsam der Kinder. Welche Verbrechen werden verübt von Menschen, die kein Gewissen, keine Religion, kein Schamgefühl haben. Was verüben Wucherer, rohe Männer an ihren Ehehälften, Wüstlinge an Schändungen, raffinirte Spekulanten am kaufenden Publikum, rücksichtslose Unternehmer an Arbeitern und Arbeiterinen! Und das alles fällt nicht unter die Paragraphen des Strafgesetzes, wie viele Verbrechen werden verübt, die gar nie vor das Gericht kommen! Gerade die raffinirten und gefährlichsten Schurken entziehen sich dem Zuchthaus. Das Strafgesetz fordert nur die äussere Beobachtung der Gesetze. Die Gaunermoral lautet: „Werde reich, aber lass dich nicht erwischen, bist du reich, so liegt die ganze Welt vor dir im Staube." Das ist auch die Moral des Talmuds, nach welcher sich das heutige Judenthum richtet.

Wir haben noch andere Beweismittel allgemeiner moralischer Zerrüttung der jetzigen Generation. In Folge des sittenlosen Lebens, dem heute die Jugend schon von der Schule an allgemein verfällt, sehen wir eine schreckliche Zunahme an Tuberkulose, an Syphilis, kurzer Lebensdauer, Zunahme unehelicher Kinder. Man sehe sich nur die jungen Burschen und Mädchen in den Fabriksorten an, so sieht man in den Gesichtern dieser Jugend die Sünde ausgeprägt, blass, abgezehrt, von schlotteriger Gestalt wandeln sie einher, die Mädchen verwahrlost, starrend vor Schmutz, früh gealtert.

Stellen wir Vergleiche an. Es wurden geboren:

	im Jahre 1867	1894
Kinder eheliche	621.721	768.594
Kinder uneheliche	104.817[1]	132.804
Summe	726.538	901.398

Unter 1000 geborenen Kindern waren ehelich 149·21, uneheliche 146·1.

Im J. 1897 wurden uneheliche Kinder geboren in ganz Oesterreich-Ungarn 203.000, in Deutschland 142.000, Frankreich 80.000, Italien 60.000. Auch diese Zahlen beweisen, wie wir in der „Sittlichkeit" vorwärts schreiten. Ein weiterer Beweis an der Degeneration der heutigen Menschen gibt das Anwachsen der Lungenschwindsucht, die Abnahme des Todes an Altersschwäche. Es sind an Lungenschwindsucht in Oesterreich gestorben im Jahre:

1875 . . . 74.777 Personen = 12·20% ⎫ sämmtlicher
1894 . . . 88.739   „   = 12·71% ⎭ Verstorbenen.

An Altersschwäche, im Alter von mehr als 60 Jahren starben in Oesterreich:

im Jahre 1868 . . . . 111.475 Personen
„   „   1894 blos . 67.778   „

Angesichts dieser Thatsachen hat man noch den Muth zu behaupten, dass wir in Folge grösserer Schulbildung in der „Sittlichkeit" vorwärts schreiten. Heute muss doch ein Blinder sehen, wohin uns die moderne Hasnerische Staatsschule führt. Trotz dieser Thatsachen befindet sich sowohl die deutsche, wie die czechische Lehrerschaft fast vollständig im Lager der socialistischen Partei, ich meine nämlich die socialistischen Grundsätze in Bezug auf die Religion. In Bezug auf die nationalen und politischen Strö-

---

[1] Statist. Handbüchlein für das Jahr 1868, Seite 8.

mungen ist die deutsche Lehrerschaft in grosser Mehrheit im Lager des Schönerer, die czechische im Lager der radikalen Parteien. Die meisten Lehrerzeitungen unterscheiden sich in nichts von den socialistischen Blättern.

Welcher Geist den grössten Theil der deutschen Lehrerschaft beseelt, davon gibt uns der Lehrertag von Brünn ein Bild. Wir halten uns an die Berichte der „Neuen Freien Presse" und überlassen die Kritik dem Leser.

Brünn, 8. August.

Rektor Köhler aus Breslau entbot die Grüsse der Lehrerschaft Deutschlands, welche mit lebhaftem Interesse die Bestrebungen ihrer deutschen Amtsbrüder in Oesterreich verfolgt. Er erinnert an die Theilnahme der Bundesausschuss-Mitglieder Jessen, Katschinka und Legler am letzten allgemeinen Lehrertage in Breslau und betont, dass er (Köhler) mit zwei Genossen um so freudiger die Mission übernommen habe, dem deutsch-oesterreichischen Lehrertage beizuwohnen, als auf dessen Tagesordnung Fragen von solcher Wichtigkeit stehen, dass diesem Lehrertage vielleicht noch eine historische Bedeutung zukommen werde. Nachdem er dem Andenken des Altmeisters Dittes ehrende Worte gewidmet, fuhr er fort:

Ihr Reichs-Volksschulgesetz, diese Perle, ist von Gefahren bedroht, während in Preussen die Gesetzgebung rüstig vorwärts schreitet. Der Pulsschlag, der Sie bei Ihrem Kampfe für Ihr Schulgesetz befeuert, wird auch bei uns draussen im Reiche mitgefühlt. Ein Freund aller Deutschen, ein Freund Ihres schönen Oesterreich, der in den jüngsten Tagen dahingeschiedene Fürst Bismarck, sagte einst: „Ich habe die Leiden aller Deutschen stets als eigenes Leid empfunden." Dieses Wort ist auch die richtige Devise für die Lehrer. Sie müssen täglich empfinden das Leid der Kinder, das Leid deren Eltern und das Leid der socialen Noth. Wer dies nicht empfindet, ist kein richtiger Lehrer. Und wie wir reichsdeutsche Lehrer Ihr Leid mitempfinden, so wird Ihre Freude, wenn Sie Ihr Ziel erreichen, auch unsere Freude sein. Wohl kommen immer schneller und immer heftiger die Anstürme der Reaktion, sie dauern aber nicht lange. Wir sind herübergekommen, um mit Ihnen Leid und Freud' zu theilen, und in diesem Sinne rufe ich: Heil Ihrem schönen Lehrertage!

Die Berathung der Tagesordnung nahm dann mehr als fünf Stunden in Anspruch. Ueber die gehaltenen Vorträge liegt folgender Bericht vor:

Den ersten Gegenstand der meritorischen Berathungen bildete das Referat des Lehrers Netopil (Brünn) über „Entwicklung und Pflege des deutschen Volksthums in der Schule". Redner führte aus, dass die deutsche Lehrerschaft immer kräftiger die Ueberzeugung durchdringe, dass der deutsche Lehrer eine verlässliche Stütze seines Volkes sein müsse. Bei den Czechen sei Erkenntniss von der Nothwendigkeit der nationalen Erziehung der Jugend längst eingewurzelt. Die völkische Erziehung schädige das Ideal der allgemeinen Menschenerziehung nicht, denn es sei unrichtig, dass die Erziehung zum deutschen Volksthume den Blick für das Gute und Schöne bei fremden Völkern trübe, zu Racenhass, zu nationalem Dünkel führe. Redner besprach das Wesen der deutschen Erziehung, welche in der Pflege der deutschen Nationaltugenden bestehe, auf denen die Zukunft und Stellung unseres Volkes beruhen. Aufgabe der deutschen Erziehung sei es, diese Tugenden in die Jugend zu pflanzen und die leibliche Kraft der Jugend zu pflegen. Vom Lehrer müsse man verlangen, dass er stammeseigen oder zumindest seit frühester Jugend in deutschem Geiste erzogen, stammestreu und stammesbewusst sei. Seine Thätigkeit ergebe sich aus dem doppelten Kampfe, den das Deutschthum gegen seine beiden Feinde, den Romanismus und das Slaventhum, zu führen habe. Gegen den Romanismus nütze insbesondere ein tüchtiger Sittenunterricht im Sinne des deutschen Ideals, weshalb die Lehrerschaft die Einverleibung der Sittenlehre in den Lehrplan der Volks- und Bürgerschule fordern werde; gegen das Slaventhum die Weckung eines wahren, in sich berechtigten völkischen Stolzes. Redner schloss mit einem warmen Appell an die deutsche

Lehrerschaft, die Jugend streng national zu erziehen. (Lebhafter Beifall.)

Den wichtigsten Gegenstand der Verhandlungen des Lehrertages bildete das Referat des Pädagogen Jessen (Wien) über das Reichs-Volksschulgesetz. Der Referent, der eine Schulnovelle vorlegte, macht es zunächst dem Gesetze vom Jahre 1869 zum Vorwurfe, dass selbes gerechten Forderungen aus dem Kreise geistig fortschreitender Bevölkerungsschichten nicht angepasst ist und dass es rückstrebenden Parteien zuliebe mit bildungs- und freiheitswidrigen Bestimmungen durchsetzt wurde. Wie der Rost auf dem Metall, so haftet auf dem Reichs-Volksschulgesetze die Schulnovelle, ja, diese ist wie ein zerstörendes Element in den Kern des Gesetzes gedrungen, hat die achtjährige Schulpflicht illusorisch gemacht und die Interkonfessionalität der Schule thatsächlich vernichtet. Der Referent legt es den Liberalen zur Last, dass sie durch 15 Jahre nicht einen einzigen Schritt unternommen haben, das Reichs-Volksschulgesetz in seiner ursprünglichen Form wiederherzustellen. Die Häupter der Partei stiegen zu hohen Ehrenstellen empor, die Perle aller Gesetze blieb im Staube der Novelle liegen. Die Klerikalen dagegen unternahmen immer neue Angriffe, das begonnene Werk der Zerstörung zu vollenden, und die Schulverwaltung thut das ihrige, die Schule sozusagen „zizerlweise" den Klerikalen auszuliefern." (Anhaltender Beifall.) Jessen ging sodann in eine Kritik des Reichs-Volksschulgesetzes ein, dessen grösster Fehler im § 1, betreffend die „sittlich-religiöse Erziehung" der Kinder, liege. Zunächst könne an die Volksschule die Aufgabe einer religiösen Erziehung nicht gestellt werden. Nach der Schulnovelle habe jede Schule einen Leiter, der mit der Schülermehrheit die Konfession gemein hat. Wer sorgt für die konfessionellen Minoritäten, welche genau dasselbe Recht haben wie die Majoritäten? Weiters kommt noch in Betracht, dass der Staat bekenntnisslos ist: es gibt keine Staatsreligion; die Staatsgewalt lässt ja auch jedem Staatsbürger das Recht, sich konfessionslos zu erklären. Die Heranziehung des religiösen Momentes bei Feststellung der Schulaufgaben ist ein

Fehler, die Sittlichkeit allein, getrennt von der Konfession, ist durch die öffentliche Schule zu pflegen. Die Religion ist in den öffentlichen Schulen zu einem Einbruchsthore für die streitende Kirche geworden. Sie hat der Schule nicht den Frieden, sondern den Krieg gebracht. Die religiöse Erziehung, insoferne sie der öffentlichen Schule als Aufgabe zugewiesen ist, wird zu einem Fallstricke für die Freiheit der Lehrer: sie muss aus dem Pflichtenkreise der Schule herausgelöst und der Kirche zugewiesen werden. Diese Forderung erheben die Lehrer nicht etwa aus Feindschaft wider die Religion — sondern aus Religion. Die Schule erziehe die Jugend sittlich, die Kirche bilde sie religiös, aber jeder Theil auf seinem eigenen Boden. Das ist der einzige Weg zur Beendigung des dreissigjährigen Schulkrieges in Oesterreich. (Lebhafte Zustimmung.) Es sei ferner ein Fehler des bestehenden Gesetzes, dass nur einseitig auf die Entwicklung der geistigen, nicht auch der leiblichen Anlagen Bedacht genommen ist. Die Forderung nach der nationalen Erziehung leiste dem Chauvinismus keinen Vorschub, sie will selbem im Gegentheile vorbeugen. Für den deutschen Lehrer ist das Volksthum sein Gut. Referent, der einen Entwurf zur Schulnovelle ausgearbeitet hat, schlägt folgende Fassung des § 1 vor:

„Die Volksschule, die sich in die allgemeine Volks- und in die Bürgerschule gliedert, hat die Aufgabe, die Kinder zu sittlich guten Menschen und festen Charakteren zu erziehen, ihre leiblichen und geistigen Anlagen zu entwickeln, sie mit den für jeden Staatsbürger erforderlichen Kenntnissen und Fertigkeiten auszurüsten und in ihren Herzen die Liebe zu ihrem Volke zu wecken und zu pflegen."

Jessen verlangt in seinem Entwurfe ferner, dass die Entscheidung über die Zulässigkeit und die Wahl der Lehr- und Lernmittel erprobten und durch das Vertrauen der Lehrerschaft getragenen Fachmännern anvertraut wird und die Bezirks-Lehrerkonferenzen die Wahl der Lehr- und Lesebücher vorzunehmen hätten. Von Wichtigkeit ist auch § 9 des Entwurfes, der folgendermassen lautet: „Mit besonderer Rücksicht auf die Bedürfnisse des Ortes sollen mit einzelnen allgemeinen Volksschulen Anstalten zur Pflege und Erziehung noch nicht schulpflichtiger Kinder verbunden werden. Ferner sind für die der Schule entwachsene Jugend Fachkurse oder allgemeine Fortbildungsschulen zu errichten. Das Nähere bestimmt die Landesgesetzgebung." § 10 verlangt die Beschränkung der Schülerzahl auf 40 (gegenwärtige Höchstzahl 80). § 17 fordert die achtjährige Schulpflicht, spricht Kindern, denen vier Monate zur Vollendung des sechsten Lebensjahres fehlen, unter Voraussetzung physischer und geistiger Reife das Recht zur Aufnahme in die Schule zu.

Von allgemeinem Interesse ist § 21 des Entwurfes. Derselbe lautet: Für die Mittel zur Beschaffung der erforderlichen Schulbücher und anderen Lernmittel hat der Schulbezirk aufzukommen. Sind die Eltern schulpflichtiger Kinder nicht im Stande, letzteren die zum Schulbesuche nöthigen Kleider und Schuhe zu beschaffen, so ist das Fehlende ebenfalls aus den Mitteln des Bezirkes anzuschaffen. Im Falle des Bedürfnisses ist an der Schule auf Kosten des Bezirkes eine sogenannte Schulküche einzurichten, damit den armen Schulkindern unentgeltlich ein warmes Mittagessen verabreicht werden kann.

§ 46 setzt das höchste Ausmass der Lehrerverpflichtung an allgemeinen Volksschulen mit 26, an Bürgerschulen mit 24 wöchentlichen Unterrichtsstunden fest. § 48 regelt das Disciplinar-Verfahren und bestimmt, dass die Dienstenthebung und Entfernung vom Lehramte nur auf Grund eines vorausgegangenen ordnungsmässigen Disciplinar-Verfahrens stattfinden kann. Hinsichtlich der Besoldungsfrage bestimmt der Gesetzentwurf, dass die Anfangsgehalte der Volksschul- und Bürgerschullehrer den Gehalten der Staatsbeamten in der elften, beziehungsweise zehnten Rangklasse gleichkommen, die Quinquennal-Zulagen durch Triennal-Zulagen ersetzt werden, das Provisorium abgekürzt werde. § 59 verpflichtet das Land zur Bestreitung der Bedürfnisse der Volksschulen, falls die Mittel der Schulgemeinden und Schulbezirke nicht ausreichen. Jessen meint, dass es bedenklich wäre, für das oesterreichische Schulwesen eine finanzielle Verstaatlichung zu fordern. Er verweist auf Galizien und bemerkt, dass das Verlangen, auf den Staat die Auslagen für ein geregeltes Schulwesen zu überwälzen, so viel hiesse, wie die opferwilligen Länder finanziell zu schröpfen für den Beutel der polnischen Schlachta! (Zustimmung.)

Jessen schloss mit der Versicherung, dass er wohl wisse, dass sein Elaborat nicht für den Moment gemacht sei, es würden Jahre, ja Jahrzehnte vergehen, bis die Lehrer diesen Entwurf verwirklicht sehen werden, aber ein Jahrhundert wird es schliesslich doch nicht dauern, bis das erreicht wird, was die Lehrer heute anstreben. Die Anträge seien daher nur als eine Art Programm anzusehen. (Stürmischer, anhaltender Beifall und Hochrufe auf Jessen.)

Abgeordneter Legler (Reichenberg) theilte sodann die Geschichte des Entstehens dieses Elaborates mit. Es sollte seinerzeit als Antwort auf den Ebenhoch'schen Schulantrag den fortschrittlichen Parteien im Parlamente übergeben werden, erst später sei es dem Bundesausschusse überantwortet worden. Die Deutschböhmen hätten den § 1 in seiner alten Fassung nur deswegen beibehalten, weil der Zeitpunkt noch nicht gekommen sei, um eine radikale Aenderung des Volksschulwesens herbeizuführen. Uebrigens hätten auch die politischen Parteien einer Aenderung dieser Bestimmung widerrathen, da sie einen harten Kampf nicht heraufbeschwören wollten. Es sei auch fraglich, ob in der Bevölkerung so viel Verständniss vorhanden sei, um derselben die Aufnahme einer gesetzlichen Bestimmung, welche die ausschliesslich sittliche Erziehung betrifft, begreiflich zu machen. (Oho-Rufe.) Abgeordneter Legler sprach sich im Principe für die Annahme des Jessen'schen Entwurfes aus, ohne in die Detailbestimmungen desselben einzugehen.

Seitz (Wien) polemisirte gegen den Vorredner. Es sei Pflicht der Lehrerschaft, die Bevölkerung aufzuklären. Die Schule sei nicht der geeignete Platz, religiöse Gefühle zu erwecken, dazu sei ausschliesslich die Kirche geeignet. Man habe auch auf keine politischen Parteien Rücksicht zu nehmen, die Lehrer haben als Fachmänner zu konstatiren, was der Schule noththut. Redner trat für die Errichtung eines Reichsschulrathes ein, in welchem das Volk, die Lehrer und die Aerzte vertreten zu sein hätten. Die Mittel für die Schule hätte vor Allem der Staat aufzubringen.

Direktorin Marie Schwarz (Wien) beklagte es, dass die §§ 14, 15 und 16, welche von der Bestellung der weiblichen Lehrkräfte handeln, nicht mit in den neuen Entwurf aufgenommen worden seien. Sie beantragt die Aufnahme der genannten Paragraphe in den Entwurf. Wenn man sich dahin äussere, dass die deutsche Frau in die Küche gehöre, so müsse man auch dafür Sorge tragen, dass jeder deutsche Mann verpflichtet werde, einen Haushalt zu führen.

Zu einem bewegten Zwischenfalle kam es, als Lehrer Tepper (Deutschböhmen) sich gegen die vorgeschlagene Fassung des § 1 aussprach. Er warnte davor, den deutschen Priester aus der Volksschule hinauszuweisen (Widerspruch), und sprach seine Verwunderung darüber aus, dass man mit dem Referate einen Mann betraut habe, welcher der katholischen Religion nicht angehöre. (Stürmische Pfui-Rufe und Rufe: Hinunter mit ihm!)

Der Vorsitzende beruhigte die Versammlung und sagte, Jessen werde vielleicht, wenn er es der Mühe werth halte, darauf zu erwidern, die richtige Antwort ertheilen: vielleicht werde es besser sein, wenn der allverehrte Jessen darauf gar nicht reagire. (Lebhafte Zustimmung.)

Tepper setzte seine Rede fort, und als er nach Ueberschreitung der jedem Redner zugemessenen Redezeit von zehn Minuten die Tribüne verliess, ertönte ironischer Beifall.

Salzlechner (deutsch-radikal) stimmte dem § 1 in der vom Referenten beantragten Fassung zu und wies die Worte Tepper's zurück mit der Erklärung, dass dessen Anschauungen von den deutsch-böhmischen Lehrern nicht getheilt werden. Die Klerikalen seien die grössten Feinde des deutschen Volkes und mit ihnen werden die Lehrer nie gemeinsam vorgehen.

Nachdem noch mehrere Lehrer zu Gunsten des Jessen'schen Entwurfes gesprochen hatten, wurde derselbe einstimmig als Programm angenommen und dem Bundesausschusse zur weiteren Vorberathung zugewiesen. Die von der Direktorin Schwarz beantragte Wiederaufnahme der §§ 14, 15 und 16 fand die Genehmigung der Versammlung. Bei der Wahl eines Obmannes wurde auf Antrag des Direktors Walter (Gmünd) Oberlehrer Anton Katschinka (Wien) unter stürmischem Beifalle einstimmig wiedergewählt und wurden sodann die Verhandlungen auf morgen vertagt.

Nach Schluss der Hauptversammlung fand Nachmittags im städtischen Redoutensaale eine Sonderversammlung der deutschnationalen Lehrer statt, in welcher Jung (Wien) die Forderungen seiner Parteirichtung besprach. Dieselben verlangen in erster Linie die völkische Erziehung der deutschen Jugend, vollständige Trennung der Schule von der Kirche, Einführung der Sittenlehre und Vermittlung der Grundzüge der Volkswirthschafts- und Gesellschaftslehre in der Schule, besondere Pflege der körperlichen Erziehung, Unentgeltlichkeit des Unterrichtes und der Lernmittel sowie staatliche Unterstützung begabter armer Schüler, Herabsetzung der Schülerzahl in den einzelnen Klassen, möglichste Abschaffung der einklassigen Volksschulen und vollständige Aufhebung des Halbtagsunterrichtes, gerechte Vertheilung der Schullasten zwischen Staat, Land und Gemeinde und staatliche Schulaufsicht. Weitere Forderungen betreffen die Ausbildung des Lehrerstandes und seine materielle Lage. Die Lehrerinenfrage wird vom Standpunkte naturgemässer Erziehung, nicht aber vom wirthschaftlichen Gesichtspunkte betrachtet; deshalb verlangt die deutschgesinnte Lehrerschaft, dass der Frau der ihr gebührende Einfluss auf die Mädchenerziehung gewahrt werde, dass jedoch die Leitung und Aufsicht der Schule ausschliesslich in Männerhänden liege.

Köhler (Wien) sprach über die Taktik der Deutschnationalen. Er betonte, dass die deutsch-nationalen Lehrer in nationaler Beziehung keineswegs unduldsam seien; wenn es nothwendig wäre, so würden sie in Standesfragen auch mit den Slaven zusammengehen. Im Deutschen Lehrerbund müsse jedoch immer der deutsche Charakter in den Vordergrund gestellt werden. Redner polemisirte sodann in scharfer Weise gegen die social-demokratischen Jungen und rieth ihnen, nach dem Muster der Klerikalen einen eigenen Lehrerbund zu gründen.

Seitens der Jungen entgegnete Lehrer Jenny, um den Central-Lehrerverein und dessen Obmann in Schutz zu nehmen. Seine Ausführungen erregten lebhafte Unruhe.

Im Deutschen Hause tagten später die „Jungen" unter Vorsitz des Lehrers Jenny. Lehrer Hellmann (Wien) erörterte die österreichischen Schulzustände. Als charakteristisch für die Mängel derselben führte der Redner an, dass die Zahl der Analphabeten durchschnittlich 29 Percent und die Zahl der Kinder, welche überhaupt keinen Unterricht geniessen, 900.000 beträgt. Dass von letzteren auf Galizien allein 600.000 entfallen, ist mit Rücksicht auf die dort herrschende Partei leicht erklärlich. Redner bespricht die traurige Lage der Lehrer in Galizien und Tirol, wo die Lehrer wahre Hungerlöhne erhalten. Nicht viel besser seien die Verhältnisse in den anderen Kronländern, wo mehr als 10.000 Lehrer bei einem Einkommen von weniger als 400 fl. darben müssen. Redner wies noch auf den herrschenden bureaukratischen Geist, den Einfluss der reaktionären Gewalten, die mangelnde social-politische Einsicht der Bevölkerung hin, welche Oesterreichs Schulwesen weit hinter jenes anderer civilisirter Staaten zurückstellen. — Obmann Seitz als Referent über das Programm der „Jungen" mahnte dringend zur Einigkeit. Im Deutsch-österreichischen Lehrerbunde seien die gemeinsamen Interessen der Lehrerschaft zu vertreten, die politische Gesinnung könne in den Zweigvereinen ihren Platz finden.

Den ersten Tag der Hauptversammlung des Deutsch-oesterreichischen Lehrerbundes beschloss ein grosser Festkommers, der in den Festsälen des Deutsch. Hauses abgehalten wurde. Der Obmann des Ortsausschusses, Vice-Bürgermeister Rohrer, welcher den Vorsitz führte, eröffnete den von nahezu 2000 Personen besuchten Festkommers mit einer Begrüssungsansprache, an deren Schluss er ein Hoch auf den Kaiser, der uns das Reichs-Volksschulgesetz und der Lehrerschaft die Freiheit gegeben hat, ausbrachte. (Stürmischer Beifall.) Die ganze Festversammlung, welche sich erhoben hatte, brach in begeisterte Heil-Rufe aus und sang sodann stehend die von der Bürgercorps-Kapelle intonirte Volkshymne.

Es wechselten nun in bunter Folge Reden mit Vorträgen des Altbrünner Männergesang-Vereines, des Neutitscheiner Ferial-Quartetts und der Musikkapelle.

Abgeordneter Baron d'Elvert wies auf die Bedeutung des nun schon seit drei Jahrzehnten bestehenden Reichs-Volksschulgesetzes hin. Für den hohen Werth der modernen Schule zeugt nicht nur die grosse Zahl ihrer begeisterten Anhänger und Freunde, sondern auch die nicht zu unterschätzende Menge ihrer erbitterten Gegner, die den stolzen Bau unserer Schulgesetzgebung zur Zielscheibe gehässiger Angriffe und nie ermüdender Wühlarbeit machen. In der richtigen Erkenntniss, dass die Macht über die Schule auch die geistige Macht über die Völker bedeutet, dass mit der Wieder-Eroberung der konfessionellen Schule auch der Schlüsselpunkt für die Gewinnung eines dominirenden Einflusses ausgeliefert wäre, streben die Anhänger der rückschrittlichen Tendenzen die Wiederherstellung unhaltbar gewordener Zustände, die Herabdrückung des Lehrzieles durch weitere Verkürzung der Unterrichtszeit und durch Erreichung einer massgebenden Ingerenz der Kirche an. Deshalb sind wir angewiesen, einen Kampf um dieses Kleinod zu führen, und hiebei können wir der Lehrerschaft nicht entrathen. Ernste Gefahr droht der Schule von der seitens einflussreicher Parteien propagirten Idee einer Erweiterung der Autonomie der Länder, unter welchem politischen Schlagworte sich nichts Anderes als die Föderalisirung des Staates verbirgt, eine Verfassungsänderung, welche auch die Verländerung des Schulwesens im Gefolge hätte. Welches Schicksal unserer Schule dann in manchen Ländern widerfahren würde, darf aus dem Schulantrage der katholischen Volkspartei, sowie aus den Verhandlungen des mährischen Landtages ersehen werden, wobei wohl nur vereinzelt einer rückschrittlichen Umgestaltung das Wort geredet wurde. Doppelt müssen wir es beklagen, dass in den Zeiten so schwerer nationaler Heimsuchung es nicht gelingen will, alle Angehörigen des ersten und bedeutendsten Volkes in Oesterreich in eine einheitliche Kampfesreihe zu stellen. Wohl werden Stimmen laut, welche den Anschluss unserer abseits stehenden Volksgenossen durch Koncessionen auf dem Gebiete der Schule erzielen zu können glauben. Allein dieser Gedanke musste sofort verworfen werden, an unserer Schule darf nicht gerüttelt werden; auch nicht ein Stein darf aus ihren festen Fundamenten gelockert werden. Ein solcher Preis ist zu hoch, zu unerschwinglich. Wir geben die Hoffnung nicht auf, dass auch in jenen Kreisen endlich die Einsicht Einkehr halten wird, dass das bedingungslose Eintreten für arg gefährdete nationale Interessen das oberste Gebot schuldigen Tributs an das eigene Volksthum bildet. Ernste Zeiten der Prüfung stehen uns bevor; lang und schwierig wird sich der Kampf gestalten, allein wir können ihm mit voller Zuversicht entgegensehen, wenn er in den Deutschen Oesterreichs ein andauerndes, widerstandsfähiges, von begeisteter Liebe zu seinem Volksthume getragenes Geschlecht findet. Ein solches Geschlecht kann aber seine Pflanzstätte nur in unserer freien Schule finden, die es als eine ihrer wesentlichsten Aufgaben betrachten muss, nebst der Liebe zum Vaterlande auch die treue und warme Anhänglichkeit für das eigene Volk in den Herzen der Jugend zu wecken und gross zu ziehen. Und darum soll auch hier mit jener wahren Begeisterung, die einer so edlen Sache würdig ist, eines der höchsten Güter der Deutschen, der von einer geistig und, wie wir von der Zukunft mit voller Zuversicht hoffen, auch materiell unabhängig gestellten Lehrerschaft geleiteten Schule gedacht werden. Heil unserer freien Schule! (Minutenlanger Beifall und stürmische Heil-Rufe.)

Bundes-Präsident Katschinka brachte einen kurzen kernigen Trinkspruch auf die Gemeindevertretung und die deutsche Bevölkerung Brünns aus.

Bürgermeister Dr. Ritter v. Wieser, mit einem Beifallssturme begrüsst, erwiderte: So hoch wir die Schule halten — sagte er unter Anderm — so hoch halten wir auch den Beruf des Lehrers. Unsere Lehrer sind gar oft in der Lage und berufen, führend und erziehend im besten Sinne des Wortes auf die erwachsene Umgebung einzuwirken. Ein Lehrer, der seine Aufgabe so erfasst — nehmen wir uns in dieser Beziehung ein Beispiel an unseren nationalen Gegnern — ist nicht nur der väterliche Erzieher der Jugend, er ist auch der einflussreiche Freund und der Berather der Alten. Ihnen, den Aposteln der Bildung und Gesittung, ihnen aber auch als den Aposteln des nationalen Gedankens wollen wir grüssend zurufen ein kräftiges Heil! (Stürmischer Beifall und Rufe: Heil Wieser!)

Das Mitglied des Bundesausschusses, Knauthe (Olmütz), gedachte des deutschen Volkes. Bei diesem Gedanken, sagte er, mischt sich aber auch ein bitterer Tropfen in den Becher. Ist doch das deutsche Volk auf dem Erdenrund in Trauer versetzt durch den Tod jenes Riesen, der stolz und trotzig kühn das Wort sprach: „Wir Deutsche fürchten nur Gott, sonst nichts in der Welt!" Ihm allein ist es zu verdanken, dass dieses Wort wahr wurde. Unter brausenden Heil-Rufen der Versammlung leert Redner sein Glas auf das Wohl des deutschen Volkes, worauf „Die Wacht am Rhein" gesungen wurde.

Professor Held leert sein Glas auf das Wohl des mächtigen, an 15.000 Mitglieder zählenden Deutschösterreichischen Lehrerbundes, der ein schönes Beispiel der Einigkeit bietet. (Stürmischer Beifall.)

Die zweite Vollversammlung des deutsch-österreichischen Lehrertages brachte manche interessante Debatte. Wiederholt wurden die Bestrebungen nach Einigung der gesammten deutsch-österreichischen Lehrerschaft zu kräftigem Ausdrucke gebracht.

Im Anschlusse an das Referat des Abg. Legler (Reichenberg) über Lehrerbildung trat Horninger (Linz) dafür ein, dass die Fachbildung nicht an Seminarien, sondern an der Hochschule zu erfolgen habe. Was die Fortbildung anbelangt, so sei dieselbe durch Konferenzen, Specialkurse und Studienreisen ins Ausland zu fördern. Nach längerer Debatte gelangten die Anträge Legler's zur einstimmigen Annahme.

Niemetz (Linz) legte den vom Bundesausschusse ausgearbeiteten Entwurf eines Erziehungsgesetzes vor. Die gegenwärtige Situation lasse allerdings nicht erwarten, dass derzeit ein solches Gesetz erlangt werden könne; doch müsse um Alles gekämpft werden. Es gilt zu entscheiden: Soll den Kindern der ärmsten Volksklassen Nahrung, Kleidung und Erziehung geboten werden oder nicht? Sollen solche Kinder moralisch verkommen? Fortschrittlich oder reaktionär, deutsch oder slavisch, antisemitisch oder philosemitisch — alle diese Unterscheidungen verschwinden vor den kategorischen Fragen eines Erziehungsgesetzes. Ein Erziehungsgesetz sollte keine Gegner finden, denn auch Jene, welche an der Spitze der Reaktion stehen, müssten aus Menschlichkeit und christlicher Nächstenliebe seine eifrigsten Förderer sein. Die fortdauernde Erziehungsnoth wird den Ruf nach einem solchen Gesetze niemals verstummen lassen. Der Kampf um dieses Gesetz ist ein Theil des Kampfes um die Menschenrechte. Der Referent wies auf die Pflichten der Lehrer in diesem Kampfe hin, welchen eigentlich das Volk selbst führen müsse. Dem Lehrerstande obliege eine Vermittlungsrolle. Die Schule allein könne nicht das Erziehungsziel erreichen. An den gegenwärtigen traurigen Verhältnissen trage nicht die Schule das Verschulden. Alles, was bisher gegen das Erziehungselend geschah, ist unzulänglich. Die Kinder werden nicht für die Eltern, sondern für sich selbst, für die Nation und den Staat erzogen. Die Erziehungsfrage ist keine Kinderstuben-Angelegenheit, welche den Staat und die Oeffentlichkeit nichts angeht; sie ist auch nicht ausschliesslich eine Schulangelegenheit, sondern eine der wichtigsten Agenden des Staates. Die Organisation der Erziehung bildet die moralische und intellektuelle Grundlage für die Wohlfahrt der Gesellschaft.

Oitzner (Steiermark) stellte folgenden Antrag: „Die Versammlung verwahrt sich entschieden gegen die von den reaktionären Parteien bei jeder Gelegenheit, so auch bei der katholischen Lehrerversammlung in Meran erfolgten Angriffe auf die freie Schule und die Lehrerschaft, und weist dieselben mit Entrüstung zurück." Dieser Antrag wurde unter lebhaftem Beifalle einstimmig angenommen. Ebenso der Antrag: „Die in jüngster Zeit zu Tage tretenden Bestrebungen der czechischen Lehrerschaft, in gleicher Weise wie die freisinnigen deutschen Lehrer den gemeinsamen Kampf gegen die Feinde des Lichtes und des Fortschrittes für die freie Schule und die Volksbildung zu führen, werden mit lebhafter Freude begrüsst."

Brünn, 10. August. Gestern Abends fand im grossen Saale des „Arbeiterheim" eine massenhaft besuchte Volksversammlung statt, in welcher Lehrer Seitz aus Wien über „Schule und Volk" sprach. Derselbe führte aus:

Seit dem Bestande des Reichs-Volksschulgesetzes, welches Schule und Lehrerschaft von der Herrschaft des Klerus befreite, führe die klerikale Partei unablässig den entschiedensten Kampf gegen die freie Schule. Das Bürgerthum habe ruhig die allmälige Einschränkung der Volksbildung geduldet; die Arbeiterschaft dagegen, welche das lebhafteste Interesse an der Bildung habe, müsse den Bestrebungen der reaktionären Parteien entschieden entgegentreten. Die Arbeiter haben ein natürliches Interesse daran, dass die österreichische Volksschule jene Entwicklung nehme, welche einem modernen Staatswesen angemessen ist. Heute sei Oesterreich noch weit zurück, mehr als die Hälfte der österreichischen Schulen sei einklassig; die Ueberfüllung der Klassen mache einen gedeihlichen Unterricht unmöglich, und die materielle Lage der Lehrerschaft hindere dieselbe, die ganze

Kraft dem Berufe zu widmen. Besonders verwerflich sei der Geist, der in unseren Schulen herrscht — der Geist der frömmelnden Heuchelei und des servilen Byzantinismus. Nichts sei gefährlicher für die Heranbildung vernünftiger, vorurtheilsloser Menschen als die Erziehung für eine bestimmte Tendenz. Ein weiterer Fehler des österreichischen Bildungwesens sei die Monopolisirung des Wissens durch die Bemittelten und der nahezu vollständige Ausschluss der Armen von der höheren Bildung. Wolle man die in unserer Gesellschaft unvermeidlichen Klassenkämpfe nach Möglichkeit mildern, so müsse für eine gleichmässige, nur von den persönlichen Fähigkeiten des Individuums abhängige Bildung von Arm und Reich gesorgt werden. Sollten die bürgerlichen Parteien sich dieser Erkenntniss verschliessen, dann werde sich die Arbeiterschaft das Recht auf Bildung zu erzwingen wissen. Die Arbeiter müssen dem Grundsatze treu bleiben: „Der Feind, den wir am meisten hassen — das ist der Unverstand der Massen." (Lebhafter Beifall.) Nachdem in gleichem Sinne auch andere Redner gesprochen, schloss die Versammlung mit Absingung von Arbeiterliedern.

Wir werden ersucht, richtigzustellen, dass der Antrag auf eine Entrüstungs-Kundgebung gegen die von den reaktionären Parteien, zuletzt auf der Lehrerversammlung in Meran, erfolgten Angriffe am zweiten Verhandlungstage von Leopold Forstner in Lanbegg (Bezirk Wildon in Steiermark) gestellt wurde.

Wir überlassen, wie gesagt, die Kritik des Brünner Lehrertages dem Leser.

Aus allem dem, was hier über die sociale Gefahr gesagt worden ist, geht hervor, dass dies die Wirkungen des allgemeinen und tiefen Abfalles von Christi Religion sind. Die Religionslosigkeit bringt nothwendig die Sittenlosigkeit und diese wiederum die Armuth nach sich. Die Armuth ist aber wiederum die Mutter der Sittenlosigkeit, nach dem bekannten römischen Sprichwort: paupertas meretrix, die Armuth eine Hure.

Ueber den tiefen sittlichen Verfall des weiblichen Geschlechtes, über die Zerrüttung der Familie, über die männlichen Wüstlinge zu schreiben, würde uns zu weit führen.

Diese Zeilen genügen, um zu beweisen, dass nur jenes Volk im Kampfe ums Dasein sich erhalten wird, welches nach der Religion Jesu Christi lebt, welches Tugend, Sitte, Gerechtigkeit, Ehrlichkeit und Liebe zum Nächsten üben wird. Ueber die Zukunft eines derartigen Volkes würde Niemand zu fürchten haben. Wer deshalb sein Volk zur Religion und Tugend anleitet, der bewahrt am besten auch seine Nationalität.

XVII.
Schlussbetrachtung.

Der innere Friede der Habsburgischen Monarchie wird heute vornehmlich von drei Seiten bedroht und gestört: In den Ländern der böhmischen Krone, dann in den oesterreichischen Erblanden sind es die Schönerianer und Deutschnationalen, welche das Habsburgische Reich zur Ostmark Deutschlands degradiren und lieber der Majestät in Berlin, denn in Wien unterthan sein wollen; in den südlichen Ländern ist es die Italia irredenta, welche in Istrien, Triest, dem Küstenlande und Südtirol den Hass gegen Oesterreich verbreitet und namentlich die Ausrottung der Kroaten und Slovenen vor Augen hat. Das Wüthen der Schönerianer in Steiermark und Kärnten gegen die Slovenen ist eine traurige Zugabe zu diesen Wirrnissen; der dritte Schauplatz des Nationalitätenhaders ist Ungarn, wo die Kossuth- und die jetzt herrschende judenliberale Partei den nationalen Tod den Slovaken und Rumänen ausgelost haben. Wollten wir diese Kämpfe schildern, müsste ein eigenes Buch geschrieben werden.

Eine der perfidesten Lügen, welche durch die Judenpresse ein geistiges Gemeingut Europas geworden, ist die, dass behauptet wird, in Prag und in czechoslavischen Gegenden Böhmens und Mährens dürfen die Deutschen auf der Gasse nicht einmal laut deutsch reden, ansonst seien sie in Lebensgefahr. Man lese die Lokalblätter Nordböhmens, zum Beispiel, die „Duxer Ztg.", das „Leitmeritzer Wochenblatt", kurz welche auch immer besagter deutscher Lokalblätter, findet man sehr oft sensationelle Nachrichten, welche die Aufschrift haben: „Gefährdung der Deutschen am Leben und an der Habe in Prag."

Wenn alles das wahr sein sollte, so müsste das czechoslavische Volk ein Räubervolk sein und Prag eine Stadt von Mordgesellen vollgefüllt. Vergleichen wir doch die Verbrecherstatistik! Im Jahre 1894 wurden wegen Verbrechen verurtheilt:

in	Personen	auf je 10.000 Bewohner entfielen Verurtheilte wegen Verbrechen
Niederoesterreich	3651	13·1
Oberoesterreich	1006	12·5
Salzburg	274	15·5
Steiermark	2374	18·1
Kärnten	664	18·3
Krain	1045	20·8
Küstenland	1009	14·3
Bukovina	881	13
Dalmatien	877	16
Tirol	933	11·5
Vorarlberg	180	15
Böhmen	5506	9·3
Mähren	3456	14·8
Schlesien	1028	16·4
Westgalizien	2794	10·5
Ostgalizien	4455	

Nach diesen Zahlen, welche uns hier der Bericht der Strafrechtspflege in den im Reichsrathe vertretenen Königreichen und Ländern im Jahre 1894 auf Seite XX. und XXI. vorführt, hat gerade Böhmen die niedrigste Ziffer von Verbrechern aufzuweisen, denn auf 10.000 Einwohner Böhmens kamen in diesem Jahre 9·3 abgestrafte Verbrecher, eine Ziffer, deren Tiefe in keinem Kronlande in diesem Jahre aufzufinden ist. Also spricht die Statistik der Strafjustiz!

Aber trotzdem ist die Macht der Judenpresse grösser. Denn die grossen Massen des gedankenlosen Lesepublikums schlürfen täglich das ein, was ihnen die Zeitungsjuden alle Tage als „geistige" Nahrung zum Frühstückstisch zubringen. Es ist aber niemand, welcher der Sache näher auf den Leib rücken möchte. In Wahrheit reden die Deutschen in Prag, recte aber meist Abrahams Söhne unbehindert, ob im Ausflugsort Chuchle oder Zátiši bei Prag, ob auf dem Graben, ihr Deutsch, kein Mensch kümmert sich darum, jeder geht seiner Wege und das Gassenleben Prags unterscheidet sich von dem Gassenleben Berlins so, dass auf dem Graben in Prag und unter den Linden in Berlin um 11 Uhr Vormittags genau dasselbe Bild herrscht: an beiden Orten wird deutsch gesprochen, denn das promenirende Publikum sind aufgeputzte Jüdinen und herumgaffende jüdische Pflastertreter, die nichts zu thun haben, während die dummen Christen sich abrackern, um das tägliche Brod zu verdienen.

Aber es handelt sich der Judenpresse darum, das czechoslavische Volk als eine Räuberbande darzustellen, um den Nationalitätenhader zu nähren und, wie wir sehen, es gelingt. Die dummen Christen glauben alles, was der Jude Katz in die Welt hinaustelegraphirt und telephonirt. Die dummen Christen sollen sich hassen, rauben und plündern, todtschlagen gegenseitig, damit Juda Ruhe habe und seine Reichthümer ruhig anhäufen könne.

Die ganze Sache wäre zu dumm angestellt, denn jeder vernünftige Mann bildet sich sein Urtheil, aber die Wirkungen dieser Hetzereien in der Presse auf die grossen Volkmassen sind furchtbar und traurig.

Hier das Beispiel.

Nach dem Berichte der „Národní Listy" vom 17. August 1898 geschah folgender grauenhafter Vorfall: An der neuen Bahn Teplitz-Lobositz-Reichenberg baut die Prager Aktienmaschinenfabrik früher Ruston eine neue Brücke über die Elbe in der Nähe von Czalositz. An der Montirung der Brücke arbeiten durchwegs czechische Monteure unter der Leitung des Ingenieurs Buba. Am Sonntag den 14. August gingen die Arbeiter Hejduk, Vojáček, Šulc und Šťastný nach Czalositz in das Gasthaus des Tajbl. Abends kehrten die Arbeiter Hejduk und Šťastný heim nach Prosmyk. Bei der Ueberfahrt wartend wurden sie von 12 Arbeitern deutscher Nationalität aus Prosmyk überfallen, an deren Spitze der Teplitzer Wachmann Faber stand. Er war als Wachmann ausgerüstet, mit Säbel nur, ohne Pickelhaube. Die czechischen Arbeiter gingen ruhig ihres Weges, die deutschen riefen ihnen „Heil" entgegen. Hejduk und Šulc antworteten „Heil", Vojáček schwieg, Šťastný antwortete „Na zdar". Da rief Faber: „Was — ich gebe dir Bagage böhmisches na star!" Faber warf sich auf die czechischen Arbeiter, zog seinen Säbel, und stiess ihn dem Arbeiter Šťastný in den Unterleib, während ihn seine Genossen fest hielten. Der Säbel ging durch, so dass die Eingeweide dem Armen herauskamen. Noch dreissig Schritte taumelte Šťastný, dann stürzte er todt zu Boden. Faber schrie, jetzt habe ich einen czechischen Hund todtgestochen, und in Pistian werde ich noch einen erstechen. Die Gensdarmerie kam erst um 2 Uhr Nachts auf den Thatort und nahm dann in Lobositz den Faber gefangen und führte ihn nach Leitmeritz ins Gefängniss." Das ist die Frucht der Nationalitätshetze. Furchtbar sind die Leiden czechischer Arbeiter, Priester, Beamten im sogenannten deutschen Sprachgebiet in Böhmen, Mähren, Schlesien, man müsste ein umfangreiches Buch schreiben, um sie zu schildern und alle Thatsachen anzuführen, welche von der jüdischen und schönerianischen Presse todt geschwiegen werden. Dabei gehen die politischen Behörden und die Ortspolizei äusserst nachsichtig gegen die Zeitungshetzer und Veranstalter von Hetzversammlungen vor.

Den Beweis davon liefert der zweite sogenannte Volkstag von Asch. Auffallend ist, dass die „Neue Freie Presse" sich in tiefes Schweigen über diesen Volkstag hüllt, sie bringt nur die Resolution. („N. Fr. Presse" vom 24. August.)

Asch, 22. August. (Deutscher Volkstag.) Im Schiesshaussaale und im Jägerhause fanden am Sonntag Versammlungen des deutschen Volkstages statt, zu welchem sich die Abgeordneten Glöckner, Bareuther,

Wolf, Ludwig und Reiniger eingefunden hatten. Der Volkstag musste in zwei Sälen abgehalten werden, da die Zahl der Theilnehmer so gross war, dass sie in einer Lokalität nicht Platz fanden. Nach mehreren Reden zur Lage wurde nachstehende Resolution angenommen: Die Versammlung erklärt nach Anhörung der Redner verschiedener deutscher Parteien, dass, nachdem die bedingungslose Aufhebung der unheilvollen Sprachenzwangs-Verordnungen bisher nicht erfolgt ist, das deutsche Volk in Oesterreich und dessen Vertreter selbstverständlich nach wie vor auf dem Standpunkte zu verharren haben, der durch den Schwur von Eger gegeben erscheint. Deshalb schliesst sich auch die Versammlung folgerichtig jener Egerer Kundgebung vom 10. Juli 1897 an, durch welche jedwedem deutschen Volksvertreter, der entgegen dem Egerer Volksschwure sich vor der Erfüllung der Kardinalforderung der Deutschen in irgendwelche Verhandlungen mit der Regierung eingelassen hat, mit Recht die tiefste Verachtung ausgesprochen wird. Mit Rücksicht auf die augenblickliche innerpolitische Lage spricht die Versammlung die Erwartung aus, dass auch nach allfällig erfolgter Aufhebung der Sprachenzwangs-Verordnungen die Opposition und Obstruktion so lange aufrechterhalten bleibe, bis die unbedingt sichere Gewähr dafür geschaffen ist, dass ein weiterer Eingriff in die Rechte des deutschen Ostmarkvolkes in Zukunft unmöglich ist, und macht schliesslich mit besonderer Betonung im Interesse des deutschen Volkes und dem des einheitlichen Fortbestandes des Staates die Einführung der deutschen Sprache als Staatssprache geltend.

Dafür brachte die „Augsburger Abendzeitung" in der Nummer vom 22. August folgenden Bericht:

Asch, 21. Aug. — Vor genau Jahresfrist war es, als in der einsamen Nordwestecke Deutschböhmens in der einstmals brandenburgischen Stadt Asch gegen 10.000 deutsche Männer aus allen Gauen des weiten Böhmerlandes, aber auch aus Bayern, Sachsen und Thüringen zusammenströmten, um einmüthig flammenden Protest einzulegen gegen die Vergewaltigung des Deutschthums durch den tschechenfreundlichen

Polengrafen Badeni, den würdigen Nachfolger des irischen Grafen Taaffe. — Wie damals der Volkstag verboten, wie er trotz des Verbotes theils auf bayerischem Boden, theils zwischen den Grenzpfählen dennoch abgehalten wurde, wie es im Laufe des Nachmittags durch die unverschämten Provokationen zweier tschechischer Polizeioffiziere zum Ausbruch des Volksunwillens, zu Bajonnetangriffen der tschechischen Gendarmerie und endlich sogar zum Eingreifen des aus Eger herbeitelegraphirten Militärs kam, wobei es nicht ohne schwere Verletzungen abging, das alles dürfte noch in der Erinnerung Ihrer Leser sein. Heute scheint es, sofern nicht abermals Unvorhergesehenes eintritt, ruhiger, friedfertiger hergehen zu sollen. Abermals wallt von jedem Hause, von der Villa des Millionärs und der Hütte des Arbeiters, die schwarz-roth-goldene Fahne, abermals durchziehen seit frühem Morgen Schaaren von Erwachsenen und Kindern die langgestreckte Stadt, stürmische „Heil"-Rufe ausbringend und unermüdlich die „Wacht am Rhein" singend. Aber es scheint doch auch, als ob die österreichische Regierung eingesehen hat, dass man den Bogen nicht allzu straff spannen darf, denn die tschechischen Gendarmeriepatrouillen fehlten diesmal fast ganz. Und wo keine Provokation, da keine Ausschreitung. Die deutsch-nationale Bewegung hat ihr im Volksempfinden gegrabenes Bett vertieft, der Fluss tritt nicht mehr über seine Ufer, aber machtvoll und unaufhaltsam eilt er seinem Ziele, der Neubelebung des Deutschthums, entgegen. Bereits gestern Abends hatten im engern Kreise wichtige Berathungen stattgefunden, deren Wiedergabe sich indess der Berichterstattung entzieht; heute Morgen, kurz nach 9 Uhr, begannen die öffentl. Verhandlungen, gleichzeitig in den Sälen des Schützenhauses und des Jägerhauses. An beiden Orten sprachen die gleichen Redner, nur in verschiedener Reihenfolge. Den Vorsitz im Jägerhaus führte Redakteur Tins von der „Ascher Ztg.", der eifrige Vorkämpfer der deutschnationalen Bewegung im Egerlande. Als Ueberwachungsbeamter war der „Amtsleiter" der k. k. Bezirkshauptmannschaft Asch, Grohmann, erschienen.

Den Reigen eröffnete der Reichsrathsabgeordnete für Friedland, Glöckner. Einleitend betonte er die Zusammengehörigkeit aller Deutschen, unbeschadet der verschiedenen Parteiangehörigkeit in Böhmen, in Oesterreich und im Reich. Unwahr sei, dass die Deutschböhmen in unerlaubter Weise mit Preussen liebäugelten, sie kämpften nur für ihr Volksthum im Rahmen der habsburgischen Monarchie. Wo aber ist in dieser wahrhaft deutsche Gesinnung zu finden? Bei den Grossgrundbesitzern und Adeligen? Nein, die sind verkappte oder offene Freunde der Tschechen. Bei den Beamten? Ganz gewiss auch nicht, denn mit Vorliebe entnimmt sie die Regierung den Reihen der Slaven, nein, einzig und allein im Bürgerthum. Und in diesen breitesten Schichten den deutschen Gedanken wieder erweckt zu haben, ist das „Verdienst" der Badeni'schen Sprachenverordnungen. Gegnerischerseits wird geltend gemacht, dass die Slaven in Oesterreich das Gewicht der Zahl für sich haben. Das kann zugegeben werden, aber nicht die Quantität, sondern die Qualitäten eines Volkes geben den Ausschlag. Und was die letzteren anbelangt, so stehen die Deutschen in jeder Beziehung thurmhoch über die Tschechen und Slovenen. Nur einen schweren Fehler haben sie sich vorzuwerfen, dass sie es überhaupt soweit kommen liessen, als es kam, dass sie nicht schon vor 15 Jahren die gesetzliche Festlegung des Deutschen als Staatssprache forderten und erzwangen. Auch heute ist es dafür noch nicht zu spät, sofern der innere Zwiespalt, die gegenseitige Bekämpfung aufhören und bedingungslose Einigkeit an deren Stelle tritt. Dies der Gedankengang des Redners, den man zum rechten Flügel der deutschen Parteien in Oesterreich wird rechnen müssen.

Wesentlich schärfer lauteten schon die Ausführungen des Landtagsabgeordneter Reiniger-Eger: Mit der Aufhebung der Sprachenverordnungen ist es allein nicht gethan, die Deutschen müssen weiter kämpfen und weiter Opposition und Obstruktion treiben, bis bedingungslos ihre Führerschaft, auf die sie ein geschichtliches Anrecht haben, anerkannt ist. Man drohe uns doch nicht mit der unausbleiblichen

Obstruktion der Tschechen. Mit der werden wir
d a n n schon fertig werden, denn hinter uns stehen
die 50 Millionen im Reich. — Wahr ist, dass die Regierung in den letzten Tagen gegenüber den Deutschen
einen etwas weniger schroffen Standpunkt eingenommen hat, aber geschieht dies nicht lediglich, um
den Ausgleich mit Ungarn zu ermöglichen? Sind wir
überhaupt sicher, dass die Sprachenverordnungen
aufgehoben werden, und dass sie, wenn es geschieht,
noch sofort in erneuter verbesserter Auflage wiederkehren, sobald der Ausgleich geschlossen? Sind wir
sicher, dass die Regierung von ihrem föderalistischen
Programm abgekommen ist und nicht mehr den politischen Schwerpunkt aus dem Reichsrath in die
Landtage verlegen will, um die Deutschen besser
knebeln zu können? Nichts ist sicher, als dass wir
weiter kämpfen müssen, weiter kämpfen unter der
Flagge des nationalsten Radikalismus. Am stürmischesten begrüsst wurde der dritte Redner, der
durch sein Duell mit Badeni berühmt gewordene
Reichsrathsabgeordnete Wolf aus Wien, der Feuergeist der Schönerer-Gruppe. — Alles, was Oesterreich
an Kultur und Bildung besitzt — so führte er u. a.
aus — verdankt es Deutschland. Zum Danke dafür
versucht man es gewaltsam zu slavisiren. In jedem
anderen Lande würde man für derartige Hochverräther
einen Galgen bauen . . (Hier droht der Regierungsvertreter mit Wortentziehung, wird aber von den Zuhörern übertönt, während Wolf fortfährt:) . . . Das
deutsche Volk hat es endlich satt, sich alle Lasten
aufbürden und dafür rechtlos machen zu lassen. Wir
sind uns unserer Kraft bewusst geworden und halten
es länger aus als die gegenwärtigen Gewalthaber. Erfüllt man unsere gerechten Forderungen, dann gut;
erfüllt man sie nicht, d a n n w i s s e n w i r. w o h i n
w i r u n s z u w e n d e n h a b e n u n d w o m a n u n s
m i t F r e u d e n a u f n e h m e n w i r d. Ganz unbeschreibliche Begeisterungskundgebung folgte dieser
Rede, die jedenfalls wohl das Kühnste, aber — dem
Berichterstatter geziemt es, möglichst objektiv zu
sein — auch wohl das Herausforderndste war, was
jemals in Gegenwart eines k. k. Beamten in öffent-

licher Versammlung gesagt worden ist. Man konnte sehen, wie dieser die Farbe wechselte. Doch kam es zu keinen Auseinandersetzungen, da der Vorsitzende Tins hierauf sofort die vorbereitete Resolution zur Verlesung und einstimmigen Annahme brachte, welche unbedingtes Festhalten an dem „Schwur von Eger" vom 10. Juli 1897 fordert und denjenigen deutschen Abgeordneten die tiefste Verachtung ausspricht, welche sich unter den gegenwärtig noch bestehenden Verhältnissen in Verhandlungen mit der Regierung eingelassen haben oder einlassen werden. Nachmittags gab es im Garten des Schützenhauses ein von Tausenden besuchtes Koncert und Abends im Saale einen Kommers, auf dem der Reichsrathsabgeordnete Bareuther-Asch die Festrede hielt und Dr. Lehr-Charlottenburg als Deligirter des Alldeutschen Verbandes sprach. Die der Berichterstattung gezogenen Grenzen erlauben leider nicht, auch darauf noch näher einzugehen. Das war der zweite deutsch-nationale Partei- und Volkstag.

Wir fügen zu diesem Berichte kein Wort der Kritik bei und überlassen sie dem Leser. Die „Reichswehr" hat in der Nummer vom 24. August im Leitartikel den Ascher Volkstag bedeutungslos darzustellen versucht, was ihr jedoch sehr schlecht gelungen ist. In Wien spielt man diesen Vorkommnissen gegenüber die Strausspolitik, welche sich einmal schrecklich rächen wird. Wenn irgendwo der Satz gilt: „principiis obsta", den Anfängen widerstehe, ehe es zu spät ist, so gilt er hier. Angesichts dieser Zustände haben manche Blätter in Deutschland den Muth zu schreiben, dass in Oesterreich die Deutschen bedrückt werden.

So schreiben die „Berliner Neuesten Nachrichten" vom 21. August 1898 folgendes: Verbot der „Wacht am Rhein" in Russland:

Das von uns bereits an anderer Stelle erwähnte Verbot der „Wacht am Rhein" in Russland hat folgenden Wortlaut:

„Warschau, 3. August 1898.

Es ist zur Kenntniss des Kommandirenden der Truppen gelangt, dass das Orchester eines der Regimenter des Militärbezirkes, welches nach Lodz zum Koncertiren engagirt war, während einer von einer

Privatgesellschaft arrangirten Feier eine ganze Reihe von Musikstücken patriotisch-deutschen Charakters, wie zum Beispiel einen „Bismarck-Marsch", „Die Wacht am Rhein" etc. zum Vortrag brachte. Wenn auch der Vortrag dieser Musikstücke auf dem Territorium des russischen Reiches nicht verboten und die durch sie ausländischen Unterthanen gewährte besondere Form von Genüssen völlig verständlich ist, so machen sie doch, zu einem Repertoir gruppirt, fast ununterbrochen vorgetragen und begleitet von entsprechender Stimmung der Schmausenden, den Eindruck einer durchaus unschicklichen Demonstration, an der sich, wenn auch in passiver Weise zu betheiligen, es einem Orchester der kaiserlich russischen Armee nicht geziemt.

Seine Durchlaucht der Kommandirende der Truppen, der irgend einer nationalen Exklusivität auf dem Gebiete der Kunst völlig fernsteht und den freien Vortrag von im Reiche erlaubten Musikstücken von Komponisten jeder Nationalität vollkommen gestattet, ist jedoch der Meinung, dass innerhalb des Gebietes eine Auslese von Musikstücken, die kriegerischen oder enthusiasmirend - nationalen Zwecken dienen, in der Ausführung seitens der Musikerchöre der Truppen nicht stattfinden darf, und gestattet ihnen daher nur den Vortrag solcher Stücke aus der oben bezeichneten specifischen Sphäre musikalischer Produktion, welche die Bedeutung von Volkshymnen haben.

Unterzeichnet:
Stabschef Generallieutenant Pusyrewski."

Einige Blätter fühlen das Bedürfniss, sich über diese Massregel aufzuregen. Wir sehen keinen Anlass dazu. Bekanntlich ist die „Wacht am Rhein" selbst in dem uns eng verbündeten Oesterreich verboten und jede Zuwiderhandlung gegen dieses Verbot mit Strafen belegt. Es kann uns deshalb nicht weiter wundern, wenn ein russischer General eine Massregel gegenüber der befreundeten deutschen Nation für angebracht hält, deren man sich in einem dem Deutschen Reich verbündeten Staate nicht enthalten zu müssen geglaubt hat.

Dasselbe Blatt brachte in der Nummer vom 28. August folgende Nachricht:

Triest, 22. August. (Privattelegr. der „Berl. N.N.") Gestern fand hier eine Bismarcks-Trauerfeier statt. Unser Reichsraths-Abgeordneter Dobernigg hielt die Gedächtnissrede, die mit einer Mahnung an die deutsche Wacht an der Adria zu nationaler Pflichterfüllung schloss. Die „Wacht am Rhein" bildete den Schluss der würdigen Feier.

Wir müssen uns beschränken und schliessen.

Oesterreichs Geschicke liegen in Gottes Hand. und der, welcher die Schicksale der Völker leitet, ist Gott. Geradeso, wie sich der einzelne Mensch das Leben nicht selbst gibt, wie er zu seinem Leben nicht eine Minute aus eigener Kraft hinzuzufügen vermag, wenn die Todesstunde kommt, also auch die Nationen. Gerade so, wie der Wüstling vom frühzeitigen Tode ereilt wird, da die Strafe Gottes nie ausbleibt, also werden auch Völker bestraft von Gottes Hand. Welche Greuel haben die Spanier aus bestialischer Habsucht an den Rothhäuten durch Jahrhunderte verübt, und siehe, nach Jahrhunderten ereilte sie das Strafgericht Gottes, die Kinder müssen die Sünden der Vorfahren büssen!

Welche Zukunft harret Oesterreich und seiner Völker, wer unter den Sterblichen möchte es bestimmt voraussagen können?

Damit aber Oesterreich und seine Völker nicht ganz ohne Propheten sind, so hat sich ein Jud erbarmt, ging nach Berlin und fragte da, interviewte einen alten Mann, der da heisst Mommsen. Die reiche Jüdin in der Fichtegasse brachte folgendes Gespräch mit Mommsen in der Nummer vom 9. August 1898. Zu Ende heisst es:

„Wir kamen von Bismarck auf die Gegenwart, auf Oesterreich und Deutschland insbesondere. Mommsen findet die Lage in Oesterreich trostlos. Er besorgt, dass der Minister-Präsident Graf Thun bereits alle Vollmachten zu deutschfeindlichen und reaktionären Massnahmen in der Tasche habe. Und dann fuhr er fort: „Ja seit 1866 hat sich das Schicksal der Deutschen in Oesterreich zum Schlechten gewendet. Vorläufig besteht wenigstens noch Oesterreichs Allianz mit Deutschland. Ich zweifle aber keinen Augenblick, dass diese Allianz wie die Tripel-Allianz überhaupt in Trümmer gehen muss, wenn der Slavisirungsprocess in Oesterreich fortdauert."

„Haben Sie, Herr Professor, von den Reden bei der Prager Palacký-Feier gehört, in welchen der Kreuzzug aller Slaven gegen alle Deutschen gepredigt ward?"

„Gewiss, wenn es nach dem Willen der Panslavisten ginge, so müsste Deutschland zertrümmert werden. Ein slavisirtes Oesterreich wäre der natürliche Verbündete Frankreichs, vereinigt mit diesem auch in dem Wunsche, Deutschland zu zertreten. Doch gesetzt den Fall, es komme eines Tages ein französisch-russich-österreichischer Dreibund zustande. Die Hauptrolle darin wäre jedenfalls Russland vorbehalten. Von Russland aber droht, wie ich meine, Deutschland keine Gefahr. Es gibt in Russland Panslavisten, doch die russische Regierung ist keineswegs panslavistisch und führt nicht die Demüthigung oder Vernichtung Deutschlands im Schilde. Uebrigens ist unsere auswärtige Politik in guten Händen. Ich habe von Bülow's Begabung die höchste Meinung. Ich würde mich herzlich freuen, wenn dieser staatskluge, feingebildete und aufgeklärte Mann einst berufen wäre, das Ruder in Deutschland in die Hand zu nehmen. Durch seine Reden im Reichstage hat er sich bei dem deutschen Volke ausgezeichnet eingeführt. Seit Bismarck hat man nicht mehr so staatsmännisch sprechen gehört."

„Glauben Sie an die Möglichkeit einer Allianz zwischen Deutschland und England?"

„Diese Werbungen nimmt man bei uns mit einigem Hohn auf. Die Amerikaner freilich haben für englisches Liebeswerben noch mehr Hohn. Ich glaube nicht an das Zustandekommen eines Bundes zwischen Engländern und Amerikanern, noch weniger aber an eine grosse germanische Allianz, welche die Anglosachsen und die Deutschen in sich schliessen würde. Die Engländer freilich könnten Bundesgenossen brauchen, da sie von Russen und Franzosen bedroht werden. Wer aber wird sich dazu hergeben, ihre Geschäfte zu besorgen? Eher meine ich — und hier glitt ein sardonisches Lächeln über Mommsen's Gesichtszüge und er sprach es halb ernst, halb scherzend — eher meine ich, könnten sich einmal Frankreich, Deutschland und Russland vereinigen, wie sie das britische Reich auftheilen. Frankreich etwa reisst Egypten, Deutschland das Capgebiet und Russland Indien an sich . . ."

Wir sprachen noch über mancherlei Personen und Dinge. Von Gladstone, dessen staatsmännische Bedeutung Mommsen sehr gering anschlägt, von Miquel, den Mommsen mit Rücksicht auf den Uebertritt vom Liberalismus zum Agrarierthum als einen Renegaten bezeichnete. Eine Stunde hatten wir so geplaudert. Wieder kam die Rede auf Oesterreich. „Werden Sie, Herr Professor," fragte ich scherzend, „bald einmal zu uns kommen?" Und lächelnd antwortete Mommsen: „Wenn ich wieder einmal nach Oesterreich gehe, so fahre ich nur bei Nacht durch Böhmen, wo mich die Czechen in effigie hingerichtet haben." *M.*

Wie sich doch alte Männer auf ihre alten Tage lächerlich machen können!

Oesterreichs und seiner Völker Zukunft liegt in Gottes Hand.

Wie der göttliche Heiland am Kreuze seine Hände über die ganze Erde ausbreitete, wie er sein heiliges Blut für alle Völker vergoss, damit eine Heerde, ein Schafstall werde, wie er die Apostel hinaussandte, gehet und lehret alle Völker, so wird wieder Friede, Glück und Eintracht herrschen im ehrwürdigen Reiche der Habsburger, wenn wieder die Religion Jesu Christi Staat und Gesellschaft, Schule und Familie, die Oeffentlichkeit, die Gerichtssäle, das Parlament, das gewerbliche und private Leben durchdringen wird. Oesterreich ist ein Judenstaat, die Juden sind die Herren und die dummen Christen die Parias. Sie raufen sich unter einander um den mageren Knochen der Sprachenverordnungen, während Rothschild und Reitzes, Taussig und Ritter von Hahn und wie alle die Finanzgrössen heissen, Millionen anhäufen.

Der erhabene Monarch Kaiser Franz Joseph I. feiert sein 50jähriges Herrscherjubiläum. Alle Völker Oesterreichs sind von Liebe zum Hause Habsburg durchdrungen, sie haben alle Gut und Blut geopfert in schweren Zeiten für das Vaterland. Oesterreichs Zukunft liegt in Gottes Hand und seine Nationen brauchen nicht um ihre Zukunft zu bangen, sobald Christi Religion und christliche Gerechtigkeit — einem jeden das Seine — zum Grundsatz der oesterreichischen Staatsmänner in der Leitung der Völker erhoben wird. Gott beschütze das alte ehrwürdige Habsburgische Reich und seine Völker von äusseren, noch mehr aber von seinen furchtbaren inneren Feinden, die zu bekämpfen die Pflicht eines jeden ehrlichen Christen ist, und zu welchem Zwecke vorliegendes Büchlein geschrieben wurde.

Schlussanmerkung des Verfassers.

Das Manuskript ist am 30. August dem Drucke übergeben worden und können demnach Ereignisse nach diesem Zeitpunkte nicht mehr hier berücksichtigt werden.

XVIII. ANHANG.

Palacký's Brief an den Bundestag nach Frankfurt:

P. P.

Das Schreiben vom 6. April l. J., womit Sie, hochgeehrte Herren! mir die Ehre erwiesen, mich nach Frankfurt einzuladen, um an Ihren „hauptsächlich die schleunigste Berufung eines deutschen Parlaments" bezweckenden Geschäften Theil zu nehmen, — ist mir soeben von der Post richtig zugestellt worden. Mit freudiger Ueberraschung las ich darin das vollgiltige Zeugniss des Vertrauens, welches Deutschlands ausgezeichnetste Männer in meine Gesinnung zu setzen nicht aufhören: denn indem sie mich zur Versammlung „deutscher Vaterlandsfreunde" berufen, sprechen sie mich selbst von dem eben so ungerechten als oft wiederholten Vorwurfe frei, als habe ich mich gegen das deutsche Volk jemals feindselig bewiesen. Mit wahrem Dankgefühle erkenne ich darin die hohe Humanität und Gerechtigkeitsliebe dieser ausgezeichneten Versammlung an, und finde mich dadurch um so mehr verpflichtet, ihr mit offenem Vertrauen, frei und ohne Rückhalt, zu antworten.

Ich kann Ihrem Rufe, meine Herren! weder in eigener Person, noch durch Abordnung eines andern „zuverlässigen Patrioten" an meiner Statt, Folge leisten. Erlauben Sie mir, die mich bestimmenden Gründe Ihnen so kurz als möglich vorzutragen.

Der ausgesprochene Zweck Ihrer Versammlung ist, einen **deutschen Volksbund** an die Stelle des bisherigen **Fürstenbundes** zu setzen, die deutsche Nation zu wirklicher Einheit zu bringen, das deutsche Nationalgefühl zu kräftigen, und Deutschlands Macht dadurch nach Innen und Aussen zu erhöhen. So sehr ich auch dieses Bestreben und das ihm zu Grunde liegende Gefühl achte, und eben weil ich es achte, darf ich mich daran nicht betheiligen. Ich bin kein Deutscher, — fühle mich wenigstens nicht als solcher, — und als blosen meinungs- und willenlosen Ja-Herrn haben Sie mich doch gewiss nicht zu sich berufen wollen. Folglich müsste ich in Frankfurt entweder meine Gefühle verleugnen und heucheln, oder bei sich ergebender Gelegenheit laut widersprechen. Zum ersten bin ich zu offen und zu frei, zum zweiten nicht dreist und rücksichtslos genug: ich kann es nämlich nicht über's Herz gewinnen, durch Misslaute einen Einklang zu stören, den ich nicht allein in meinem eigenen Hause, sondern auch beim Nachbar, wünschenswerth und erfreulich finde.

Ich bin ein Böhme slavischen Stammes, und habe mit all dem Wenigen, was ich besitze und was ich kann, mich dem Dienste meines Volkes ganz und für immer gewidmet. Dieses Volk ist nun zwar ein kleines, aber von jeher ein eigenthümliches und für sich bestehendes; seine Herrscher haben seit Jahrhunderten am deutschen Fürstenbunde Theil genommen, es selbst hat sich aber niemals zu diesem Volke gezählt, und ist auch von Andern im Ablauf aller Jahrhunderte niemals dazu gezählt worden. Die ganze Verbindung Böhmens, zuerst mit dem heil. römischen Reiche, dann mit dem deutschen Bunde, war von jeher ein reines Regale, von welchem das böhmische Volk, die böhmischen Stände, kaum jemals Kenntniss zu nehmen pflegten. Diese Thatsache ist allen deutschen Geschichtsforschern wohl eben so gut, wie mir selbst bekannt; und sollte sie ja noch von Jemanden in Zweifel gezogen werden, so bin ich erbietig, sie seiner Zeit bis zur Evidenz sicher zu stellen. Selbst bei der vollen Annahme, dass die böhmische Krone jemals im Lehensverbande zu Deutschland gestanden (was übrigens von böhmischen Publicisten von jeher bestritten wird), kann es keinem Geschichtskundigen einfallen, die ehemalige Souveränität und Autonomie Böhmens nach Innen in Zweifel zu ziehen. Alle Welt weiss es, dass die deutschen Kaiser, als solche, mit dem böhmischen Volke von jeher nicht das Mindeste zu thun und zu schaffen gehabt haben; dass ihnen in und über Böhmen weder die gesetzgebende, noch die richterliche oder vollziehende Gewalt zukam; dass sie weder Truppen noch irgend Regalien aus dem Lande jemals zu beziehen hatten; dass Böhmen mit seinen Kronländern zu keinem der ehemaligen zehn deutschen Kreise gezählt wurde, die Kompetenz des Reichskammergerichtes sich niemals über dasselbe erstreckte u. s. w.; dass somit die ganze bisherige Verbindung Böhmens mit Deutschland als ein Verhältniss, nicht von Volk zu Volk, sondern nur von Herrscher zu Herrscher, aufgefasst und angesehen werden muss. Fordert man aber, dass über den bisherigen Fürstenbund hinaus nunmehr das Volk von Böhmen selbst mit dem deutschen Volke sich verbinde, so ist das eine wenigstens neue und jeder historischen Rechts-Basis ermangelnde Zumuthung, der ich für meine Person mich nicht berechtigt fühle, Folge zu geben, so lange ich dazu kein ausdrückliches und vollgiltiges Mandat erhalte.

Der zweite Grund, der mir verbietet, an Ihren Berathungen Theil zu nehmen, ist der Umstand, dass nach Allem, was über Ihre Zwecke und Ansichten bisher öffentlich verlautet hat, Sie nothwendiger Weise darauf ausgehen wollen und werden, Oesterreich als selbstständigen Kaiserstaat unheilbar zu schwächen, ja ihn unmöglich zu machen, — einen Staat, dessen Erhaltung, Integrität und Kräftigung eine hohe und wichtige Angelegenheit nicht meines Volkes allein, sondern ganz Europas, ja der Humanität und Civilisation selbst ist und sein muss. Schenken Sie mir auch darüber ein kurzes und geneigtes Gehör.

Sie wissen, welche Macht den ganzen grossen Osten unseres Welttheils inne hat: Sie wissen, dass diese Macht, schon jetzt zu kolossaler Grösse herangewachsen, von Innen heraus mit jedem Jahrzehent in grösserem Masse sich stärkt und hebt, als solches in den westlichen Ländern der Fall ist und sein kann: dass sie, im Innern fast unangreifbar und unzugänglich, längst eine drohende Stellung nach Aussen angenommen hat, und wenngleich auch im Norden aggressiv, dennoch, vom natürlichen Instinkt getrieben, vorzugsweise nach dem Süden zu sich auszubreiten sucht und suchen wird; dass jeder Schritt, den sie auf dieser Bahn noch weiter vorwärts machen könnte, in beschleunigtem Lauf eine neue **Universalmonarchie** zu erzeugen und herbeizuführen droht. d. i. ein unabsehbares und unnennbares Uebel, eine Kalamität ohne Mass und Ende, welche ich, ein Slave an Leib und Seele, im Interesse der Humanität deshalb nicht weniger tief beklagen würde, wenn sie sich auch als eine vorzugsweise slavische ankündigen wollte. Mit demselben Unrecht, wie in Deutschland als Deutschenfeind, werde ich in Russland von Vielen als Russenfeind bezeichnet und angesehen. Nein, ich sage es laut und offen, ich bin kein Feind der Russen: im Gegentheil, ich verfolge von jeher mit Aufmerksamkeit und freudiger Theilnahme jeden Schritt, den dieses grosse Volk innerhalb seiner natürlichen Grenzen auf der Bahn der Civilisation vorwärts thut. Da ich jedoch, bei aller heissen Liebe zu meinem Volke, die Interessen der

Humanität und Wissenschaft von jeher noch über die der Nationalität stelle: so findet schon die blosse Möglichkeit einer russischen Universalmonarchie keinen entschiedeneren Gegner und Bekämpfer, als mich; nicht weil sie russisch, sondern weil sie eine Universalmonarchie wäre.

Sie wissen, dass der Süd-Osten von Europa, die Grenzen des russischen Reichs entlang, von mehren in Abstammung, Sprache, Geschichte und Gesittung merklich verschiedenen Völkern bewohnt wird. — Slaven, Walachen, Magyaren und Deutschen, um der Griechen, Türken und Schkipetaren nicht zu gedenken, — von welchen keines für sich allein mächtig genug ist, dem übermächtigen Nachbar im Osten in alle Zukunft erfolgreichen Widerstand zu leisten: das können sie nur dann, wenn ein einiges und festes Band sie alle mit einander vereinigt. Die wahre Lebensader dieses nothwendigen Völkervereins ist die Donau: seine Centralgewalt darf sich daher von diesem Strome nicht weit entfernen, wenn sie überhaupt wirksam sein und bleiben will. Wahrlich, existirte der österreichische Kaiserstaat nicht schon längst, man müsste im Interesse Europas, im Interesse der Humanität selbst sich beeilen, ihn zu schaffen.

Warum sahen wir aber diesen Staat, der von der Natur und Geschichte berufen ist, Europas Schild und Hort gegen asiatische Elemente aller Art zu bilden, — warum sahen wir ihn im kritischen Momente, jedem stürmischen Anlauf preisgegeben, haltungslos und beinahe rathlos? — Weil er, in unseliger Verblendung, so lange her die eigentliche rechtliche und sittliche Grundlage seiner Existenz selbst verkannt und verleugnet hat: den Grundsatz der vollständigen Gleichberechtigung und Gleichbeachtung aller unter seinem Scepter vereinigten Nationalitäten und Konfessionen. Das Völkerrecht ist ein wahres Naturrecht: kein Volk auf Erden ist berechtigt, zu seinen Gunsten von seinem Nachbar die Aufopferung seiner selbst zu fordern, keines ist verpflichtet, sich zum Besten des Nachbars zu verleugnen oder aufzuopfern. Die Natur kennt keine herrschenden, so wie keine dienstbaren Völker. Soll das Band, welches mehre Völker zu einem politischen Ganzen verbindet, fest und dauerhaft sein, so darf keines einen Grund zur Befürchtung haben, dass es durch die Vereinigung irgend eines seiner theuersten Güter einbüssen werde: im Gegentheil muss jedes die sichere Hoffnung hegen, bei der Centralgewalt gegen allenfällige Uebergriffe der Nachbarn Schutz und Schirm zu finden: dann wird man sich auch beeilen, diese Centralgewalt mit so viel Macht auszustatten, dass sie einen solchen Schutz wirksam leisten könne. Ich bin überzeugt, dass es für Oesterreich auch jetzt noch nicht zu spät ist, diesen Grundsatz der Gerechtigkeit, die sacra ancora beim drohenden Schiffbruch, laut und rückhaltlos zu proklamiren und ihm praktisch allenthalben Nachdruck zu geben: doch die Augenblicke sind kostbar, möchte man doch um Gotteswillen nicht eine Stunde länger zögern! Metternich ist nicht blos darum gefallen, weil er der ärgste Feind der Freiheit, sondern auch darum, weil er der unversöhnlichste Feind aller slavischen Nationalitäten in Oesterreich gewesen.

Sobald ich nun meine Blicke über die Grenzen Böhmens hinaus erhebe, bin ich durch natürliche wie geschichtliche Gründe angewiesen, sie nicht nach Frankfurt, sondern nach Wien hinzurichten, und dort das Centrum zu suchen, welches geeignet und berufen ist, meines Volkes Frieden, Freiheit und Recht zu sichern und schützen. I h r e Tendenz, meine Herren! scheint mir aber jetzt offen dahin gerichtet zu sein, dieses Centrum, von dessen Kraft und Stärke ich nicht für Böhmen allein Heil erwarte, nicht nur, wie gesagt, unheilbar zu schwächen, sondern sogar zu vernichten. Oder glauben Sie wohl, die österreichische Monarchie werde noch ferner Bestand haben, wenn Sie ihr verbieten, innerhalb ihrer Erblande ein eigenes, von dem Bundeshaupt in Frankfurt unabhängiges Heer zu besitzen? Glauben Sie, der Kaiser von Oesterreich werde sich auch dann noch als Souverain behaupten können, wenn Sie ihn verpflichten, alle wichtigeren Gesetze von Ihrer Versammlung anzunehmen, und somit das Institut der österreichischen Reichsstände so wie alle durch die Natur selbst gebotenen

Provinzial-Verfassungen der verbundenen Königreiche illusorisch zu machen? Und wenn dann z. B. Ungarn, seinem Triebe folgend, von der Monarchie sich ablöst, oder, was beinahe gleichbedeutend ist, zu ihrem Schwerpunkt sich gestaltet, — wird dieses Ungarn, das von einer nationalen Gleichberechtigung innerhalb seiner Grenzen nichts wissen will, in die Länge sich frei und stark behaupten können? Nur der Gerechte ist wahrhaft frei und stark. Es kann aber von einem freiwilligen Anschluss der Donauslaven und der Walachen, ja der Polen selbst, an einen Staat, der den Grundsatz aufstellt, dass man vor allem Magyare, und dann erst Mensch sein müsse, nicht die Rede sein: und von einem gezwungenen noch weniger. Um des Heils von Europa willen darf Wien zu einer Provinzialstadt nicht herabsinken! Wenn es aber in Wien selbst Menschen gibt, die sich Ihr Frankfurt als Capitale wünschen, so muss man ihnen zurufen: Herr! vergib ihnen, denn sie wissen nicht, was sie wollen!

Endlich muss ich noch aus einem dritten Grunde Anstand nehmen, bei Ihren Berathungen mitzuwirken: ich halte nämlich alle bisherigen Projekte zu einer Reorganisirung Deutschlands auf Grundlage des Volkswillens für unausführbar und in die Länge unhaltbar, wenn Sie sich nicht zu einem echten Kaiserschnitt entschliessen, — ich meine die Proklamirung einer deutschen Republik, — wäre es auch nur als eine Uebergangsform. Alle versuchten Vorschriften von Theilung der Gewalt zwischen halbsouverainen Fürsten und dem souverainen Volk erinnern mich an die Theorien der Phalanstere, die gleichfalls von dem Grundsatze ausgehen, die Betheiligten werden wie Ziffern in einem Rechenexempel sich verhalten und keine andere Geltung in Anspruch nehmen, als welche die Theorie ihnen anweist. Möglich, dass meine Ansicht unbegründet ist, dass ich in meiner Ueberzeugung mich täusche, — aufrichtig gesagt, ich wünsche selbst, dass solches der Fall sei, — aber diese Ueberzeugung ist da, und ich darf diesen Kompass keinen Augenblick aus der Hand geben, wenn ich in den Stürmen des Tages nicht haltungslos mich verlieren will. Was nun die Einführung einer Republik in Deutschland betrifft, — so liegt diese Frage so ganz ausserhalb des Kreises meiner Kompetenz, dass ich darüber nicht einmal eine Meinung äussern will. Von den Grenzen Oesterreichs muss ich aber jeden Gedanken an Republik im vorhinein entschieden und kräftig zurückweisen. Denken Sie sich Oesterreich in eine Menge Republiken und Republikchen aufgelöst, — welch' ein willkommener Grundbau zur russischen Universalmonarchie.

Um endlich meine lange und doch nur flüchtig hingeworfene Rede zu schliessen, muss ich meine Ueberzeugung in kurzen Worten dahin aussprechen: dass das Verlangen, Oesterreich (und mit ihm auch Böhmen) solle sich volksthümlich an Deutschland anschliessen, d. h. in Deutschland aufgehen, eine Zumuthung des S e l b s t m o r d s ist, daher jedes moralischen und politischen Sinnes ermangelt: dass im Gegentheil die Forderung, Deutschland möge sich an Oesterreich anschliessen, d. h. der österreichischen Monarchie unter den oben angedeuteten Bedingungen beitreten, einen ungleich besser begründeten Sinn hat. Ist aber auch diese Zumuthung, dem deutschen Nationalgefühle gegenüber, unstatthaft: so erübrigt nichts, als dass beide Mächte, Oesterreich und Deutschland, neben einander gleichberechtigt sich konstituiren, ihren bisherigen Bund in ein ewiges Schutz- und Trutzbündniss verwandeln, und allenfalls noch, wenn solches ihren beiderseitigen materiellen Interessen zusagt, eine Zolleinigung unter einander abschliessen. Zu allen Massregeln, welche Oesterreichs Unabhängigkeit, Integrität und Machtentwickelung, namentlich gegen den Osten hin, nicht gefährden, bin ich mitzuwirken immer freudig bereit.

Genehmigen Sie, meine Herren! den Ausdruck meiner aufrichtigen Verehrung und Ergebenheit.

Prag, den 11. April 1848.

INHALT:

		Seite
I.	Die Festreden der Palacký-Feier	1
II.	Die „Neue Freie Presse" und die Palacký-Feier	19
III.	Die oesterreichische Staatsidee nach Palacký	21
IV.	Die Sprachenfrage nach Palacký	26
V.	Der Föderalismus nach Palacký	30
VI.	Die Folgen des Doppelcentralismus in Wien und Budapest. Das Anwachsen der Steuern in Oesterreich-Ungarn	40
VII.	Die Palacký-Feier und der „Pester Lloyd"	58
VIII.	Palacký's Ansichten über Ungarn und den damals bevorstehenden Dualismus	67
IX.	Der Kampf um die Parität in der Oesterr.-ungar. Bank	84
X.	Die Quotenverhandlungen. Die Ausbeutung der oesterreichischen Reichshälfte	102
XI.	Der ungarische autonome Zolltarif. Der Kampf um den wirthschaftlichen Dualismus	123
XII.	Das Nationalitätsprincip	146
XIII.	Die Verdächtigungen des czechoslavischen Volkes und die angebliche Bedrückung der Deutschen in Oesterreich	157
XIV.	Oesterreichs Politik seit 1848 bis zum Jahre 1866 und das czechoslavische Volk	182
XV.	Die Socialdemokratie und der Nationalitätenkampf in Oesterreich	210
XVI.	Die sociale Gefahr	236
XVII.	Schlussbetrachtung	272
XVIII.	Anhang	285

www.ingramcontent.com/pod-product-compliance
Lightning Source LLC
Chambersburg PA
CBHW032051230426
43672CB00009B/1557